清华大学郑裕彤法学发展基金资助

体育法前沿

FRONTIER OF SPORTS LAW

（第1卷）

田思源 ◎ 主编

中国政法大学出版社

2016·北京

《体育法前沿》编委会

主　　办：清华大学法学院体育法研究中心

主　　编：田思源

学术顾问：刘　岩　于善旭

学术支持：中国法学会体育法学研究会

编辑委员：刘　岩　于善旭　陈　岩　于晓光　王小平　周爱光
　　　　　马宏俊　卫虹霞　申卫星　仇　军　汤卫东　黄世席
　　　　　罗嘉司　郭树理　谭小勇　韩　勇　韩向飞　田思源

发刊词

▶ Foreword to a periodical

　　值承平之日，民康物阜，体育法治，日新月异。体育所蕴含的平等、公平、诚信、和谐的理念与法治的理想和价值追求具有天然的契合性。"东亚病夫"早已成为历史，"体育大国"业已实现，在"体育强国"的奋进征程中，法治的引领是时代的选择，"体育强国"必然是"体育法治强国"。二十年前《中华人民共和国体育法》颁布实施，奠基了中国体育法治的里程碑；十年前中国法学会体育法学研究会成立，亦极大地推动了中国体育法学研究的深入与发展。

　　全面推进依法治国的号角已经吹响，站在新的历史起点，我们以彰显与传播体育法学领域的学术智慧和法治理念为己任，以清华大学法学院体育法研究中心的名义创办集刊《体育法前沿》，致力于把握当代学术热点，反映最新学术成果，推动学术创新发展。本刊以"前沿"命名，亦蕴含"更高、更快、更强"的体育精神。

　　人文日新，百花齐放。体育法学人虽学界新军，昂扬锐气意将有所为焉。庞杂而深奥、多样而鲜活的体育法理论与实践，促吾辈奋发向上，求实创新。《体育法前沿》希冀体育法同仁的关爱和支持，我们对此亦充满敬意与感恩。在中国体育法学研究和体育法治建设中，让我们共沐风雨，共享彩虹！

《体育法前沿》主编
田思源
2016年7月1日

目录 CONTENTS

001　发刊词 _ 田思源

【特　稿】

003　北京奥运会法律工作成果与北京冬奥会法治保障思考 _ 刘　岩

018　体育强国建设的评价问题 _ 仇　军　罗永义

【体育法治与经济】

033　从产业政策到竞争政策：关于我国体育产业经济政策的思考 _ 李四红

060　奥林匹克隐性营销的法律规制 _ 王玉梅　马思聪

【体育法治与文化教育】

075　体育的文化内涵 _ 田思源

090　建立民族传统体育数据库——非物质文化遗产保护下的我国民族传统体育保护 _ 孙彩虹

104　我国体育法课程开设情况研究 _ 韩　勇　高　岩

【体育与规则】

127　竞技体育中职务犯罪控制机制完善方向刍议 _ 张　杰　杨洪云

136　足球运动员工作合同"劳动合同说"之商榷　韩进飞　阮亚伟

148　球迷越轨行为的纪律处罚研究　王敬妍

【国际体育法】

159　体育规则的概念　许立宏　著　姜世波　译

178　奥运会中作为软遗产的 Integrity 相关管制　[日]　山崎卓也　著　张林芳　译

184　国际体育仲裁中的强制仲裁合意评析　李　旺　陶　玺

202　俱乐部对球迷不当行为的严格责任——从费内巴切足球俱乐部与欧足联一案说起　崔　咪

217　华沙莱吉亚俱乐部诉欧足联纪律处罚案评述　赵　菁

【冬奥会专题】

229　2022 年冬奥会立法的路径选择：京冀地方联合立法　张于杰圣

247　2022 年冬奥会突发事件应对的法制思考　卢　毅

【学术动态】

259　从国际体育法到中国体育争端解决机制——《体育争端解决模式研究》品鉴　肖江涛

263　北京－张家口冬奥会的法律前瞻与探索："第五届环渤海体育法学论坛"综述　朱文英

275　中国法学会体育法学研究会理事会会议暨 2015 年学术年会综述　朱文英

288　《体育法前沿》（第 2 卷）征稿函

体/育/法/前/沿 TEGAO **特 稿**

北京奥运会法律工作成果与北京冬奥会法治保障思考

刘 岩[*]

从2001年到2009年，在北京2008年奥运会筹备、运营、善后工作全程中，北京奥组委出色的法律工作业绩，为中国社会主义法治实践和奥林匹克法律实践做出了重要贡献，形成了极有价值的精神财富和制度遗产。当前，北京携手张家口正在积极筹办北京2022年冬奥会。北京奥运会法律工作成果，很值得北京冬奥会暨冬奥组委继承与发展。

一、奥林匹克法律事务的主体与基础

国际奥林匹克委员会（以下简称"国际奥委会"）属于非政府、非营利的国际组织，其国际影响力巨大，超过了政府间国际组织中的绝大多数。国际奥委会自行选定委员，委员所在的国家（或地区）政府（或机构）无权、无法撤换这些委员。

严格意义上的奥林匹克大家庭主要包括：①国际奥委会；②国家（或地区）奥委会；③国际单项体育组织；④奥运会、冬奥会、青奥会、冬季青奥会的组织机构。

广义的奥林匹克大家庭，不仅包括上述组织，还包括其他成员（例如，赞助企业、同国际奥委会签约的电视转播机构），基本上都是企业或非政府机构，有时还包括奥运会运动员。

---

[*] 国家体育总局政策法规司司长，中国法学会体育法学研究会会长。

残疾人奥运会、残疾人冬季奥运会、特殊奥运会、聋人奥运会、数学奥林匹克、物理奥林匹克等活动，均同奥林匹克大家庭无关。

中文有"两个奥运，同样精彩"的说法，如果用英文讲"Two Olympic Games"，则令人费解，应当是"Olympic Games & Paralympic Games"。其实，在 Paralympic 的本意中，并无"残疾人"的含义。某些人士把 Paralympic Games 翻译为"帕拉林匹克运动会"，简称"帕运会"。

国际奥委会不具有国际法主体资格。奥林匹克大家庭的内部关系更多的是基于其成员对《奥林匹克宪章》的承认而形成的契约关系，而不是国际法主体之间的关系。

奥林匹克法律事务最重要的基石有二：①各国（或地区）的法律法规；②《奥林匹克宪章》和奥林匹克大家庭内部的法律文件。

现代奥运会管理体制和运行机制的法律化程度日渐增强，涉及领域广泛，包括许多法律前沿领域。奥林匹克事务中的某些特殊安排（例如，奥运会电视转播与市场开发同其他领域电视转播与商务活动的差别）常常导致奥林匹克法律事务的特殊性、复杂性。

中国奥林匹克委员会（以下简称"中国奥委会"）是社会团体法人，在民政部登记，属于奥林匹克法律事务主体。国家体育总局是国务院直属机构，属于行政机关，不是奥林匹克法律事务主体，但与中国奥委会大体上是"一个机构，两块牌子"。

二、在中国全面开创奥林匹克法律实践

1979 年，中国奥委会在国际奥委会中的合法地位（是地位，不是席位）得到恢复，中国从此积极参加奥林匹克事务，但中国奥林匹克法律实践的历史与之相比要短得多。20 世纪 90 年代，北京两次申办奥运会，基本上未开展奥林匹克法律工作。

在 2001 年北京奥运会申办成功之时，我国奥林匹克法律事务理论准备不足，学术研究零散，实践积累贫乏，人才储备稀少。当时，国内对奥运法律问题的研究水准，远远低于国内对世界贸易组织（WTO）法律问题的研究水准。

特 稿

中国全面开创奥林匹克法律实践最主要的背景有二：①我国建设社会主义法治国家的大背景；②奥林匹克法律事务的特殊性、复杂性。

北京奥组委有以下三个方面的业务特点：①在机构性质方面，北京奥组委作为事业单位法人，其法律事务具有政府法治工作的某些特点；②在对外关系方面，北京奥组委可被视为受国际奥委会委托承办奥运会的机构，在某些特殊情况下具有国际组织在华代表机构的特点；③在商务运作方面，北京奥组委在若干领域具有（或必须适应）国际化大型企业的商业运作特点。北京奥组委在运作中，全面结合并充分发挥了上述三个方面的业务特点。

北京奥组委富有预见性和极具创新意义的法律业务，在多个法律领域全面开创了我国奥林匹克法律工作局面，确保了中国法律法规和国际体育规则、奥林匹克规则的有效实施，防范和化解了奥组委及北京奥运会所面临的法律风险，为把北京奥运会办成一届有特色、高水平的奥运会做出了突出贡献。

北京奥组委一贯坚持依法办事，其工作所依据的规则是具有自我约束性质和章程意义的文件。

北京奥组委法律工作有"三最"：①最大量的业务，共有两类，分别是具有奥林匹克事务特殊性的合同业务和保护知识产权（含协助查处知识产权侵权）的业务，这些业务在北京奥运会七年筹备过程中累计各有几千件，若都由律师承办则花费太多；②最重要的业务，是对策研究、风险防范；③最敏感、最富有挑战性、最具有创造性的业务，是针对国际惯例、国际奥委会规则与中国法律法规之间的矛盾、冲突，分析风险，提出对策，维护权益，请求并协助政府机关、司法机关依法处理问题。实践已经证明，熟悉奥林匹克法律事务且业务水平高的律师为数不多。好钢要用在刀刃上，好律师要在解决特殊难题上发挥作用。

在北京奥运会法律工作中，奥组委法律事务是最重要、最大量、最典型、最有代表性、最具有奥林匹克特色的部分。但是，北京奥组委法律事务不是北京奥运会法律工作的全部。

以北京奥组委法律工作为典型代表的中国奥林匹克法律实践，

为我国大型国内、国际活动（特别是文化、体育、会展等活动）组织机构的法律工作提供了重要经验。北京奥组委法律工作留下的精神财富和人才储备，是北京奥运遗产的重要组成部分。

三、北京奥组委法律事务部工作简述

在我国组建的国际、国内经济、文化、社会、体育活动组织机构中设立法律事务部门，北京奥组委首开先河。在此之前，上述组织机构都不设立法律事务部门，甚至没有承办法律事务的工作人员。

北京奥运会申办成功后30余天，奥组委筹备办公室就设立了法律事务组。北京奥组委在成立的当天，就单独设立了法律事务部。法律业务从北京奥组委筹备到善后，各阶段都很繁忙，并不是临近赛事时才忙碌起来。法律事务部内设多个处，员工最多时超过了50名（不包括法律服务机构的律师），并且参加了北京奥组委善后办公室工作，直至最后阶段。

北京奥组委法律事务部业务范围不断扩大，工作职责逐步增加，其要点包括：①研究法律问题，分析法律风险，提出应对方案；②为奥组委科学决策、民主决策提供法律支持和法律服务；③起草重要法律文件，代表奥组委出具证明文件、办理法律文书；④监督落实《申办报告》、《主办城市合同》、申办保证书；⑤参加委内各部门牵头的重要谈判；⑥统一管理委内合同、协议、备忘录事务；⑦归口管理知识产权保护事务，办理登记、注册、备案等手续和许可使用事宜；⑧配合境内外司法或执法机关依法查处侵权行为、治安违法行为和侦查犯罪案件；⑨配合市场开发部门防范和制止隐性市场行为；⑩归口管理法律服务，选聘、协调、监督律师和公证等中介机构工作；⑪参加立法工作、法治环境建设和法制宣传；⑫组织、协调委内各部门执行国家和行业标准；⑬参加委内制度建设，对各部门文件承担合法合规性审核；⑭代表奥组委参加或处理诉讼、仲裁事务；⑮协助中国奥委会、国际奥委会处理关联北京奥运会的法律事务；⑯归口管理奥组委涉外法律事务，同国际组织、境外机构的法律部门对口联系；⑰协助国际体育仲裁庭工作；⑱办理领导

交办的其他事项。

显然，北京奥组委法律事务部的工作职责，既不限于市场开发业务，也不限于知识产权业务，特别应当关注工作职责中的归口管理、统一管理、代表奥组委出具文件等事项。

法律事务部努力建设忠于法治、精通业务、团结奋斗、奉献奥运的法律工作团队，提出了"六个于"（敢于坚持，勤于思考，勇于创新，善于协调，甘于奉献，严于自律）和"六个用"（用辉煌的事业号召人，用身边的榜样教育人，用创新的工作振奋人，用充分的信任动员人，用民主的氛围感染人，用法治的理念坚定人）的要求。

四、北京奥组委合同业务

北京奥组委合同数量巨大，涉及的业务领域十分宽泛。例如，知识产权、委托创作、文化活动、开闭幕式、火炬接力、广播电视、工程建设、技术、聘用、采购、捐赠、票务、赞助、特许生产及销售等等。其中，最具北京奥组委特点的是将奥林匹克规则通过合同约定来实现义务传递的合同安排。

《主办城市合同》集中表述了奥运会主办城市和奥组委的义务。中国政府、北京市政府、中国奥委会、北京奥申委、北京奥组委先后签署了许多法律文件，向国际奥委会以及国际社会做出了郑重承诺。履行这些国际义务，不仅需要我国政府和北京奥组委尽职尽责，而且还需要社会各界的合作，特别是北京奥组委的合同相对方的认可与执行。例如，北京奥组委一般意义上的采购合同相对方，都不具有奥林匹克市场营销权利，需要在采购合同中加以约定，即形成了合同中的反隐性市场条款。

北京奥组委在合同中不仅重视商务安排和知识产权约定，而且还很重视社会责任，要求合同相对方在环保、劳动等方面遵守中国相关法律法规和国际规则。尽管合同条款因此而变得非常复杂，但北京奥组委在这方面已经走在了国内订立商务合同的前列，成为承担社会责任的表率。

北京奥组委合同管理流程非常严格、十分规范，主要分为五个环节：合同立项、合同谈判、文本起草、签约事务、监督履行。只要文件具有合同性质，不论名称如何（例如，协议、协定、备忘录、合同），一律纳入合同统一管理体系，允许奥组委下属的法人机构自行订立合同（特别重要的合同除外），但不允许奥组委内设部门、场馆团队以本部门名义订立合同。

北京奥组委为防范风险，在其合同业务中，会确保做到以下两点：①不向任何机构签发授权文件，在合同中概不约定授权事项，但针对具体事务于必要时在合同中约定许可事项；②在合同中通常明确约定不得转包、分包，在很特殊情况下不得不分包时，要事先征得奥组委书面许可。

北京奥组委领导和各部门都严格执行合同管理制度，一律不搞特事特办。法律事务部内设合同监管处，员工最多时超过了30人（不包括法律服务机构的律师）。

五、北京奥组委权益保障工作

北京奥组委非常重视知识产权的取得、使用、管理、保护，得到国内外舆论和社会各界的普遍好评。北京奥组委知识产权工作的经验和成果，是北京奥运会遗产的重要组成部分。

北京奥组委知识产权工作要点如下：①通过法律文件取得知识产权；②制定及实施保护方案；③前往国内外主管机关及时依法办理注册、登记、备案或其他手续（例如，域名保护手续）；④支持社会各界为非商业目的依法使用北京奥组委知识产权，不设定任何审核、批准、许可、备案环节，但给予认真指导；⑤许可赞助企业（例如，合作伙伴、赞助商、独家供应商、供应商）为商业目的有限度地使用北京奥组委知识产权；⑥不允许赞助企业之外的其他机构（例如，特许生产商、特许销售商、物资与服务采购对象）为商业目的使用北京奥组委知识产权，不搞任何特例，不对任何机构（例如，国有企业、跨国企业、社会团体）搞网开一面；⑦不允许商业使用和非商业使用混合交织在一起（赞助企业除外）；⑧协助行政执法机关查处了数千起侵权案件（不包括行政执法机关未经奥组委协助而直接查处的案件）；⑨设立法律事务部权益保障处，成立权益保障与查处侵权流动团队；⑩宣传，特别是通过新闻媒体宣传奥林匹克知识产权保护工作；⑪争取国际奥委会的支持与授权。

北京奥组委知识产权分类如下：①北京奥运会知识产权，属于奥林匹克知识产权；②北京残奥会知识产权，不属于奥林匹克知识产权；③其他知识产权，例如，员工职务行为拍摄的北京风光影片、儿童微笑照片。

奥林匹克知识产权来源有三：①法律法规规定的，例如，"北京2008"字样；②他人创作并经北京奥组委（或中国奥委会，或国际奥委会）通过法律程序取得的；③奥林匹克知识产权权利人自行创作的。

奥林匹克知识产权（或北京奥运会知识产权）的组成如下：①商标专用权；②特殊标志所有权和使用权；③奥林匹克标志专有权；④著作权（或称版权）；⑤其他知识产权。另外，需要注意的是，各国承办奥运会都很少办理专利手续，但不是绝对不办理。

依据《奥林匹克标志保护条例》，奥林匹克标志分类如下：①图案图形类；②文字类；③其他表现形式（例如，奥林匹克会歌）。

在中国法律法规框架内，奥林匹克知识产权与奥林匹克标志在若干场合下几乎成了近义词。

对于侵犯奥林匹克标志专有权的行为，中国几乎完全依靠行政执法解决，特别是工商行政机关和海关行政执法。奥林匹克标志权利人当然有权通过诉讼程序维护自己的权利，但为了及时制止和依法查处侵犯奥林匹克标志专有权的行为，通过行政执法更有效率。中国保护奥林匹克标志的行政执法成果，得到了国际奥委会的认可和社会舆论的好评。

对于侵犯奥林匹克标志专有权的行为的处理，国际奥委会从市场开发的角度，将之视为品牌保护和反隐性市场行为（或称反伏击营销、反埋伏营销）；我们从依法行政、依法办事的角度，将之视为保护奥林匹克知识产权和查处侵权。国际奥委会认为，奥林匹克标志只有一个，即五环图案；中国政府、中国奥委会、北京奥组委认为，奥林匹克标志有许多种，列入了《奥林匹克标志保护条例》。

我们认为，①侵犯奥林匹克标志专有权的行为，系为商业目的违法使用奥林匹克标志（没有得到权利人许可），是《奥林匹克标志保护条例》明文禁止的行为，必须依法查处；②"隐性市场"不是我国法律法规所采用的概念，隐性市场行为是暗示本企业（或本商品、本服务）与奥运会相联系，但未使用奥林匹克标志（图案或文字），属于违背商业道德（但未必违反法律法规）的营销行为，应设法防范、制止。

国际奥委会有些人士，把上述两种行为统称为"隐性市场行为"（或称"隐性营销"）。事实上，在国际奥委会所称的隐性市场行为中，既有侵权行为，也有不违法（但违背商业道德）的行为。

打击犯罪，查处侵权，制止和防范隐性营销，分别属于三个层次，应当区别对待。制止和防范隐性营销，既不是法律问题，也不属于知识产权保护范畴，但法律工作者应该支持奥组委市场开发部门，为解决隐性营销问题贡献力量。

北京奥组委设立安保部，内含若干个处，承担安全、反恐、保卫、情报等重要职责；秘书行政部设立保卫处，主要负责机关及其办公场所保卫工作；法律事务部协助公安机关打击针对北京奥组委的若干刑事犯罪、治安违法行为（例如，倒卖门票、诈骗、伪造公文等）。

六、北京奥运会立法

新闻媒体始终关注奥运立法，但主要集中在以下三个期间：

在北京奥运会申办成功之初，2001年秋季至2002年上半年，以宣传和解读《北京市奥林匹克知识产权保护规定》、《奥林匹克标志保护条例》为主。

2004年夏秋季，有媒体刊登言论，主张为规范北京奥组委（或北京奥运会）行为而专门立法，但是观点偏颇，既不符合国情，又有违国际奥委会的规则。

特　稿

2006年，在北京市成立奥运立法协调机构之后，新闻媒体更加关注奥运立法。

基于对北京奥运会立法的总体考虑，启动立法机制要花费大量精力，且旷日持久。如果在立法之后再开始奥运筹备工作，难免耽误大局。对奥林匹克规则一知半解，贸然立法必然存在显著风险。当年，中国特色社会主义法律体系已经基本形成，为筹备和举办北京奥运会提供了基本充分的法律保障。就为北京奥运会提供保障而言，当时中国的法律法规体系仍有个别需要补充完善之处。

实施奥运立法，并不是为举办北京奥运会（或针对奥组委）制定一部法典式的文献，而是指同筹备和举办北京奥运会以及为奥运会提供支持、保障和服务等方面工作有关的法规、规章和规范性文件的总和。

当年，国务院常务会议曾明确要求，北京市和京外赛场城市通过地方立法，就2008年奥运会期间有关管理工作做出规定，由国务院法制办公室对有关立法问题加强指导。

2008年8月，北京市政府法制办公室编辑、印刷了《北京奥运会、残奥会法规、规章和规范性文件汇编》，全书（含目录）约1500页，其中行政法规2件，国务院文件9件，国务院部门规章3件，国务院部门规范性文件29件，其余324件均由北京市人大常委会、市政府、市属机关颁布或印发。

北京奥运会立法及其成果的有效实施，是我国社会主义法制建设一次重要的成功实践，为成功举办北京奥运会创造了良好的法治环境，展示了我国依法治国、建设社会主义法治国家的良好形象。

奥运立法将保障北京奥运会同保证首都建设和发展的实际需求结合起来，为北京市科学发展和长远发展留下了宝贵的制度财富。北京奥运会立法最主要的成果如下：

《北京市奥林匹克知识产权保护规定》（北京市人民政府令第85号），自2001年11月1日起施行。

《奥林匹克标志保护条例》（国务院令第345号），自2002

年4月1日起施行。

《奥林匹克标志备案及管理办法》（国家工商行政管理总局令第2号），自2002年6月1日起实施。

《北京奥运会及其筹备期间外国记者在华采访规定》（国务院令第477号），自2007年1月1日起施行，2008年10月17日自行废止。《中华人民共和国外国常驻新闻机构和外国记者采访条例》（国务院令第537号），自2008年10月17日起施行。

北京市人大常委会《关于为顺利筹备和成功举办奥运会进一步加强法治环境建设的决议》（2007年7月27日通过），授权北京市政府在奥运会筹办和举办期间，为维护公共安全和社会秩序，在不与宪法、法律、行政法规相抵触及不违背本市地方性法规基本原则的前提下，可以根据奥运会筹备和举办的具体情况和实际需要，采取临时性行政管理措施，制定临时性政府规章或发布决定，并报北京市人大常委会备案。

七、奥运组委会法律服务

北京奥组委、冬奥组委都不在《法律援助条例》规定的法律援助范围之内，不应接受该条例规定的法律援助，不应同弱势群体争夺这些法律援助资源。

北京奥组委以购买服务的方式，选聘和使用了两家国内外十分著名的律师事务所。北京奥组委在最好的、综合实力最强的律师事务所中，选聘服务价格低的律师事务所，并且尊重律师界的行业规则、语言习惯，按照国际惯例（计时付费）和律师事务所给予的单价优惠支付法律服务费用，不利用北京奥组委优势地位在律师业中引发恶性竞争，不采用法律服务承包、外包、包干形式。

北京奥组委形成了一支以法律事务部专职法律工作者为骨干，以法律服务机构为支援，内外有别、管理有序的法律工作团队，建立了具有创新意义的奥运法律服务模式，实施了法律服务监管制度，得到了律师行业主管机关的高度评价和国际奥委会的充分认可。

法律服务机构的律师出色地承办了北京奥组委委托的业务，得到广泛赞誉。北京奥组委在法律工作中充分信任律师，但绝不单纯依赖律师，法律业务中最大量的工作和最重要的任务仍由法律事务部员工承担。

北京奥组委招聘的进入法律事务部工作的员工，需要较长时间（甚至几个季度）的培训、见习，才能逐步胜任岗位职责，绝不是自报到之日起就当然胜任北京奥组委法律工作。律师提供奥林匹克法律服务，既需要较长时间事先熟悉奥运法律业务知识，也应当具备奥林匹克法律工作经验。

冬奥组委的法律服务形式，今后可能会发生很大变化，甚至完全不同于北京奥组委。按照北京冬奥会《申办报告》的承诺，冬奥组委将征集、确定律师事务所作为法律服务赞助企业（是供应商，不是赞助商）。法律服务赞助企业应当具备奥运会法律工作经验。

法律援助与法律服务赞助有本质区别：前者是一项司法救济制度，受援对象有特定范围；后者是一种商业安排，是使用知识产权与提供法律服务的交易。冬奥组委在赞助合同约定的范围内，不必支付法律服务费用，能节省许多支出。被确定的法律服务赞助企业，依据赞助合同的约定，有权使用若干项奥林匹克知识产权。

冬奥组委征集、确定法律服务赞助企业的工作，可能在两三年之后启动。如果远水难解近渴，可以考虑法律服务的应急办法，或先行购买若干法律服务，或请体育法学学术团体协助，或多种方法并举。但是，无论选择何种方式，都不应允许律师和专家把冬奥组委作为"练车场"、"实验室"、"培训班"。

八、北京奥组委争议解决

1. 协商。其中包括特殊约定的协商机制。对于合同争议解决机制的约定，既可以仲裁，也可以诉讼。在同国际组织、外国企业进行合同谈判时，甚至可以协商并约定适用法律的问题。

2. 民商事仲裁。通常约定由中国国际经济贸易仲裁委员会或北京仲裁委员会仲裁。

3. 国际体育仲裁庭仲裁。《最高人民法院关于人民法院是否受理北京奥运会期间有关体育争议的通知》（2008年6月10日印发）规定：当事人不服国际体育仲裁庭就运动员资格、兴奋剂检测、比赛成绩及裁判判罚而做出的仲裁裁决，向人民法院请求撤销的，或者向人民法院申请执行的，人民法院不予受理。

4. 诉讼。北京奥组委没有做过原告，但曾有两次作为被告：①某出版社在江苏省某市起诉北京奥组委，请求确认原告不侵犯奥林匹克标志专有权。被告坚持原则，拒绝妥协，拒绝和解，丝毫不让步。最终，原告在一审开庭前撤诉。②北京奥组委员工在答复方先生询问时，存在明显失误，既缺少法律意识，又不符合事实。方先生听到上述答复，认为北京奥组委理亏，其后起诉北京奥组委等机构侵犯著作权。最终，一审、二审方先生均败诉。

九、从法治角度探讨北京冬奥会的筹备与组织工作

在全面推进依法治国的大背景下，对于北京冬奥会，确有必要及早提出"法治冬奥"的要求，把"法治冬奥"作为筹备和组织冬奥会工作的重要指导思想，把北京冬奥会的筹备和举办过程，包括其中的法律工作，作为提升法治思维、法治素质、法治能力，促进国家治理体系和治理能力现代化的重要实践。

北京奥运会暨奥组委的立法工作经验、法律工作经验，都是可借鉴、可复制的，对于北京冬奥会暨冬奥组委来说更是如此。为此，提出以下若干思考和建议。

（一）进一步提高对"法治冬奥"的重视程度，加强"法治冬奥"的宣传、教育

社会各界，特别是中央部委和京冀两地党政机关、社会团体、企事业单位以及全国体育界、新闻宣传机构，应进一步提高对"法治冬奥"的重视程度。在京冀两地，特别是在与冬奥会关系密切的重点单位、重点人员（尤其领导干部）中，必须树立"法治冬奥"意识，加强"法治冬奥"的宣传与教育，普及奥运法律知识，增加对奥林匹克规则的介绍，并纳入法治教育课程，纳入党委（党组）中心组学习内容，纳入冬奥会宣传、宣讲计划。

加强对近年来举办大型体育赛事重大涉法问题经验与教训的总结与分析，避免贻误时机，防止矛盾再次出现、失误重蹈覆辙。要对新闻媒体（包括网络媒体）做出必要的规范、指引，使其在报道北京冬奥会筹备、组织工作时，做到既宣传造势，又杜绝违反法律法规、不符合奥林匹克规则的言论与影像，确保不出现灯下黑、帮倒忙等现象。

（二）遵守国际规则，履行对外承诺，维护中国法制统一

应准确领会有关冬奥会的国际规则和对外承诺，不可以扩大（或缩小）解释，更不能曲解，并提早进行任务分解和职责对位，结合我国法律环境认真落实。建议在适当范围内做好说服、解释、动员工作，避免由于国际规则（例如，庆祝活动、赛会倒计时等方面极为严格的规则）与我国举办社会活动的组织模式、思维习惯的不一致之处，引发误解和对立情绪。党政机关特别是领导干部应心中有数，不说错话，不做错误批示，更不发表和传播违反我国法律法规、违反国际规则、违反对外承诺的言论。

针对京津冀一体化、拆迁、建设、交通、污染治理、旅游、招商引资等同冬奥会关系密切，但并非冬奥组委应承担的工作，对内应统一部署、积极推进，对外宣传应与冬奥会本身明确区别，避免使用冬奥保障工程、冬奥项目（产品）、冬奥活动等名目，以免违反国际规则和申办承诺，防止非正常摊大北京冬奥会组织成本和冬奥组委预算。

（三）高质量地完成事关北京冬奥会的立法任务

北京申办冬奥会的承诺、国际规则，有一部分内容需要转化为国内立法。在为北京冬奥会提供保障、服务等方面，有些事项也需要得到立法支持。建议国务院有关部门和京冀有关地方政府认真研究北京奥运会立法经验，准确分析冬奥会立法需求，立足我国现有政策和法律条件，及早按照科学立法要求，高质量地完成事关北京冬奥会的立法规划及任务落实。

在北京冬奥会立法中，有些重要事项需要国务院颁布或修改行政法规，更多的事项需要地方立法来解决。要做好《奥林匹克标志保护条例》及其配套政策、规章的修改完善；要针对国际社会和奥

林匹克大家庭成员一向较为关注的出入境、互联网、电视转播、广告控制、税收、政府采购等领域的政策和法律法规，统筹考虑、早作准备；要对跨省市的地方立法安排，做到顾全大局、彼此协调、相互衔接。建议北京市有关部门积极作为，在事关北京冬奥会的立法工作中起带头作用，为河北省暨张家口市提供榜样。

（四）严格行政执法，为北京冬奥会营造良好的法治、市场、治安、社会、大气环境

有关北京冬奥会的行政执法，应同深化行政执法体制改革结合起来，同样坚持法无授权不可为，同样坚持把权力关进制度的笼子，维护党和政府的公信力。必须严格按照法律规定和程序办案，不以冬奥会为由实施备受争议的选择性执法，或采取畸轻畸重的处罚或强制措施。在北京冬奥会筹备、举办期间应对突发事件时，更要确保依法处置、严格执法、不出偏差，切实防止授人以柄，避免因小失大。

应合理配置执法资源，特别是在依法查处奥林匹克标志侵权、假冒冬奥会特许商品和赛事票证、盗用北京冬奥组委名义等案件方面做好预案，针对重点区域和时段的行政执法资源应优化、整合，组织公安、城管、工商暨市场监管等部门齐抓共管，主动纳入日常巡查、整治的范围，并对常规的执法权限、分工做出必要调整或临时安排。

（五）建立健全有关北京冬奥会的依法决策、执行、监督机制

北京冬奥会各项筹备工作必须一律依法操办，北京冬奥组委和京冀有关地方政府应积极成为守法合规的模范。即便特事特办也必须合法合规，绝不搞超越法律法规的特殊待遇。北京冬奥组委应及早组建专门的法律事务部门，针对筹办、组织工作的实际需要，分设若干室承办相应的法律业务，并依法选聘富有奥林匹克法律业务经验的法律服务机构，充分发挥其作用。

建议国务院有关部门、京冀有关地方政府，结合工作规则的贯彻落实，建立健全与北京冬奥会重大决策相关的前置性法律咨询论证和审核机制，坚持公众参与、专家论证、风险评估、合法性审查、集体讨论决定和其他法定程序，确保决策科学、程序正当、过程公

开、责任明确，以行政效能监督、合同绩效检查、评估等方面为重点，有效加强专职法律事务部门与纪检、监察、审计部门的密切联系、配合，建立和完善"法治冬奥"的执行、监督机制。

（六）学习北京奥运会法律工作经验，加强人才培养和学术研究

北京奥运会闭幕后，奥组委法律人才绝大多数转行从事其他业务。调集和培养奥林匹克法律专业人才，已经不容拖延。建议组织、编制、人事管理机关和北京冬奥组委全面深化改革，打破体制、编制束缚，以灵活且科学的录用、选拔、任免机制，充分汇聚具有奥运会和其他重大国际活动法律从业经验的专门人才，组建冬奥会法律工作团队，做好冬奥会法律保障。

应支持和加强"法治冬奥"的学术研究，特别是针对奥林匹克法律事务最新动态的学术研究，充分发挥学术团体、教育科研机构和法律实务机构的作用，积极推动"法治冬奥"研究成果转化为法治实践。

参考文献

第29届奥林匹克运动会组织委员会法律事务部编著：《北京奥运法律事务的足迹》，中国人民公安大学出版社2009年版。

体育强国建设的评价问题

仇 军*　罗永义**

体育强国建设的评价是体育强国建设中的重要理论问题。由于体育强国是一个多维的目标体系,在不同维度具有不同的内涵,会表现出不同的特征。因此,在理论上加深对体育强国建设评价的认识,从不同的维度认识体育强国建设评价的具体问题,有利于把握体育强国建设发展的规律。

一、体育强国建设评价中的全面发展与多元差异问题

体育强国目标自1980年代被提出以来,经过30余年的理论与实践探索,已成为一个包含多维度、全方位的综合性的目标。它不仅包含竞技体育、群众体育及体育产业、体育文化等众多建设内容与要素,各内容与建设要素间还存在一种相互依存和相互消长的复杂关系。根据非均衡发展理论,中国体育事业不可能也不应该在各子系统上平均发展,更不可能统一化发展。在现实中必定会有一些领域因自身优势或国家的优先需求而适度超前发展,而另一些暂时处于发展劣势或国家需求不高的领域暂时性滞后发展;一些领域为引领世界体育的发展而融入世界主流体育文化,另一些领域为传承民族体育文化而强化自身的民族文化特征。从现有水平及发展潜力、发展契机、发展速度及国家发展需求看,实现各领域平均发展也几

---

* 清华大学体育部教授,博士生导师,国家体育社会科学重点研究基地主任。
** 清华大学体育学博士研究生。

乎是不现实的。所以，体育强国既是全面的与综合的总体实力的强国，又是多元的有差序结构的个性化的强国。

纵观世界上被称为体育强国的国家，其体育的各方面也没有实现均衡式的发展。如美国在田径、游泳、篮球等方面堪称强国，但其在足球方面就未必能称得上是强国。我国作为一个后发体育大国，在建设体育强国的进程中，也不能在体育的各个方面齐头并进。"从哲学意义上讲，非衡现象是绝对的现实存在。我们不应该因为某局部的滞后，而否定总体的发展；当然，在肯定总体发展的同时，清醒地认识到局部的不足，进而投入必要的努力，去积极地发展结构中的'短板'，也是完全必要的。"[1]目前我国竞技体育在总体实力上已与世界体育强国接近，而群众体育的发展还任重道远；就竞技体育内部结构而言，我国在体操、乒乓球、羽毛球、跳水等项目上堪称强国，但在田径、游泳及大球类项目上就与强国相去甚远。我们要正确认识这种发展中的差序格局：一方面，发展水平上过大的差距会影响体育的综合实力和影响力，使继续发展的边际效益越来越低。所以，在体育整体的发展上应当巩固优势、弥补短板，应更多地关注发展水平滞后的项目。另一方面，必须允许一些对社会有重大意义的和有发展优势的方面优先发展，在这种非衡的发展结构中寻找和谐的差序发展格局。

二、体育强国建设评价中的对立与统一问题

客观与主观的对立与统一。"体育强国"并不是一个科学概念。田雨普认为"体育强国"是一个意会词，更像一个新闻用词。目前关于体育强国的认识在国内尚未完全一致，世界上也不存在统一的体育强国标准。实际上，体育强国在具体个人的观念中是主观的；而反映在一个特定时期的社会文化中，它又是客观的。体育强国在理论的场域上是观念性的，是主观性的；而在中国体育发展的现实

---

[1] 田麦久："'竞技体育强国'论析"，载《北京体育大学学报》2008年第11期，第1443页。

场域中却是存在性的，是客观性的。体育强国可以从宏观上指代中国体育的发展水平，体育强国的评判也离不开对中国体育发展水平的考量，但却不能在微观上完全真实地反映中国体育的发展水平。所以，在体育强国的建设中，我们首先要明白不仅体育强国目标自身存在着个体认知的主观性与作为社会文化存在的客观性的对立统一，即个体认知差异与共同语意空间的对立统一，而且体育强国的标准与中国体育的实际发展水平也是一对对立统一的矛盾。

绝对与相对的对立与统一。"体育强国"中的"强"是一个相对的概念，"体育强国"也是一个相对的概念，它一定要在一个参照系或一些参照对象存在的情况下才得以成立。仅从参照对象上看，体育强国可以有两层理解：一是纵向上以本国的过去为参照对象而得的体育强国，这种意义上的体育强国未必是世界体育强国；另一种是以世界其他国家为参照对象而得的体育强国，这种意义上的体育强国才是世界体育强国。我们现在的体育强国是指横向比较的体育强国，即世界体育强国。但即便是这种理解，也存在对其中"强"的度量的把握问题。过去我们曾认为在奥运会上进入团体前6名就算体育强国，现在又有人认为进入第一集团（奥运会团体前3名）可被称为竞技体育强国。但无论这个标准怎样确定，都表明这个"强"是相对的和动态的，而不是绝对的或静态的。这有两层启示：一是体育强国是一个相对的概念，没有哪个国家可以成为绝对的体育强国。如果奥运会成绩进入团体前3名可被称为奥运强国，那与奥运第1名相比也还是弱的，即便像美国那样成为奥运第一，也还存在着在某些竞技项目上的弱势。也就是说体育强国永远还有不强的一面，也永远还有继续做强的空间。二是体育强国是一个动态的概念，没有哪个国家可以一劳永逸地成为永恒的体育强国，所谓的体育强国永远在路上。此外，当今世界体育正在形成多元并存的体育文化生态，世界体育的重心也正在朝多极化方向发展，只有能引领世界体育文化发展方向的国家才可能成为未来的世界体育强国。

合目的性与合规律性的对立与统一。合目的性与合规律性的对立统一是人类一切活动的基本特征，实现合目的性与合规律性的统一也是人类一切活动应遵循的基本原则。体育强国的建设也不例外。

一方面，体育强国作为一个国家层面的战略目标体系，它的实现过程就是国家向着既定目标前进而形成的合目的性的活动过程。另一方面，如果这种合目的性的活动不遵循自身的规律必定会事倍功半，难以达到目标。过去的几十年，我们充分利用举国体制的优势发展竞技体育而取得了举世瞩目的成就，就是竞技体育合目的性与合规律性的统一。今天在体育强国建设中，我们是否也是以举国体制的思维与方式发展群众体育？这种做法是否符合群众体育的发展规律？是否体育产业或三大球也适用举国体制？这些都是值得思考的问题。

质性与量性的对立与统一。有学者认为，大国与强国虽只一字之差，却有着本质的不同。"大，主要是指数量多，规模大，而强，主要是指质量高，实力雄厚。一个是质，一个是量，二者是不同发展水平和发展层次的国度表述概念。"同时，也有学者认为大国与强国虽有明显区别，但也有交叉和联系。大国是强国的基础，因为资源总量多，发展余地大，从而为成为强国提供了条件。所以，大凡世界强国同时也是世界大国。[2]还有学者认为，"大不一定强，强也不一定大。"同时，也认为大与强也存在互为依存或影响的关系，就体育事业而言，"大是基础实力，强是核心表现。"[3]上述关于体育大国与体育强国关系的认识反映了在体育强国建设中质与量的一种对立统一关系。诚然，仅从语义学上看，强国与大国是两个不同的概念，大国就是大国，强国就是强国，大不一定强，强也不一定大，二者是并列关系而非包含关系，在经济、军事领域都曾出现过如德国、日本等小而强的国家。但具体到中国的体育事业上，具体到对体育强国建设的考量上，体育大国与体育强国的语境关系并不完全是纯语言学上的关系，而是被融进了诸多的情景语境与专业语境因素。体育强国与体育大国在中国的体育实践中形成了建设与递进的关系，诚如田雨普所说，体育大国与体育强国成为了"不同发展水平和发展层次的国度表述概念"。在这种理解中，体育强国包含

---

[2] 田雨普：《努力实现由体育大国向体育强国的迈进》，载《体育科学》2009年第3期，第3页。

[3] 鲍明晓：《体育大国向体育强国迈进的战略研究》，载《南京体育学院学报（社会科学版）》2009年第6期，第3页。

了体育大国涵义并成为体育大国向高一层次的发展状态。所以，这里体育强国中的"强"实际就是"强大"的意思，它同时包含了"强"和"大"两层意思，在"体育强国"的概念中体现了质与量在向量上的一种统一。因此，我们今天所理解的体育强国是一个综合的多维的概念。它不仅包含质上的强，而且还包含量上的大；不仅要求数量大，而且还要求涵盖范围大，今天的体育强国建设应当包含对中国体育方方面面的理性的综合的考量。

普及与提高的对立与统一。普及与提高是中国体育工作的两个方面，也是长期以来围绕体育强国建设争议较多的问题之一。该理论来源于1942年毛泽东在延安文艺座谈会上的讲话，毛泽东指出："我们的提高，是在普及的基础上的提高，我们的普及，是在提高的指导下的普及。"[4]1959年国家体委提出："开展群众性的业余体育运动和培养少数优秀运动队伍相结合，实行在普及基础上的提高和在提高指导下的普及，这是当前体育工作中一项重要的原则。"1979年，国家体委提出："鉴于运动技术水平已成为薄弱环节，而参加1980年奥运会的任务又迫在眉睫，我国一些项目的成绩还达不到奥运会报名的标准。因此，今明两年，国家体委和省一级体委要在普及与提高相结合的前提下，侧重抓提高。"[5]可以看出，早期的普及与提高只是中国体育整体性工作的两个方面，但到了1980年代，普及与提高就变成对我国群众体育与竞技体育的特定称谓了。关于体育中普及与提高的关系，早期多倾向于认为普及是基础，提高是发展，二者是相互促进的。但随着我国体育实践中普及与提高差距的增大以及国家对二者投入资源的不均衡化，越来越多的人倾向于认为普及与提高存在着在资源、发展机会等方面的竞争关系。从逻辑上说，普及是量上的扩展，提高是质上的提升，普及是对参与面的发展，提高是对活动所能达到水平的追求。在我国的体育事业中，普及与提高问题应该既存在于竞技体育领域，也存在于群众体育与

---

[4] 熊晓正、曹守訸、林登辕："从'普及与提高相结合'到'各类体育协调发展'"，载《体育文史》1997年第5期，第16页。

[5] 熊晓正、曹守訸、林登辕："从'普及与提高相结合'到'各类体育协调发展'"，载《体育文史》1997年第5期，第17~18页。

学校体育之中。体育强国建设中普及与提高的关系是其质与量关系的体现。在我国体育强国建设的实践中，从1985年《2000年中国的体育》的研究报告中提出的体育强国的几项主要指标看，中国体育强国建设从开始就统筹了普及与提高各方面的因素。[6]但在30年的实践中，以提高为主要目的的竞技体育也确实收到了很好的成效，超额完成了任务，但以普及为主要目的的群众体育却不仅目标表述模糊，各项措施也未能像竞技体育那样见效，也由此招致了不少对整个中国体育体制的后现代式的批评。从当前国内对体育的舆论看，多有急于为普及性群众体育"补课"的思想。但正如前面所述，我国作为大国的国情是竞技体育的优势，却未必是群众体育的优势。世界范围的实践证明，在举国体制下，竞技体育可以超越经济与社会发展水平而获得优先发展，前苏联、前东德都是最好的例子。但群众体育却鲜有可以超越经济与社会发展水平而优先发展的成功案例。所以，我国体育的举国体制在提高方面虽取得了卓有成效的成就，但用在普及方面却未必能收到同样的效果。我国"文革"后期开展的运动式群众体育活动如各种长跑、游泳和篮球比赛动辄数万人参加，[7]我们却不能认为那就是群众体育的常态。所以，体育的普及与提高两个方面应该各有不同的发展规律，我们应该区别对待。

硬实力与软实力的对立与统一。美国约瑟夫·奈（Joseph Nye）将一国综合国力分为硬实力与软实力两种形态。项久雨指出，软实力必须靠硬实力做支撑，如没有硬实力，软实力就犹如建在沙滩上的房子一样没有根基。反过来，硬实力也需要软实力辅佐，没有软实力，硬实力的发展就会受到限制。硬实力支配并作用于软实力，软实力影响并提升硬实力。软实力与硬实力共同构成一国的巧实力（Smart Power）。[8]在我国体育强国建设中，体育硬实力与体育软实

---

[6] 曹广臣："中国改革开放三十年竞技体育发展战略回顾"，河北师范大学2010年硕士学位论文，第20页。

[7] 杨鸣亮、黄波："文革体育新思考"，载《体育文化导刊》2013年第11期，第143页。

[8] 项久雨："硬实力与软实力的关系之辨"，载《武汉大学学报（哲学社会科学版）》2010年第6期，第812页。

力也是一对对立统一的矛盾，二者的协调统一便构成了我国体育的综合实力。从表现上看，通俗地说，体育硬实力就是有形的、可定量测量的实力，如国家财政中的体育经费比、社会筹集体育经费的能力、公共体育设施、教练人才、科研人才等；而体育软实力则是无形的、不可定量测量的实力，如体育文化与价值观、体育方针政策、体育体制、体育的公共服务体系、体育的社会服务体系、体育国际影响力等。体育硬实力可以使我国体育在世界体育舞台上占有一席之地，而体育软实力则支撑并通过体育硬实力使我国体育在国内外发挥影响作用。没有体育硬实力的开拓，体育软实力就没有存在的基础与外向发展的舞台；而没有体育软实力作为内在支撑，体育硬实力也难以实现其应有价值。所以，我国的体育强国建设对体育硬实力与体育软实力不可偏废。既不能忽视体育软实力的营造与建设，更不能忽视体育硬实力建设对于体育强国建设的作用与意义。

整体与部分的对立统一。体育强国既然是一个综合的与多维的目标体系，其中就必然存在着作为部分的子目标与体育强国总目标的关系问题，即体育强国目标中整体与部分的关系问题。根据整体与部分的辩证关系，整体与部分是相互依存的，整体决定部分，部分影响整体；当部分以合理的结构组合形成整体时，整体就具有全新的功能，整体的功能就会大于部分功能之和；当部分以不合理的结构形成整体时，就会损害整体功能的发挥。体育事业的发展决定体育各构成部分间既存在着在国家资源分配时此消彼长的竞争关系，也存在着相互转化与推动的依存关系。如竞技体育与群众体育既存在着对国家投入资源的竞争关系，同时也存在着在共同时空内的助力与依存关系；现有竞技体育体制自身既有在国家发展大环境下被强化的部分，也有被改革与消解的部分。新中国成立以来，体育领域内形成的竞技体育、学校体育、社会体育的结构体系正在被消解与重组，说明原有的体育系统各部分间的关系已不能完全适应现代体育事业的发展需要，我们需要以一种新的体育系统观以实现体育整体与部分的协调。所以，体育强国建设应树立全局观与系统观，立足大体育，统揽全局，以最佳的方案构建体育各构成部分间合理的关系，以实现整体大于部分之和的理想效果，同时也必须重视体育各构成部分的作用，搞好局部，以局部的发展推动体育事业整体的进步。

三、体育强国建设评价中的显性指标与隐性指标问题

体育强国目标是宏观的，然而它的建设与评价最终要落实到一系列指标上去，从这个意义上说又是具体的，是由具体指标体现的。从指标的特征来看，体育强国建设指标可分为显性指标与隐性指标。

体育强国建设的显性指标。显性指标更多地为体育硬实力发展所表现的可视的、可定量测量的评价指标，如竞技体育比赛排名、体育人口率、人均体育场地与消费、国民体质水平、国家体育经费投入水平等。显性指标的评价常以表象性的定量评价为主，且因可视性与可操作性，能引起人们更多的关注与重视。但显性指标的可视性与可操作性也容易导致体育强国建设异化成纯粹的指标建设，指标提升了，指标所代表的体育水平或实力却未能相应得到提升。

体育强国建设的隐性指标。隐性指标更多的是体育软实力发展所表现得不可视的，不方便定量测定或评价的指标，如体育文化与体育价值观、国民体育文化素养、体育管理水平、体育科技、体育国际影响力等。隐性指标的评价常以质性的定性评价为主，且因其隐蔽性及不易测量性在体育发展的初级阶段较容易被忽视。近年随着我国体育理论水平的发展，体育软实力逐渐为政府和社会所关注，体育强国建设的隐性指标也开始受到关注，但体育隐性指标较难以把握，对此我们尚需更多的研究。

显性指标与隐性指标是测量和评价中国体育强国建设水平的两个方面。显性指标容易被功利性地作为体育发展的评价指标，因而常较多受到管理层的关注；而隐性指标因难出"成绩"往往容易被选择性地忽视。然而，在体育强国建设中，相关测量和评价目的却不应在指标本身，指标的达成与否也不能完全代表体育强国目标的实现与否。显性指标也需要像隐性指标那样淡化指标本身的功利性而更多地关心指标所代表的质性的东西，而隐性指标也需要像显性指标那样尽量寻找客观的定性与定量相结合的评价方法。

四、体育强国建设评价中的正向指标与负向指标问题

从表现指向上分,体育强国建设指标可分为正向指标与负向指标。

体育强国建设的正向指标。正向指标是指向上或向前发展增长的指标,这些指标值越大,评价所反映的体育强国建设的状况就应当越好。体育强国建设中的正向指标主要有体育人口或体育人口率、体育消费水平、国民体质与健康水平、竞技体育水平等。这些指标是体育强国建设的主要指标,对体育强国建设起着具体的导向作用。

体育强国建设的负向指标。负向指标是指向下或负增长的指标。这些指标越小越好,指标越大,其所反映的体育强国建设状况就越不理想。体育强国建设中的负向指标主要有国民患病率、与体育参与或体育消费相关的性别比、体育各组成部分发展水平的差距、体育侵权、体育伤害、体育犯罪等。与正向指标相比,负向指标不是体育强国建设的主要参考指标。这些指标的增长或增大能够反映我国体育的不平衡状态或负面因素的增长,同时,这些指标也是在体育发展的评价中容易被选择性忽视的指标。

指标是状态的具体化,是目标的具体化。在体育强国建设中,正向指标的功能是为实践设定具体的目标,因而对实践具有导向与激励作用;而负向指标则对体育决策具有负反馈作用,能帮助我们及时发现体育发展中的不足。因此,在体育强国建设中,应当注意对体育负向指标的关注与利用。正向指标与负向指标是一种对立统一与相互参照的关系。在体育强国建设中,我们宜以正向指标建设为主,并合理利用负向指标进行反馈,使正向指标与负向指标共同服务于体育强国建设的具体实践。

五、体育强国建设评价中的静态观察与动态观察问题

体育强国建设是一个动态的过程,每一时期都会表现出一定的时相。任一时期对体育的评价都只能是对这一时期体育发展时相的

评价，因而就单个的评价而言也总是一种静态的评价。为了更好地了解与把握体育强国建设的动向，不仅需要对其进行一次次的静态观察与评价，更需要把不同时相的静态观察与评价联系起来，进行纵向的动态的观察与评价。

体育强国建设的静态观察。体育强国建设的静态观察是对某一时相体育强国建设达到的水平进行横向的观察。常以评价指标单次的绝对表现数据为观察对象，以获得对体育发展水平的即时性的认识。静态观察能获得体育强国建设在某一特定时相上达到的即时的绝对水平，便于在横向上进行国家间的比较，在体育强国建设中能帮助我们认识一国体育发展水平在国际比较中的优势与劣势。如我国几次全国性的群众体育现状调查及体育人口与场地普查常被用于中国体育的国际比较研究。

体育强国建设的动态观察。体育强国建设的动态观察是对纵向上一段时间内对体育强国建设达到的水平进行的多次观察，结合多次观察得到的信息进行纵向的对比，以得到体育的发展趋势、快慢等动态特征。动态观察更能说明体育强国建设的动态过程及趋势特征，在体育强国建设中具有预测与帮助决策的作用。比较而言，我国体育发展水平的动态观察与纵向比较都做得不够，在大数据时代，体育强国建设应当更多地结合与体育相关的大数据建设与使用，以帮助我们在体育强国建设中做出及时、准确的形势判断。

静态观察是单次的与横向的，动态观察是连续的与纵向的。在体育强国建设中，一方面，连续的动态观察离不开一次次静态观察的数据积累。所以，单次的静态观察是进行连续的动态观察的基础。另一方面，单次的静态观察必须相互联系起来才具有观察结果的意义。所以，连续的动态观察是单次的静态观察的深入结果。

六、结语

"跳出体育看体育"，体育与政治、社会、经济、文化等也存在着相互依存与互为影响的复杂关系，如竞技体育与群众体育需要大量的经济投入。同时，早期必要的经济投入是今后体育对经济发展作出回报的前提，当下体育产业正在成为经济发展的新亮点就是明证。同样，我国政治、文化与社会环境既影响了我国体育的发展，同时也受益于体育发展所带来的红利。所以，体育强国目标与政治、社会、经济、文化等建设目标相互联系进而有机地构成了中国强国建设的目标体系。不言而喻，一方面，体育强国目标与中国强国建设的总目标也存在着一种部分与整体的关系，这是体育强国建设中整体与部分关系的更高层次的表现。从社会学的视角看体育，体育是一种融产业、文化、教育、卫生等于一体的社会设置。实践中，中国体育的管理和运行与教育、文化、卫生等部门有很大的交叉，体育的改革和发展与经济、文化、教育等社会设置的改革和发展存在着一定的联动与互为因果的关系。另一方面，体育强国目标作为中国强国目标的一个有机组成部分，必须把握自己的定位与功能，把握体育目标与政治、经济、文化等其他目标的关系，以实现体育事业与其他事业的协调发展。过去我国体育特别是社会体育的改革一般是跟随或配合经济、教育等领域改革的一些做法。所以，中国社会体育的改革与发展往往滞后于其他部门的改革与发展。而在逻辑上，体育与其他社会设置间的关系是相互的。从宏观的全局的角度来看，体育领域的问题较为局限和可控。所以，体育可以成为一些风险较大的改革的先行者。如发展模式及管理体制等我国改革中风险较大的深层次问题可以在体育领域进行试验。近年来，我国竞技体育、社会体育随着体育产业化发展都面临着重大的改革机遇和挑战。所以，体育作为一种特殊的社会设置，应充分利用自身的比较优势，在体育强国建设中，主动改革，主动作为，以期对实现伟大的"中国梦"做出应有的贡献。

参考文献

1. ［美］埃德加·博登海默：《法理学——法哲学及其方法》，邓正来、姬敬武译，华夏出版社1987年版。
2. 白平则："论我国国家与社会关系改革的目标模式：'强社会、强国家'"，载《科学社会主义》2011年第3期。
3. 白平则：《强社会与强国家——中国国家与社会关系的重构》，知识产权出版社2013年版。

4. 鲍明晓：“体育大国向体育强国迈进的战略研究”，载《南京体育学院学报（社会科学版）》2009年第6期。

5. ［美］C. E. 林德布鲁姆：《市场体制的秘密》，耿修林译，江苏人民出版社2002年版。

6. 曹广臣：“中国改革开放三十年竞技体育发展战略回顾”，河北师范大学2010年硕士学位论文。

7. 曹剑光：《公共服务的制度基础——走向公共服务法治化的思考》，社会科学文献出版社2010年版。

8. 曹莉：“《占有》：历史的真实与文本的愉悦”，载《外国文学研究》2005年第6期。

9. 曹守和、赵玉梅：“'体育大国'与'体育强国'提出的由来与涵义的演进"，载《中国体育科技》2010年第1期。

10. ［美］查尔斯·霍顿·库利：《社会过程》，洪小良等译，华夏出版社2000年版。

11. 陈华："体育强国内涵的再审视"，载《广州体育学院学报》2014年第2期。

12. 陈晓荣、罗永义、柳友荣："公共治理视域中的体育治理"，载《上海体育学院学报》2013年第1期。

13. 陈秀娟："我国体育制度改革路径依赖研究"，载《体育文化导刊》2008年第12期。

14. 陈玉忠："论构建和谐社会与当代中国体育的价值目标"，载《体育科学》2005年第9期。

15. 成都体育学院体育史研究所：《中国近代体育史资料》，四川教育出版社1988年版。

16. 迟福林：《第二次改革：中国未来30年的强国之路》，中国经济出版社2010年版。

17. 戴健：《中国公共体育服务发展报告（2013）》，社会科学文献出版社2013年版。

18. 戴永冠、田雨："论体育强国的精神维度"，载《成都体育学院学报》2011年第7期。

19. 董新光："近15年我国群众体育发展之研究"，载《体育文化导刊》2010年第10期。

20. 董红刚:"论体育体制改革的双重阻力",载《体育科研》2013年第6期。
21. 范宏伟、刘晚玲:"体育强国梦的理论准备",载《第五届中国体育博士高层论坛论文集》,2014年。
22. 范启国:"竞技体育强国基本特征的研究",载《体育科技》2011年第2期。
23. 费孝通:《美国与美国人》,三联书店1985年版。
24. 冯晓露:"毛泽东《体育之研究》对当代的启示",载《体育研究与教育》2012年第6期。
25. 冯晓露、白莉莉:"我国竞技体育管理模式探讨",载《体育文化导刊》2011年第10期。

体/育/法/前/沿 ▶▶▶ **体育法治与经济**

从产业政策到竞争政策：
关于我国体育产业经济政策的思考

李四红[*]

作为朝阳产业的体育产业已经成为各国国民经济重要的经济增长点，虽然我国的体育产业发展远远落后于欧美等体育产业强国，但仍表现出旺盛的生命力。2013 年，中国体育产业年产值为 3575 亿元；2014 年，中国体育产业总值为 4000 亿元。[1]中国体育产业近五年的平均增长率为 16%，远高于国民经济的增长水平。[2]目前，我国经济正处于转型与产业升级阶段，国家已经将体育产业作为经济转型升级的重要力量。2014 年 9 月，国务院常务会议专门就体育产业发展进行了研究部署，并于 10 月印发了《国务院关于加快发展体育产业促进体育消费的若干意见》，提出大力发展体育的产业政策，体育产业的发展面临着前所未有的机遇。体育产业采取什么样的经济政策，决定了体育产业未来发展的格局。

---

[*] 北京语言大学后勤集团副处长、副书记，中国政法大学民商经济法学院博士研究生。

[1] 数据来源于《2014 年中国体育产业规模及增速情况分析》，http://china - consulting.cn/news/20140904/s98989.html，最后访问时间：2015 年 2 月 1 日。

[2] 蔡灵、薛胜文、沈哲彦主编：《2015～2019 年中国体育产业深度调研及投资前景预测报告》，数据来源于中投顾问网，http://www.ocn.com.cn/reports/1475tiyu.shtml，最后访问时间：2015 年 4 月 21 日。

一、概念界定

（一）产业政策与竞争政策内涵

产业政策和竞争政策都是经济政策体系的重要组成部分。学界对"产业政策"有不同的界定，普遍认为产业政策有广义与狭义之分。广义的产业政策是政府为了实现一定经济和社会目标而对产业形成和发展进行干预的各种政策的总和。它包括产业结构政策、产业组织政策、产业技术政策和产业布局政策以及其他对产业发展有着重大影响的政策和法规。在经济上，产业组织政策就是"反垄断政策"的代名词，因此广义的产业政策包括了竞争政策。[3]狭义的产业政策是指在经济发展的某些阶段，政府为了实现某些既定目标而针对特定产业及产业内企业实施的扶持和管制等干预政策的总和，其目的是推动这些产业及企业迅速形成能够参与国际市场竞争的核心竞争力，进而推动国内产业结构升级并带动国民经济的全面发展。[4]

《反垄断法》中明确提出了"竞争政策"的概念，关于竞争政策的内涵也有广义与狭义之说。广义上的竞争政策比竞争法在范围上要广泛，包括放松经济管制、促进竞争自由和市场开放的各项政策，可以体现为综合竞争法、含有竞争规则的部门规章或其他由政府所采取的强化市场竞争的政策措施；狭义上的竞争政策就等同于竞争法，主要是反垄断法。[5]由此可见，当竞争政策采取广义时，竞争法只是竞争政策的一部分；当竞争政策采取狭义时，竞争政策与竞争法的内涵相同。本文对产业政策和竞争政策都采取狭义说。

---

[3] 徐士英：《竞争政策研究——国际比较与中国选择》，法律出版社2013年版，第21页。

[4] 冯晓琦、万军："从产业政策到竞争政策：东亚地区政府干预方式的转型及对中国的启示"，载《南开经济研究》2005年第5期，第66页。

[5] 王先林、丁国峰："反垄断法实施中对竞争政策与产业政策的协调"，载《法学》2010年第9期，第29页。

(二) 产业政策与竞争政策的关系

产业政策本质是一种政府行为,是一种非市场性质的经济调控手段,是政府管理经济的基本工具。[6]对失灵的市场机制进行弥补以及经济发展的赶超思想是制定和推行产业政策的重要前提。竞争政策同样体现了政府对经济的干预,但与产业政策不同的是,竞争政策以维护市场竞争机制为出发点,通过企业之间的竞争实现资源的优化配置,推动经济发展。

竞争政策的实施所带来的效果是一种趋向于长期的效果,而产业政策的刺激往往能够立竿见影——但往往在长期造成更大的失效。[7]对于产业政策与竞争政策谁优谁后的问题,学界有着不同的争论。基本观点如下:产业政策处于中心地位,竞争政策起辅助作用;竞争政策处于优先地位,产业政策起辅助作用;竞争政策和产业政策搭配使用。[8]产业政策和竞争政策实际上代表了两种不同的资源配置方式,其区分的关键是在资源配置中是政府还是市场起决定性作用。在经济全球化条件下,政府不应热衷于推行产业政策来提高产业和企业的竞争力,而应该坚持竞争政策的主导地位,通过制定符合国际惯例的竞争规则,营造良好的外部竞争环境,提高我国产业和企业在国际竞争中的竞争能力。[9]从其他市场经济国家的情况来看,基本上都确立了竞争政策在经济政策中的基础作用,重点保障市场机制的作用得到充分发挥。[10]

---

[6] 余兰:《体育产业经济学研究》,西南财经大学出版社2006年版,第207页。

[7] 王先林主编:《中国反垄断法实施热点问题研究》,法律出版社2011年版,第47页。

[8] 刘桂清:"竞争政策与产业政策:谁更优先?",载张守文主编:《经济法研究》(第7卷),北京大学出版社2013年版,第140~141页。

[9] 刘桂清:"竞争政策与产业政策:谁更优先?",载张守文主编:《经济法研究》(第7卷),北京大学出版社2013年版,第145页。

[10] 许昆林:"逐步确立竞争政策的基础性地位",载《价格理论与实践》2013年第10期,第6页。

二、我国体育产业经济政策的考察与反思

我国体育产业的官方分类首次出现在《体育产业发展纲要（1995~2000）》中，首次将体育产业分为体育本体产业（通过开发体育本身而形成的体育劳务产品）、体育相关产业（体育活动提供服务的体育相关产业类，如体育器械及体育用品的生产经营等）及体办产业（体育部门开展的旨在补助体育事业发展的其他各类产业活动）。本文所讨论的体育产业主要是指体育本体产业。

（一）我国体育产业经济政策考察

在计划经济阶段，体育始终被认为是一种福利性事业，而不被看作产业，因此也没有支持体育发展的经济政策。体育队伍建设、资金投入、人员配备、运动训练等都是在国家统一计划下安排，所有支出均由国家财政负担。

1. 1984~1993年，体育产业政策的萌芽阶段。1984年，党的十二届三中全会通过的《中共中央关于经济体制改革的决定》首次提出"社会主义商品经济"的概念。1985年，国务院颁布的《国民生产总值计算方案》中首次运用三次产业分类方法，将体育部门列入第三产业。[11]体育具有商品属性，属于产业的一个门类，逐步得到社会的认可。1986年，国家体委《关于体育体制改革的决定（草案）》，开始了以"放权搞活"为主线的改革。1992年，小平同志南行讲话提出了"社会主义市场经济"，党的十四大上提出了"建设有中国特色的社会主义市场经济体制"的目标，这为体育产业发展指明了方向。1992年11月，国家体委在广东中山召开了以学习小平同志南行讲话和中共十四大报告、探讨体育改革为主题的全国省体委主任座谈会，史称"中山会议"。会议把体育产业问题作为体育改革的重要内容，意味着体育产业的地位得到了国家体育部门的承认。在这个阶段，体育产业观念的确立，明确了体育的产业性质与体育

---

[11] 伍绍祖：《中华人民共和国体育史（1949~1998）》（综合卷），中国书籍出版社1999年版，第391页。

的经济属性,确立了体育发展的基本方向。

2. 1993~2000年,体育产业政策的初步形成阶段。1993年,国家体委发布了《关于培育体育市场,加快体育产业化进程的意见》,该意见确定了20世纪90年代到21世纪初的体育改革的总目标与总任务,[12]提出培育和发展体育市场是实现体育产业化的根本途径,提出了体育要面向市场,走向市场,以产业化为方向。1995年,国家体委《体育产业发展纲要(1995~2000)》明确将体育产业分为体育健身娱乐市场、体育竞赛表演市场等,并提出了体育产业化发展,利用财税政策、金融政策、投资政策、产业政策等对体育产业进行扶持,同时也加快了体育市场的立法进程,推动体育产业健康、有序、规范的发展;同年,全国人大常委会审议并通过《体育法》,但在《体育法》中并未提及体育产业。1996年,八届人大四次会议通过的《国民经济和社会发展"九五"计划和2010年远景目标纲要》第一次以法律形式明确提出体育要走产业化道路,要求"进一步改变体育管理体制,有条件的运动项目要推行协会实体化和俱乐部制,形成国家与社会共同兴办体育事业的格局,走社会化、产业化的道路"。

在这个阶段,随着经济体制由计划经济向市场经济转变,过去体育事业赖以生存的经济基础和社会环境发生了重大变化,我国体育走上了社会化和产业化的道路,我国的体育经济政策转变为社会化、产业化的经济政策。[13]将产业化、市场化作为体育改革发展的明确目标,虽然具体的产业政策措施不多,但标志着体育产业政策从一般性的体育政策和经济政策中独立出来,逐渐形成一种独立的政策形式。[14]产业政策主要是确定体育健身娱乐市场、体育竞赛表演市场等进行重点发展的体育产业的布局政策。

---

[12] 郑国华、熊晓正:"中国体育改革的历史回顾与展望——访原国家体委主任伍绍祖先生",载《武汉体育学院学报》2008年第6期,第7页。

[13] 钱旭威、陶玉流:"我国体育产业发展的经济政策选择——基于产业政策与竞争政策的协调",载《南京体育学院学报(自然科学版)》2011年第4期,第7页。

[14] 王子朴、原玉杰、詹新寰:"我国体育产业政策发展历程及其特点",载《上海体育学院学报》2008年第2期,第17页。

3. 2000~2013年，体育产业政策的深化阶段。2000年，国家体委发布《体育发展与改革纲要（2000~2010）》，提出了未来10年的体育发展目标、基本方针以及加入WTO后的发展策略，并提出"尽快着手制定科学的体育产业发展规划和相应的政策法规，加速培育体育市场"；同时，在《体育发展与改革纲要（2000~2010）》中提出了财税政策、金融政策、投资政策、产业政策等对体育产业的扶持；强调要"积极培育和依法管理体育市场，完善体育市场规制，进一步打破地区封锁、部门分割和行政垄断，反对不正当竞争，保护生产者、经营者和消费者的合法权益"。2002年，《中共中央国务院关于进一步加强和改进新时期体育工作的意见》中提出加强对商业性赛事的管理，大力发展体育产业，积极培育体育市场。2006年，十届全国人大四次会议《国民经济和社会发展第十一个五年规划纲要》中提出"要深化体育改革，鼓励社会力量兴办体育事业和投资体育产业。规范发展体育健身、竞赛表演、体育彩票、体育用品，以及多种形式的体育组织和经营实体"。同年12月，国家体育总局在《体育产业"十一五"规划》中提出"完善体育产业政策，制定并组织实施体育发展规划，鼓励社会资本投入体育服务业"。2007年3月，国务院《关于加快发展服务业的若干意见》将体育纳入服务业范畴，并认为发展服务行业，优化服务业行业发展结构，对推动经济转型具有重要作用。2008年10月，国务院在《中共中央国务院关于进一步加强和改进新时期体育工作的意见》中充分认识到了体育产业在经济发展中的重要作用，并要求加大制度创新，发展体育产业，培育体育市场。2010年3月，国务院在《国务院办公厅关于加快体育产业的指导意见》中提出建立以体育服务业为重点，门类齐全、结构合理的体育产业体系和规范有序、繁荣发展的体育市场；形成多种所有制并存，各种经济成分竞相参与、共同兴办体育产业的格局；提出"加大投融资支持力度、加强公共体育设施建设和管理、完善税费优惠政策"等经济政策，并且也提出"建立、健全相关法规，完善监督管理机制，明确监管主体及其管理职能和各类市场主体的权利义务，规范体育市场主体行为，维护市场秩序，促进体育市场规范发展"等法律政策。同年5月，国务院发布《关于鼓励和引导民间投资健康发展的若干意见》，鼓励民间资本投资生产体育用品，建设各类体育场馆及健身设施，从事体育健身、竞赛表演等活动。在这个阶段，随着体育产业在国民经济增长中的重要性得到社会共识，产业政策手段更加多样化，政策的类型更加丰富。除了产业布局政策之外，还有促进体育市场有效竞争、提高体育产业内部资源配置、维持正常体育市场秩序的产业组织政策以及通过推动体育产业结构调整和优化从而促进体育经济增长的体育产业结构政策。此外，逐渐意识到公平的市场竞争机制对产业发展的重要推动作用，竞争政策的地位日益增强。

4. 2013年~现在，体育产业政策与竞争政策的并重阶段。2013年，依据《国民经济和社会发展第十二个五年规划纲要》和《体育事业"十二五"规划》，国家体育总局制定并印发《体育产业"十二五"规划》。该《规划》提出加快体育市场法制化、规范化建设，完善监管机制，规范市场主体行为，维护市场秩序；同时提出，加大体育产业投融资支持力度，落实相关税费优惠政策等产业政策。2014年9月，国务院常务会议专门就体育产业发展进行了研究部署，并于10月印发了《国务院关于加快发展体育产业促进体育消费的若干意见》。该《意见》确立了转变政府职能、简政放权，强化市场监管、创造竞争有序市场环境以及破除行业壁垒、扫清政策障碍、形成有利体育产业发展的政策体系的原则；同时，提出了"大力吸引社会投资、完善健身消费政策、完善税费价格政策、完善规划布局与土地政策"等措施。2015年2月，中央全面深化改革领导小组第十次会审议通过《中国足球改革总体方案》，曾作为中国体育职业化改革的试点的中国足球再次被推上前台。同年3月，国务院印发《中国足球改革发展总体方案》。该方案中涉及体育产业的政策有"调整改革中国足协协会，改革足球管理体制，推行政企分开、管办分离，推进体育行业协会与行政机关的脱钩；改革完善职业足球俱乐部建设运营模式，加强足球产业开发，加大足球市场开发力度和建立足球赛事电视转播权市场竞争机制"；同时，在足球场地建设方面提出了土地、税收等方面的政策支持。"举国体制与市场机制相结合"是这个阶段体育经济政策的特点。产业政策范围逐渐缩减，竞争政策得到加强。对于足球而言，作为体育产业化发展的领头羊，其经济政策已经有了实质性改变。除了场馆基础建设得到产业政策支持外，职业足球商业开发等竞争性领域完全放开，推动体育资源根据市场竞争机制实现最优配置。同时，鉴于中国足球协会既参与经营又进行管理的双面角色，实行"官办分离"以消除行政垄断。

（二）我国体育产业经济政策的反思

通过以上政策考察可以看出，我国体育产业的经济政策主要以产业政策为主。通过体育产业政策，政府这只"看得见的手"能够有力地支持体育竞技表演业等支柱产业的发展壮大，实现了我国体育经济的超常发展，并在某些领域得以赶超。同时，产业政策的扶持对体育产业的发展也造成了不良影响，主要表现有：

1. 竞争政策的缺失、政府深度介入体育产业的发展，使得市场机制空间严重受限。产业政策的制定体现了政府行为对市场功能缺陷的弥补，但要以政府在经济行为中的有限性特征来约束自己的干预范围，否则必然导致产业政策的失效。而以政府行为不受约束为特征的产业政策的实施使得市场竞争机制受到严重扭曲，非但没有促进体育产业发展，反而阻碍了体育产业发展。以政府多年来扶持的职业足球为例，竞争力非但未长，反而是严重下滑。究其原因，便是产业政策压缩了市场机制的作用空间，在产业结构调整、产业布局规划等方面起到了替代市场机制的作用，限制了市场竞争，最终阻碍了产业发展。

2. 产业政策的制定、监督处于不严禁或缺位状态。[15]体育产业政策均为部门规章或规范性文件，效力层次较低，制定程序不透明、不公开。如大部分产业政策在出台前根本无人知晓其内容，社会公众无法提出建议和意见，这样的产业政策其制定程序受到质疑。产业政策实施过程对政府权力行使无法制约，政府干预过于随意和灵活，这导致政府任意干预体育产业发展，挤占了竞争机制发挥作用的空间。由于体育产业政策尚未上升到法律层面，政策实施结果缺

---

[15] 宾雪花："产业政策法与反垄断法之协调制度研究"，中南大学 2011 年博士学位论文，第 138 页。

乏监督机制，如早在 1993 年就提出了体育产业的市场化，随后也多次提到规范市场主体行为、培养竞争机制等内容，但几十年来均未实现，体育产业政策往往成了一纸空文。

3. 由于产业政策的常年推行，政府职能不断得以加强，行政垄断行为普遍存在，严重阻碍了体育产业发展。对于在目前处于向市场化转轨阶段的体育产业而言，政府体育管理部门或带有行政属性的行业组织直接介入到体育市场中，凭借所拥有的行政权力对体育市场进行控制，各种不合理的行政审批、市场准入的不合理限制大量存在。它们既是行政管理权的行使者，对体育市场进行监管，又实际介入到体育市场的开发中，和其他经营主体开展竞争。政府或行业协会这种"经济人"的角色使得产业政策在执行过程中往往被扭曲，导致产业政策的失效。当这种介入是在滥用行政经济管理权来排斥、限制竞技体育市场竞争时，各级行政机关就构成垄断行为的实施主体。政府与市场的边界不清，中心、协会、俱乐部的关系尚未理顺，规制过度与规制不足、越位与缺位并存，导致职业体育产业的活力尚未被激发。

三、美国、欧盟体育经济政策的借鉴

(一) 美国职业体育经济政策的考察

美国作为世界上体育最发达的国家，体育产业在国民经济中占有极高的比重。关于体育产业的内涵也有着不同的理论学说，但普遍认为业余体育和职业体育构成美国体育产业的核心。美国对于职业体育和业余体育有着不同的政策。业余体育和我国的体育事业具有一定的相似性，政府对业余体育实行资金补助、税收减免等产业政策，如对校级竞赛活动、奥林匹克和各种业余体育组织进行补助，除了提供补助金外，还会提供土地或税收等来进行体育设施建设的补贴金。[16]以职业棒球、冰球、篮球、橄榄球为核心的职业体育则

---

[16] [美]李明、苏珊·霍华斯、丹·马宏尼编著：《体育经济学》，叶公鼎等译，辽宁科学技术出版社 2005 年版，第 155 页。

是体育产业的核心，美国政府对职业体育所采取的经济政策对于我国具有一定的借鉴意义，本文仅分析职业体育的经济政策。

1. 19世纪70年代~20世纪20年代，职业体育的初期发展阶段。美国的职业体育始于1876年的全国棒球联盟的成立。自成立之始至1972年左右期间，职业体育只被认为是比赛或娱乐休闲活动而不被视为一项经济产业。[17]在最初发展阶段，职业体育任性而自由地发展，职业化的各种弊病日益显现，球员毁约、利用球赛进行赌博等行为大行其道。尽管在此期间，1890年《谢尔曼法》、1914年《克莱顿法》及《联邦贸易委员会法》等法案相继通过，但职业体育始终未被纳入其调整范围。职业化所带来的弊端并未得到很好治理，美国未出台任何相关政策，体育的发展完全处于一种放任状态。[18]作为市场经济发源地的美国，对体育产业没有支持其发展的相关经济政策，而是完全靠市场机制发挥作用。在这个时期，公共政策表明体育被认为是更高层次的活动，而不是出于商业或经济利益的考虑。

2. 20世纪20年代~70年代，职业体育适用反垄断法的初期阶段。随着以《谢尔曼法》为核心的竞争法的实施，职业体育开始受到竞争法的关注。在1922年Federal Baseball Club of Baltimore, Inc. v. National案中，联邦最高法院判决棒球属于州内事务而获得《谢尔曼法》豁免，国会在联盟的要求下以立法的形式对联盟的相关行为豁免。此案，开启了此后30多年职业体育产业不受反垄断法规制的先河。

电视转播技术的发展使得职业体育的非经济性特征逐渐消退，同时随着职业体育媒体曝光率的增加，职业体育联盟逐渐被认为是全国性的，而不再是地域性的。这时联邦政府获得对州际贸易的管

---

[17] Closius, Phillip J., "Professional Sports and Antitrust Laws: The Ground Rules of Immunity, Exemption, and Liability (1985)", *Government and Sport*: *The Public Policy Issues*, p. 140, Arthur T. Johnson and James H. Frey, eds., 1985; *University of Baltimore School of Law Legal Studies Research Paper*. Available at SSRN: http://ssrn.com/abstract=2144963.

[18] 龚正伟、肖焕禹、盖洋：《美国体育政策的演进》，载《上海体育学院学报》2014年第1期，第20页。

理权及对电视媒体的管控权，职业体育纠纷便由联邦政府予以裁决。不同于地方系统的是，联邦政府及法院更容易受到政治的压力及职业体育的影响，国会更容易将职业体育视为经济活动进行管理而不再将其视为地方事务予以保护。[19]职业体育与经济的联系越来越紧密，职业体育与其他产业越来越具有相似性，美国在立法和司法方面开始逐步规范职业体育的发展。具体如下：

在立法方面，1932年《诺里斯—拉瓜迪亚法》、1935年《劳工法》以及1914年《克莱顿法》确立了职业体育中球员工会单方相关行为的法定劳动豁免制度。在19世纪40年代末50年代初的一段时间里，一系列关于职业棒球的反垄断诉讼使得职业棒球支持者们在国会中提出让棒球和其他职业体育完全豁免于反垄断法的提案。虽然最后并未获得通过，但职业体育的发展受到越来越多的立法者的关注。1966年，美国国会出台《体育转播法》，该法允许棒球、橄榄球、篮球和冰球职业联盟享有集中出售比赛的电视转播权而不受《谢尔曼法》的制约，从而确定了职业联盟赛事转播集中销售的反垄断豁免。

在司法方面，1953年Toolson v. New York Yankees案中，虽然职业棒球业获得了豁免，但联邦最高法院在其判决中指出"职业棒球业已经在《谢尔曼法》的豁免下发展了30年，而在此期间国会并未消除《谢尔曼法》对职业棒球的豁免"。值得注意的是，Toolson案后，联邦最高法院拒绝将以往的判决理由延伸到其他职业运动项目中。[20]1955年的United States v. International Boxing Club of N. Y.案及1957年的Radovich v. National Football League[21]案中，联邦最高法院拒绝将对棒球的反垄断豁免再扩展到非棒球运动中，这为19世

---

[19] Closius, Phillip J., "Professional Sports and Antitrust Laws: The Ground Rules of Immunity, Exemption, and Liability", *Government and Sport: The Public Policy Issues*, 1985, p. 140, Arthur T. Johnson and James H. Frey, eds., *University of Baltimore School of Law Legal Studies Research Paper*, 1985, p. 141.

[20] 姜熙、谭小勇："美国职业棒球反垄断豁免制度的历史演进——基于案例分析"，载《天津体育学院学报》2010年第2期，第115页。

[21] Adovich v. National Football League, 352 U. S. 445 (1957); United States v. International Boxing Club of N. Y., 348 U. S. 236 (1955).

纪70年代以后职业体育反垄断法适用奠定了基础。

在这个阶段，职业体育的发展开始受到以《谢尔曼法》为核心的竞争法的规制与引导，争议领域主要涉及球员工会的集体谈判行为和赛事转播等方面的反垄断法适用。美国通过立法及司法判例形成了相关豁免，初步确定了美国职业体育发展政策的基本框架。

3. 20世纪70年代~现在，职业体育完全适用反垄断法阶段。随着职业体育产业化的深入发展，反垄断法调整职业体育发展的范围也越来越宽，除了在电视转播、球员转会等方面外，在运动员的转会、外籍球员上场的限制、运动员工资限制，俱乐部的迁移、并购；职业联盟对球队准入的限制、扩张；体育赛事的转播、门票销售及广告销售以及比赛场馆的使用等方面都有大量的司法案例对职业体育的发展进行规范与调整。

在立法方面，1976年《版权法》明确了职业体育联盟的节目可以享有美国政府的版权保护，职业体育联盟与有线电视机构达成一系列转播协议，解决了职业体育电视转播问题。1978年《业余体育法》以法律形式确立了政府不介入职业体育管理的原则，联邦政府不设立专门的体育管理机构，基本不干预体育的管理事务，充分保证体育的自治地位，政府在职业体育产业发展中的作用被限定在最小范围内，市场的作用得到了充分发挥。[22] 1998年《柯特-弗拉德法》（Curt Flood Act）以立法形式确立了棒球在反垄断法上的绝对豁免的地位。

在司法方面：在职业体育发展过程中，联邦最高法院以判例的形式对职业体育确定了一定范围的豁免，具体如下：

（1）劳工制度的非法定豁免原则。除了20世纪60年代形成的劳工制度的法定豁免原则外，1972年的Philadelphia World Hockey Club, Inc. v. Philadelphia Hockey Club, Inc. 案和1975年的Robersonv. National Basketball Association 案是最早将"非法定豁免原则"应用于职业体育的案例，1976年的Mackey v. National Football League

---

[22] 向会英："我国职业体育反垄断法豁免制度研究"，载《首都体育学院学报》2013年第4期，第25页。

案及 1979 年的 McCourt v. California Sports, Inc. 案确立了职业体育的非法定豁免原则的框架。联邦最高法院确立了集体协商行为的反垄断豁免制度。非法定豁免原则建立在重视反垄断法和劳动法的竞争政策的基础之上。

（2）单一主体豁免原则。职业体育联盟是被视为单一主体还是被视为企业联营[23]决定了其对《谢尔曼法》的不同适用。职业体育联盟通过统一的章程和规则对球队和球员进行管理，这些规则对职业体育的发展起着决定性作用；同时，这些规则也构成了限制贸易的协议。在 1984 年 Cooperweld 案以前，联盟作为企业联营而应受到《谢尔曼法》的管辖，如 1974 年 San Francisco v. NHL 案以及 1982 年 North American Soccer League v. National Football League 案。Cooperweld 案以后，联盟被视为单一主体而获得《谢尔曼法》豁免，如 1991 年 Chicago Professional Ltd. Partnership v. NBA 案；也有案件如 1998 年 Shaw v. Dallas Cowboys Football Club 案并未获得认可。2008 年 American Needle, Inc. v. National Football League 一案中，联邦最高法院将体育联盟视为反托拉斯法上的单一实体，对单一主体豁免原则产生了重要影响。

在这一阶段，美国职业体育发展通过立法及司法判例形成了相关豁免，确定了美国职业体育发展政策的基本框架：除棒球外，所有职业体育原则上适用反垄断法，例外予以豁免。

（二）欧盟体育经济政策的考察

在介绍欧盟体育政策之前，需要对欧盟主体的演化进程进行一个简单的介绍。20 世纪 50 年代，为恢复战后欧洲经济，西欧六国相继成立了欧洲煤钢共同体、欧洲经济共同体和欧洲原子能共同体。1965 年，以上三个共同体订立了《建立欧洲共同体的统一理事会和统一委员会条约》（又称《布鲁塞尔条约》），将三个共同体统称为"欧洲共同体"。根据欧共体在 1985 年《建立内部统一市场白皮书》

---

[23] 1984 年 Cooperweld Cooper. v. Independence Tube Corp. 案中，联邦最高法院确立了"一个母公司与其全资单独注册的所有的子公司应被视为一个企业"，不会发生《谢尔曼法》第 1 条意义上的共谋。该判决影响着对职业体育联盟性质的认定。

和1986年《单一欧洲文件》中规定建立欧洲统一市场的决定，1993年1月，欧共体统一市场正式运转。根据欧共体1992年《马斯特里赫特条约》，1993年11月，欧洲联盟正式启动。欧洲联盟的一体化范围不再限于经济领域，开始将共同安全和外交政策、司法和内务等领域的合作纳入其中。欧洲联盟启动后，欧共体并未自动消失，欧共体作为欧盟的一个分支，其管辖事项限于经济领域。

就体育产业而言，欧盟各国有着不同的经济政策，但由于欧盟有着统一的市场，各国的经济政策必须在符合欧盟经济政策原则下方可实施，因此，本文不单独考察成员国的经济政策，而是将欧盟视为一个整体，考察欧盟体育产业的经济政策。

1. 20世纪70年代以前，体育产业的前期阶段。欧共体自成立之日起，便以消除国家边界，实现货物、人员、服务和资金的自由流动，形成欧洲共同市场为目标。1957年《欧洲经济共同体条约》（又称《罗马条约》）的签订，确立了欧共体竞争政策的框架。此后，虽然竞争政策和产业政策均已经适用于煤炭、钢铁及原子能等能源产业，但在20世纪70年代以前，体育在欧洲被认为只是一项业余活动，不被认为是一种产业，在欧共体约中也没有具体条款来调整体育运动。在推进欧洲一体化进程中，欧共体逐渐意识到在缺乏广泛的基础民众支持下不可能建立统一的欧洲，而体育恰恰是有助于推动欧洲一体化的重要手段。随着欧共体及至欧盟的不断扩大，体育在欧盟一体化过程中的重要性逐渐显现，但充其量只是欧盟一体化进程的一种工具。[24] 在这个阶段，体育尚未被视为一种产业，欧共体关于体育的政策主要是社会政策，主要立足于"社会、教育、文化"功能。

2. 20世纪70年代～90年代，体育产业经济政策的萌芽阶段。欧洲范围内的体育运动呈现出商业化和国际化的态势，体育与经济的联系日益凸显。在基于共同概念与原则的欧洲体育道路上，体育具有作为一种社会整合与教育手段的功能。体育的这一功能与日益

---

[24] 黄世席："欧盟体育与法制的关系研究"，载《武汉体育学院学报》2009年第5期，第27页。

显著的经济动因之间发生了紧张关系。[25]

在政策方面,1984 年在枫丹白露召开的欧洲议会,在《阿东尼诺委员会报告(Adonnino)》中首次提出直接体育政策,将体育运动作为欧洲一体化的具体手段。[26]在 1986 年《单一欧洲法案》通过后,欧共体在体育领域的利益发展到一个更广的社会、教育和文化层面,发展欧洲体育政策的诉求随之出现。[27]同时,为实现统一的目标,一系列的预算资源支持的新政策从欧共体中发展起来,欧共体将体育作为一种社会手段,资助了一些欧洲内的国际性体育竞赛。

体育在经济方面的纠纷开始出现,在 1974 年维尔雷夫与科赫诉国际自行车联盟(Walrave and Koch v. Union Cycliste Internationale)案与 1976 年多纳诉曼特罗(Donà v. Mantero)案中,法院解释道,由于体育构成了一项经济活动,因此,体育在欧共体法的调整范围之内。体育以前不是现在也不是欧共体条约所明文规定的管辖事项,但既然体育引起了具有经济性的活动,那么它就偶然地受欧共体法原则的影响。[28]至此,体育产业在不经意间被纳入欧共体法的调整范围,其发展特别要遵守劳工自由和竞争法的规定。1987 年 Union nationale des entraîneurs et cadres techniques professionnels du football (Unectef) v. Heylens 案继承了以上原则。关于体育是经济活动还是纯体育利益的裁决将体育活动和欧盟联系起来,这通常被视为欧盟

---

[25] Stephen Weatherill, "'Fair Play Please!': Recent Developments in the Application of EC Law to Sports",裴洋译,载梁慧星主编:《民商法论丛》(第 35 卷),法律出版社 2006 年版 [该文原载于《共同市场法评论》(*Common Market Law Review*)2003 年第 40 卷]。

[26] Steven Stewart, "The Development of Sports Law in the European Union, its Globalisation, and the Competition Law Aspects of European Sports Broadcasting Rights", 16 *Sports Lawyers Journal* 183, p. 9.

[27] van den Bogaert, S., "Sport in the European Constitution: All Sound and No Fury?" *Maastricht Faculty of Law Working Paper*, No. 2005-8, 2006, p. 8.

[28] Stephen Weatherill, "'Fair Play Please!': Recent Developments in the Application of EC Law to Sports",裴洋译,载梁慧星主编:《民商法论丛》(第 35 卷),法律出版社 2006 年版 [该文原载于《共同市场法评论》(*Common Market Law Review*)2003 年第 40 卷]。

体育经济政策的起源。[29]

体育的经济性特征开始得到认同，隐藏于体育社会政策之中的经济政策已经萌芽。由于经济形势的变化，产业政策和竞争法的互动关系在欧共体委员会和法院的实践中变得微妙起来。尽管产业政策的实施为共同体经济一体化提供了一些动力和开辟了新的领域，但产业政策也意味着它可能损害一体化的基础。[30]体育产业政策和竞争政策均处于萌芽阶段，二者的调和和冲突并不明显。

3. 20世纪90年代~20世纪末，体育产业经济政策的初步形成阶段。

欧洲体育政策发展的新阶段来自欧洲法院对博斯曼案件里程碑式的判决以及单一欧洲市场的形成。[31]1992年《马斯特里赫特条约》对共同体产业政策做了专门规定，并授权共同体委员会具体执行产业政策。1996年的第一次政府间电话会议第一次将体育运动列入欧盟条约。无论是欧洲奥委会还是欧洲非政府体育组织要求在欧洲新的法律通过前，一定要考虑体育运动的体育利益。[32]1997年《阿姆斯特丹体育宣言》虽然还不是一个具有法律约束力的文件，但它作为附件出现在《阿姆斯特丹条约》后，强调了体育的社会意义，并要求欧洲机构在对影响体育的重要问题有争议时听取体育协会的意见。[33]1998年，欧盟委员会专门发表了《欧共体在体育领域的行动发展及前景》及《欧洲体育模式》。特别是《欧洲体育模式》详

---

[29] Steven Stewart, "The Development of Sports Law in the European Union, its Globalisation, and the Competition Law Aspects of European Sports Broadcasting Rights", 16 *Sports Lawyers Journal* 183, p. 5.

[30] 王斐民：《反垄断法视野中的中国产业政策法》，法律出版社2013年版，第138页。

[31] Steven Stewart, "The Development of Sports Law in the European Union, its Globalisation, and the Competition Law Aspects of European Sports Broadcasting Rights", 16 *Sports Lawyers Journal* 183, p. 6.

[32] Steven Stewart, "The Development of Sports Law in the European Union, its Globalisation, and the Competition Law Aspects of European Sports Broadcasting Rights", 16 *Sports Lawyers Journal* 183, p. 7.

[33] 姜世波：《欧盟法适用于体育的例外及启示》，载《天津体育学院学报》2013年第2期，第159页。

细说明了体育运动的三个重要特点：结构、转播权及对社会的影响，并认为体育监管变得十分重要，欧洲在体育场馆建设资质方面将发挥重要作用。[34]1999 年，在希腊奥林匹亚，欧盟第一次举行了直接和体育相关的欧盟会议，该会议精神体现在随后的《赫尔辛基报告》。该报告指出，在共同概念与原则的欧洲体育道路上，体育具备作为一种社会整合与教育手段的功能。同时，欧共体委员会将体育规则分为三类：不受竞争法管辖的规则，这类规则属于"竞赛规则"；原则上为竞争法所禁止的规则，这类规则包括了被经济利益所驱使而又与保持体育的社会特征无关的原则；有可能取得竞争法豁免的规则，这类规则是为了达到维持"俱乐部间的平衡，同时保持一定程度的平等和比赛结果的不确定性，并能促进对年轻球员的聘用与培养"的目标而达成的协议。欧共体委员会同样准备对在时间和地域上有限度的独家转播权和建立在透明与非歧视的选择标准基础上的短期赞助合同给予豁免。[35]《赫尔辛基报告》试图在其调整体育产业时将统一内部市场与社会文化政策两股线索协调起来，初步体现了欧盟委员会对体育产业进行法律管制的一体化框架构想。[36]

在因转会受阻而引起的案件中，球员博斯曼认为欧洲足联的规定违反了《欧共体条约》第 39 条自由流动规则及第 81、82 条竞争法规则。虽然本案最终以和解结束，但它结束了欧盟足球界（乃至整个体育界）游离于欧盟法律调控范围之外的局面，标志着欧盟足球法制化进程的加速；同时传统的足球体育规则，如转会制度、俱乐部合并规则、球票销售体系、电视转播权利制度等等，都将面临

---

[34] van den Bogaert, S., "Sport in the European Constitution: All Sound and No Fury?" *Maastricht Faculty of Law Working Paper*, No. 2005 - 8, 2006, p. 10.

[35] Steven Stewart, "The Development of Sports Law in the European Union, its Globalisation, and the Competition Law Aspects of European Sports Broadcasting Rights", 16 *Sports Lawyers Journal* 183, p. 21.

[36] van den Bogaert, S., "Sport in the European Constitution: All Sound and No Fury?" *Maastricht Faculty of Law Working Paper*, No. 2005 - 8, 2006, p. 9.

司法审查的挑战。[37]博斯曼案后，体育运动不受欧盟法规制的传统观念被打破，体育运动开始逐渐被纳入到欧盟法律框架之内。在1998年United Kingdom v. Comm'n案中，欧洲法院裁决认为，对于体育的财政支持的预算必须要有欧盟法律依据，否则不得予以支持，[38]国家援助纳入了欧盟竞争法领域。随后，欧盟委员会被迫取消了Eurathlon项目，该项目在1995年至1998年期间资助了一些与体育相关的运动。[39]此外，在此期间，在体育赛事转播方面，欧洲体育电视联盟和"体育荧屏"之间的争议、欧足联冠军联赛转播权争议及一级方程式赛场转播权问题[40]都受到了《欧共体条约》中竞争政策的调整。1999年，欧盟委员会对法国世界杯组委会的比赛门票销售问题作出裁定，认为根据通讯地址所进行的门票销售行为违反了《欧共体条约》的竞争政策。

在这个阶段，尽管欧盟委员会在官方的会议宣言、报告中坚持拒绝将欧共体政策适用于体育运动，只是强调加强和促进体育运动的教育和文化作用。但是随着欧洲共同市场的形成与深化，欧洲体育运动呈现出强烈的产业化趋向，这导致的一个明显后果就是传统上通过体育行会内部机制解决的纠纷越来越多地涌向司法机关和具有准司法权的行政机关，[41]有关体育纠纷的欧盟委员会裁决及欧洲法院的判决已经形成了体育产业经济政策必须符合欧共体竞争政策的原则。

4. 进入21世纪，体育产业竞争政策的形成阶段。2000年11月

---

[37] 郭树理："体坛案史之一：博斯曼转会案"，载《人民法院报》2005年3月18日，第2版。

[38] Steven Stewart, "The Development of Sports Law in the European Union, its Globalisation, and the Competition Law Aspects of European Sports Broadcasting Rights", 16 *Sports Lawyers Journal* 183, p. 10.

[39] van den Bogaert, S., "Sport in the European Constitution: All Sound and No Fury?" *Maastricht Faculty of Law Working Paper*, No. 2005 - 8, 2006, p. 10.

[40] 黄世席：《欧洲体育法研究》，武汉大学出版社2010年版，第125~135页。

[41] 裴洋："从'麦卡—麦迪案'看欧盟体育政策的新发展"，载李寿平主编：《〈里斯本条约〉时代的欧盟法与中欧关系》，北京理工大学出版社2010年版，第77页。

在尼斯举行的欧洲理事会的决议附加了一份关于"体育的特殊属性及其在执行共同政策时应当加以考虑的社会功能"声明（又称《尼斯宣言》）。它声明，欧共体的机构必须"考虑体育内在的社会、教育和文化功能等使体育变得特殊的因素，这是为了使对于维持其社会地位来说至关重要的伦理与团结准则能够得到尊重与培育"。2000年的《尼斯宣言》是从高层次的政治角度来详细讨论和总结体育运动与欧盟关系的文件；但是该宣言没有法律拘束力，而且不涉及职业体育运动，而正是职业体育带来了许多法律上的问题。

2004年《欧盟宪法条约》签订，体育运动第一次被纳入欧盟的条约体系，尽管该条约没有专门条款对体育运动予以规定，但它把体育运动纳入教育、青年和职业培训一类，再次强调了体育的社会和教育功能。将体育运动纳入《欧盟宪法条约》的优势在于体育可以被纳入欧盟预算。法国和荷兰否决了《欧盟宪法条约》使其并未生效。在修改后的条约正式通过之前，欧盟委员会于2007年7月通过《体育运动白皮书》，除了对欧盟体育产业的竞争政策进行了概括外，《白皮书》还专注于体育的社会作用、经济重要性及体育的组织三个领域，此外，还清楚地意识到，有些行为体，特别是代表职业体育的行为体，期望体育能够得到进一步监管，并寻求体育部门能够豁免欧盟法的适用，[42]但该白皮书并非官方解释，而只是一种政策提示，但这意味着欧盟委员会将根据归纳的政策和程序实施。由于欧洲法院的推动，竞争政策的适用范围已经扩展到体育组织机构和俱乐部。[43]随后，欧盟委员会明确，尽管体育的特殊性应得到承认，但体育并不能因此而享受适用除外的待遇。而且，近几年欧盟宪法性改革的进程也表明，未来的欧盟宪法性条约也不会给予体育

---

〔42〕 姜世波："欧盟法适用于体育的例外及启示"，载《天津体育学院学报》2013年第2期，第159页。

〔43〕 Oliver Budzinski, "The Institutional Framework for Doing Sports Business: Principles of EU Competition Policy in Sports Markets", *The Market and Competition Group* 2011—0124. p. 21.

以适用除外。[44] 2007年10月，欧盟首脑会议通过修订后的《里斯本条约》，该条约是对未通过的《欧盟宪法条约》的修订。从《里斯本条约》有关体育运动的规定来看，这些规定的内容和《欧盟宪法条约》中有关体育运动的规定几乎是相同的，再次重申了体育的社会政策功能。2009年12月，《欧盟运行条约》生效，其中第6条规定"欧盟应当有能力执行支持、协调行动或补充各成员国的行动，这些行动领域在欧洲层面应包括……体育"，这意味着体育真正进入欧盟法律文件，并且体育纠纷可在欧盟法中直接被解决。这有助于构建具有延续性的欧盟体育产业政策，为欧盟及其成员国实现体育产业一体化合作机制提供制度层面的保障。[45]

进入21世纪后，在欧盟委员会和欧洲法院的司法实践中，欧盟认为"体育组织已经实施了非常重要的变革以使其规则与它们的法律义务相吻合，将更好的法律保障带入体育领域以作为未来经济与体育发展的基础"，此后，欧共体委员会在足球经纪人职业服务市场准入制度、关联俱乐部控股权以及体育赛事转播等方面[46]作出了一系列裁决。欧洲法院于2000年作出的两个判决是自博斯曼案后对欧共体法与体育之间充满摩擦的相互关系的一次最重要的探索。这两个案件分别是德列格诉柔道联盟案（Deliege v. Ligue de Judo）和列托宁诉比利时皇家篮球联合会案（Lehtonen et al. v. FRSB），在这两个案件的判决中，欧洲法院重复了相似的原则，即体育仅在构成一项经济活动时才受欧共体法的管辖，并非出于经济性原因而制定的体育规则不受共同体条约的约束。欧洲法院还重申了在博斯曼案及以前的维尔雷夫案、科赫案中都已明确的观点，即对欧共体法适用范围的限制绝不能超出其合理目标，而且这种限制也不能被当成

---

[44] 裴洋：《反垄断法视野下的体育产业》，武汉大学出版社2009年版，第52页。

[45] 姜同仁、宋旭、刘玉："欧美日体育产业发展方式的经验与启示"，载《上海体育学院学报》2013年第2期，第20页。

[46] Stephen Weatherill, "'Fair Play Please!': Recent Developments in the Application of EC Law to Sports", 裴洋译，载梁慧星主编：《民商法论丛》（第35卷），法律出版社2006年版［该文原载于《共同市场法评论》（Common Market Law Review）2003年第40卷］。

将整个体育活动排除在欧共体法范围之外的基础。在 2004 年的麦卡麦迪案中，欧盟初审法院承认高水平体育运动已经成为经济活动，该案也是欧盟法院第一次将竞争法适用于体育规则而做出的真正法院裁决。[47]此案后，只要是某项体育活动处于欧盟法的规制范围之内，那么该项活动的有关规则必须满足欧盟法的要求，尤其是关于劳动者的流动自由、创业自由、提供服务自由的法律和竞争法的要求。[48]自从 2007 年 Meca – Medina 裁决，体育经济的所有领域已经直接受竞争规则的管辖，包括真正的体育行为，如定义、形成冠军赛、联盟及锦标赛体育行为的管理架构。[49]

在这个阶段，欧盟将产业政策与竞争政策统一到欧洲经济一体化的目标之中，并融合到《欧共体条约》、《欧盟运行条约》等法律框架之下。欧盟委员会及欧洲法院熟练地以竞争政策作为裁决体育纠纷的依据，并将资助欧洲赛事等产业政策相关内容纳入竞争政策的框架内考虑。欧盟将"在共同体内部市场建立竞争不受扭曲的市场体系"视为己任，体育产业与其他产业一样要受欧盟竞争法的管辖。

（三）美国、欧盟体育经济政策的特点

纵观美国职业体育的发展，经济政策经历了由自由放任到管制的过程。美国体育之所以能发展到今天的规模，与政府的支持是分不开的。但这种支持不是运用行政手段对经济的直接干预，而是通过竞争法对体育产业的规范。其经济政策主要有以下两点：①美国对职业体育主要是进行以反垄断法为核心的竞争政策引导，并没有专门扶持其发展的产业政策，反垄断豁免成为竞争政策和产业政策之间的桥梁；②在立法、司法和行政三权分立的美国，在职业体育

---

[47] van den Bogaert, S., "Sport in the European Constitution: All Sound and No Fury? (April 2006)", *Maastricht Faculty of Law Working Paper* No. 2005 – 8, p. 21.

[48] 裴洋："从'麦卡—麦迪案'看欧盟体育政策的新发展"，载李寿平主编：《〈里斯本条约〉时代的欧盟法与中欧关系》，北京理工大学出版社 2010 年版，第 80 页。

[49] Oliver Budzinski, "The Institutional Framework for Doing Sports Business: Principles of EU Competition Policy in Sports Markets", *The Market and Competition Group* 2011—0124. p. 4.

的经济政策上,联邦政府的立法机关在监督和规范体育产业方面扮演重要角色,它通过许多适用于体育产业的法律,[50]司法机关主要判断一个产业所履行的政策活动以及自我规范的目的是否违反竞争,并以判例的形式确定政府对职业体育干预的范围。在职业体育发展的进程中,经济政策的底线便是保证这些行为并未违反竞争行为。[51]政府不参与职业联盟的经营和管理,只负责政策法规等间接监督和检查。

审视欧洲体育政策的发展脉络,与美国职业体育的发展不同,欧盟的体育政策的立足点首先是"社会、教育、文化"功能,其次才是经济功能。尽管欧盟条约中并没有直接关于体育产业的经济政策,但通过欧盟条约附带的有关声明、欧盟委员会的决定以及欧洲法院的判决等,欧盟还是发展了一套自己的体育政策。[52]①欧盟的体育政策分为直接体育政策和间接体育政策。直接体育政策主要体现在欧洲理事会、欧盟等针对体育运动的发展而出台的一系列指示性的文件、宣言或条约中,它充分考虑了体育的特殊性,着重强调了体育的社会、文化、教育功能,并将体育视为欧洲一体化的工具。间接体育政策是欧盟委员会、欧盟法院在评估体育规则与欧盟条约中的自由流动或竞争法是否相容时而形成的裁决、判决。欧盟根据其欧盟条约中关于自由流动的规定以及竞争法条款构成对体育的监管制度,在该制度下对体育政策和体育行为的合法性进行审查。[53]②在体育运动涉及经济功能时,欧盟将体育运动置于欧盟竞争政策调整之下,并要求"各成员国和共同体有义务建立起自由竞争的、开放的市场经济作为经济政策之基础"(《欧共体条约》第4条),欧盟对体育产业形成了在竞争政策框架下的经济政策。

---

[50] 周武:"美国职业体育产业政府规制体制探析",载《中国体育科技》2008年第3期,第53页。

[51] [美]李明、苏珊·霍华斯、丹·马宏尼编著:《体育经济学》,叶公鼎等译,辽宁科学技术出版社2005年版,第166页。

[52] 黄世席:"欧盟体育与法制的关系研究",载《武汉体育学院学报》2009年第5期,第28页。

[53] van den Bogaert, S., "Sport in the European Constitution: All Sound and No Fury? (April 2006)", *Maastricht Faculty of Law Working Paper* No. 2005 - 8, p. 4.

综上所述，从美国、欧盟这两个职业体育发达的国家和地区来看，成熟的市场经济决定了体育产业化的发展道路。竞争政策尽管不直接介入经济运行，但在维护市场机制方面起到了平衡协调作用，防止了政府加强产业政策给市场竞争带来的负面影响。以竞争政策为核心的经济政策规制了产业政策的直接干预，确保了市场竞争，推动了体育产业的发展。

四、我国体育产业经济政策的建构

2013年，党的十四届三中全会决议中决定"让市场在资源配置中发挥基础性作用"，表明国家确立了"市场调节为主、国家干预为辅"的经济政策。在以市场机制为根本的国家中，由于整个社会经济是以市场为核心的，政府作用的发挥建立在市场良好运作的基础之上。因此，在经济政策推行中，以反垄断法为核心的竞争政策应处于优先地位，而产业政策则处于从属地位。在竞争政策发挥作用存在局限时，产业政策应发挥补充作用。

（一）确立竞争政策为主导的经济政策

通过考察美国、欧盟体育产业发展中所确立的以竞争政策为核心的经济政策，结合我国体育产业政策实施多年来的不足，我们需要改变现有经济政策模式。以反垄断法为核心的竞争政策与产业政策都以市场机制的沃土为生存条件，同时都为弥补市场机制的不足而发挥功效，因此，在对两者进行协调时必须坚持以市场机制为基础和原则。[54]体育产业的成长，特别是竞技体育竞技水平的提升是在公平竞争中实现的。体育产业的经济政策应确立竞争政策的主导地位，体育产业发展的竞争政策既要体现对私人限制竞争行为的管制，也要体现对政府长期干预形成的行政性垄断进行坚决的限制，减少以产业政策为特征的政府指令对市场竞争的替代，减少政府部门设置的市场准入的行政壁垒，减少政府对私人部门的种种不合理

---

〔54〕 王先林主编：《中国反垄断法实施热点问题研究》，法律出版社2011年版，第52页。

限制。[55]产业政策在体育发展过程中起辅助作用,要明确体育产业政策的范围,限制政府干预权限。产业政策的范围应当是企业投资回报期限过长或投资巨大的场馆建设等基础设施产业。竞争政策为主导的经济政策通过营造一个公平、合理、有序的市场竞争环境,使市场的参与者在公平竞争中实现优胜劣汰。

（二）实现经济政策的法治化

目前,我国的竞争政策已经上升到法律层面,即《反垄断法》与《反不正当竞争法》的颁布实施。行政主导型的市场经济法律体系要求产业政策法干预（政府干预）的正当性和合理化或说产业政策法治化。政府干预的正当化意味着政府干预需要有正当要求——市场缺陷的矫正,政府干预的合理化则意味着政府干预的法律授权。作为主动性的政府干预——产业政策法的出台应建立在弥补或矫正市场缺陷的基础之上,产业政策领域不应过宽、过多、频繁适用产业政策法。这些都要求产业政策尽快法治化,制止产业政策的随意性、过滥适用,促使其在法治框架下有限运行。清除政府干预的随意性和灵活性,并将其转变为透明性、归责性和民主性。完善产业政策决策机制,让产业政策的制定从政府单方面决定转变为政府和产业界协同决策,从社会中间层、消费者角度,通过适当的制度安排充分保障产业政策制定和施行过程中的民主参与。[56]同时建立产业政策评估制度,让产业政策的落实有所监督。

（三）在竞争政策中确立"统一适用、例外豁免"的原则

我国《反垄断法》第56条对农业行业整体进行除外适用,没有任何产业能够获得除外,体育产业同其他产业一样都具有经济性的特征,应完全受《反垄断法》的调整。同时考虑到竞争平衡性等特征,对体育产业应确立"统一适用、例外豁免"的模式,[57]即《反

---

[55] 石俊华:"论反垄断法实施后我国产业政策与竞争政策的协调",载《云南社会科学》2009年第1期,第102页。

[56] 叶卫平:"产业政策法治化再思考",载《法商研究》2013年第3期,第112页。

[57] 应品广:"经济衰退时期的竞争政策:历史考察与制度选择",载顾功耘、罗新培主编:《经济法前沿问题（2011）》,北京大学出版社2011年版,第107页。

垄断法》统一适用于体育产业的所有领域,然后根据特别的"社会公益"理由对特定的行为实施豁免。在构建以竞争政策为主导的经济政策时,豁免制度是竞争政策和产业政策的交叉点。对于政府实施的相关产业政策,应完全将之纳入《反垄断法》的调整范围,通过体育产业与其他产业之间的平等竞争,追求整体消费者福利的提升和体育产业内公平竞争秩序的维持;对于体育产业内的职业体育的组织及球员转会、球队准入等相关制度和行为应采取合理原则界定合法垄断和非法垄断,既符合职业体育特殊性的要求,又满足对其予以法律调整的趋势。[58]选秀制度、工资帽、集中出售转播权、收入分享等用来达到维持竞争平衡目的的制度都具有了合法性成分,从美国和欧盟法院与竞争机构的实践来看,它们也都对此表示了认可。[59]借鉴美国及欧盟职业体育发展经验,对于增进效率或促进产业发展的体育赛事的集中销售、职业联盟成员资格限制、运动员流动等在经济方面的限制竞争行为予以豁免。

此外,鉴于我国体育产业发展是由计划经济专制而来,在体育产业发展过程中,行政性垄断的影子无处不在,同时考虑到我国职业体育的市场还没有完全形成,应根据"合理原则"对行政性垄断行为予以审查,对能够促进体育产业发展、提高竞赛产品质量、增进消费者福利的行为予以豁免。通过有限度的豁免政策,使我国体育产业特别是竞技体育完全融入市场,竞技体育的核心资源,如运动员、教练员、场馆等,相继释放与流动,真正使市场主体围绕竞技体育产业的特质而开发出多样化的竞技体育产品。[60]从体育产业运行的实际来看,我国体育产业失灵的最大特征是垄断的行政性,而不是自由竞争所产生的经济垄断。体育产业中的各种经济垄断行为以及行政管理部门、单项协会的行政垄断行为都要受到《反垄断

---

[58] 魏鹏娟:"职业体育反垄断豁免制度初探",载《体育学刊》2008年第6期,第21页。

[59] 裴洋:《反垄断法视野下的体育产业》,武汉大学出版社2009年版,第282页。

[60] 陈洪、马瑛、刘春华:"放松规制:竞技体育职业化之肯綮",载《山东体育学院学报》2014年第3期,第4页。

法》的规制。

五、结论

产业政策能够在短期内发挥巨大功效,促进体育产业的快速发展,但长期实施会削弱市场的主体竞争力,最根本的矫正措施便是不断提升市场竞争的程度或扩大市场竞争的范围。我国体育产业经过税收优惠、财政支持等多种产业政策手段,大力促进了重点职业体育项目的发展,为我国竞技体育赶超式发展战略发挥了重大作用。随着社会主义市场经济的建立以及体育产业的国际化发展,应逐渐弱化产业政策的功能,强化竞争政策的作用,为完善市场机制提供基础政策。

公平、自由的竞争本来就是体育的自然本性,失去竞争的体育产业必定失去发展的动力。在体育商业化、职业化的进程中,防止不正当竞争与限制竞争对体育自然本性的侵蚀,大力推行竞争政策是体育产业发展的必然选择。《反垄断法》的颁布以及近年来的强力实施,意味着用竞争政策引导体育产业的发展成为现实。大力推行以竞争政策为主导的体育产业政策,不仅有利于我国竞技体育竞技水平的实质性提高,同时也对我国体育产业市场走上规范化和法治化的良性发展道路、引导我国体育产业的有序发展以及推动我国体育产业的繁荣都具有重要的现实意义。

参考文献:

1. [美]李明、苏珊·霍华斯、丹·马宏尼编著:《体育经济学》,叶公鼎等译,辽宁科学技术出版社2005年版。
2. 时建中主编:《反垄断法——法典释评与学理探源》,中国人民大学出版社2008年版。
3. 徐士英:《竞争政策研究——国际比较与中国选择》,法律出版社2013年版。
4. 肖竹:《竞争政策与政府规制——关系、协调及竞争法的制度构建》,中国法制出版社2009年版。

5. 孙晋:"反垄断法适用除外制度构建与政策性垄断的合理界定",载《法学评论》2003 年第 3 期。
6. 李剑:"反垄断法实施与产业政策的协调——产业政策与反垄断法的冲突与选择",载《东方法学》2011 年第 1 期。

奥林匹克隐性营销的法律规制

王玉梅[*]　马思聪[**]

2007年距北京奥运会召开还有一年多的时间,各大品牌的营销活动已经陆续展开。就在该年1月,安利(中国)日用品有限公司在其中国的官方网站、电视、灯箱广告上所发布的纽崔莱2007系列主题广告中,使用了国家体育场(俗称"鸟巢")的平面形象。无独有偶,北京现代汽车有限公司在发布于中央电视台第二套节目、北京电视台第五套节目的电视广告当中,同样出现了"鸟巢"的形象。随后,国家体育场有限责任公司发现共有十余家汽车厂商未经许可在其广告宣传上使用了"鸟巢"作为画面背景。对此,北京奥组委表示:这些厂家未经授权,使用奥运会主会场"鸟巢"作为广告背景,有试图使自己和北京奥运会产生关联的嫌疑,属于利用奥运会隐性市场进行不正当竞争的行为。[1]奥林匹克隐性营销一直受到国际奥委会高度关注,对其进行法律规制也一直是各国所采取的重要手段。但规制隐性营销的相关规定却并不一定能适用于上文提及的案例。由于我国对奥林匹克隐性营销的规制主要针对奥林匹克标志,国务院《奥林匹克标志保护条例》并未明确将体育场馆的形

---

[*] 中国政法大学民商经济法学院教授。
[**] 中国政法大学民商经济法学院研究生。
〔1〕刘先永:"直面奥运知识产权'敏感地带'",载《中国体育报》2007年11月6日,第7版。

象纳入奥林匹克标志的范畴。[2]

国家体育场有限责任公司的相关权利可以通过《商标法》、《著作权法》等并非专门规制隐性营销的部门法予以保护。笔者希望通过对有代表性的国家对奥林匹克隐性营销的法律规制的分析，找出对隐性营销进行法律规制的共同特点及各自优势，发现现存问题，为今后奥运会举办国以法律手段规制隐性营销提供有价值的建议。

一、隐性营销概述

（一）隐性营销的概念

"隐性营销"（ambush marketing）的概念源于体育赞助，本身并非法律正式规定和认可的概念，而是一个伸缩尺度较大的工作概念。[3]国际奥委会（IOC）对隐性营销的定义是"任何个人或实体企图制造与奥运会的未经授权或虚假的关联关系，从而干扰合法的赛事官方市场合作伙伴的行为"[4]。

从学理角度而言，学界对隐性营销有广义与狭义之分。狭义的隐性营销是指"暗示自己与体育赛事或体育组织之间具有事实上并不存在的商业性关联，或虽具有一定的关联但未经授权的行为"[5]。广义的隐性营销则既包括狭义的隐性营销，又包括未经授权直接使

---

[2]《奥林匹克标志保护条例》第2条：本条例所称奥林匹克标志，是指：①国际奥林匹克委员会的奥林匹克五环图案标志、奥林匹克旗、奥林匹克格言、奥林匹克徽记、奥林匹克会歌；②奥林匹克、奥林匹亚、奥林匹克运动会及其简称等专有名称；③中国奥林匹克委员会的名称、徽记、标志；④北京2008年奥林匹克运动会申办委员会的名称、徽记、标志；⑤第29届奥林匹克运动会组织委员会的名称、徽记，第29届奥林匹克运动会的吉祥物、会歌、口号，"北京2008"、第29届奥林匹克运动会及其简称等标志；⑥《奥林匹克宪章》和《第29届奥林匹克运动会主办城市合同》中规定的其他与第29届奥林匹克运动会有关的标志。

[3] 黄世席：《奥运会法律问题》，法律出版社2008年版，第67~68页。

[4] IOC Requirements on Brand Protection and Ticket Touring.

[5] 韩勇："纯隐性营销行为防范救济及北京奥运会实践"，载《体育文化导刊》2010年第1期，第75页。

用奥林匹克标志进行市场开发的侵权行为〔6〕(简称"奥林匹克标志隐性营销"〔7〕)。国际奥委会的定义采取了广义的定义方式。

(二) 隐性营销的危害

隐性营销对官方赞助商〔8〕与赛事所有者都会产生巨大危害。

官方赞助商为获得国际奥委会的合作伙伴地位需要付出高昂成本。每一个奥运周期奥林匹克合作伙伴(TOP)的数量都被国际奥委会控制在 10 个左右,但 TOP 计划〔9〕的总赞助费用从第一期的 9600 万美元到第七期已涨至 9.5 亿美元。〔10〕赞助商支付高昂的费用,其目的就在于借助奥运会的影响力更好地宣传自己,扩大品牌知名度。隐性营销者未支付赞助费,却通过其他方法与奥运会建立起联系,同样达到了利用奥运会来传播自身品牌的效果,其传播效果有时甚至超过官方赞助商,〔11〕这在相当程度上削弱了官方赞助商所期望的效果。〔12〕

对赛事所有者国际奥委会而言,TOP 的赞助费用是奥林匹克营销收入的重要组成部分。1993 年到 2012 年间的 5 个奥运周期,TOP 计划的收入占奥林匹克总营销收入的比例一直维持在 13% 左右。〔13〕隐性营销会削弱奥运会本身对未来赞助商的吸引力,对国际奥委会未来的收入产生威胁,甚至可能威胁到奥林匹克运动的经济基础。

---

〔6〕 韩勇:"纯隐性营销行为防范救济及北京奥运会实践",载《体育文化导刊》2010 年第 1 期,第 75 页。

〔7〕 "奥林匹克标志隐性营销"目前并非专业术语,仅为行文方便之需要。

〔8〕 官方赞助商除了奥林匹克合作伙伴,还包括各国奥组委的国内赞助商。

〔9〕 TOP 即 "The Olympic Partner",TOP 计划是国际奥委会从 1985 年开始实施的全球赞助商营销计划。奥运会合作伙伴享有在其所在行业或商品类别里独家使用奥林匹克名称、标志等一系列权利。参见黄世席:《奥林匹克法律问题》,法律出版社 2008 年版,第 70 页。

〔10〕 Olympic Marketing Fact File (2014 edition), p. 11.

〔11〕 在《中国经营报》2007 年 3 月进行的一项调查中,当问及被访者,知道成为北京 2008 年赞助商的品牌有哪些时,排名前 15 位的品牌中,非奥运赞助商占 60%。参见许明思:"对大型体育赛事中隐性市场行为的分析及其规制方法的探讨",载《南京体育学院学报(社会科学版)》2008 年第 3 期,第 31 页。

〔12〕 田雨:"反埋伏式营销与奥林匹克知识产权保护研究",载肖金明、黄世席主编:《法律视野下的奥运会》,中国人民公安大学出版社 2008 年版,第 206 页。

〔13〕 Olympic Marketing Fact File (2014 edition), p. 6.

二、各国奥林匹克隐性营销的法律规制

由于隐性营销危害巨大,因此,1985年后举办奥运会的国家根据国际奥委会的要求,均对隐性营销有着不同程度的规定。美国与澳大利亚对奥林匹克隐性营销的规制较早且比较完善,作为对隐性营销规制最为成功的两个国家,较有借鉴价值。故笔者选取这两个国家作为分析的重点,希图总结出奥林匹克隐性营销法律规制的特点。

(一) 美国

1. 专项规定。美国与奥林匹克相关的最著名的法律即美国《业余体育法》,亦称"泰德·斯蒂文森奥林匹克与业余运动法"(The Ted Stevens Olympic and Amateur Sports Act)。根据其对奥林匹克标志专有权的规定,美国奥委会拥有"美国奥委会"(USOC)名称、国际奥委会标志、美国奥委会标志的使用权,以及由"奥林匹克"、"奥林匹克周期"、"更快、更高、更强"等词语以及这些词语的组合用语的专有使用权;美国奥委会可以授权有关的产品或服务供应商或者经销商使用美国奥委会的名称,或者使用国际奥委会的任何商标、标志、标记或者符号。[14]未经美国奥委会同意,任何人不得出于交易、促进产品和服务的销售及宣传戏剧表演、体育表演和比赛等目的使用奥林匹克标志或名称。[15]

2. 其他国内法。美国《联邦商标法》判断侵权与否的标准是商标的使用是否引起消费者对商品来源的混淆。该法第43条规定:"任何人于商业上,于任何商品或服务上或于任何之商品容器上使用任何文字、专有名词、姓名或名称、记号、图形或其联合,或任何对于原产地不实之表示、对事实为不实或引人错误之说明或对事实为不实或引人错误之陈述,而有致下列情形,经他人认为因此蒙受损害或有蒙受损害之虞者,得向其提起民事诉讼:①有使人对该使

---

[14] 黄世席:《奥运会法律问题》,法律出版社2008年版,第76页。
[15] 钟秉枢、邱招义、于静:"奥林匹克品牌的法律保护及中、美、澳三国间的比较",载《武汉体育学院学报》2006年第6期,第10页。

用人与他人之间关系产生混淆、误认或造成欺罔行为，或有使人对其商品、服务或所从事之商业活动之原产地产生混淆、误认或造成欺罔行为，或误认为系经他人赞助或核准；②于商业广告或促销活动中，对于其本身或他人之商品、服务或所从事之商业活动之性质、特性、品质或原产地为不实之陈述。"[16]

可以看出，美国《业余体育法》在涉嫌侵犯奥林匹克标志的案件中减轻了美国奥委会的举证责任，即无需证明未经授权使用奥林匹克标志或类似标志的行为在消费者中产生混淆的实际后果或足以产生混淆的可能，只要在商业语境中使用了奥林匹克相关标志，就可以认定其行为侵权，降低了判定奥林匹克标志侵权的门槛。

在竞争法层面，由于规定了广泛的制止不正当竞争的内容而因此作为与州一级反不正当竞争法并行的联邦一级反不正当竞争法的《兰哈姆法》（The Lanham Act），其第43条第1款[17]规定了广泛的制止不正当竞争的内容，其第一种行为便是隐性营销。

（二）澳大利亚

1. 专项规定。为保护奥林匹克知识产权，澳大利亚于1987年制订了《奥林匹克标志保护法》（2001年修订），该法规定澳大利亚奥委会对奥林匹克标志享有独占性的专有权利，且该法还规定对奥林匹克标志进行的特殊保护，并不仅仅局限于奥林匹克赛期，而是涉及所有的奥林匹克相关活动。[18]

---

[16] 韩勇："纯隐性营销行为防范救济及北京奥运会实践"，载《体育文化导刊》2010年第1期，第76页。

[17] "任何人，就任何商品、服务或者商品的包装，在商业中使用的任何字词、术语、名称、标志或者上述要素的任何组合，或者使用虚假的来源标识，或者对事实进行虚假或误导的描述，或者对事实进行虚假或误导的陈述，①使得自己与他人之间的附属、连接或者联系可能引起混淆、错误或者构成欺骗，或者造成自己的商品、服务或者商业活动来源于他人或者受到他人的赞助或者同意而引起混淆、错误或者构成欺骗的；或者②在商业广告或商业促销中，虚假陈述自己或他人的商品、服务或者商业活动的性质、特点、质量或者原产地的；应当在认为上述行为造成或者可能造成损害的任何人提起的民事诉讼中承担责任。"宋建宝："论美国联邦反不正当竞争诉权的司法裁判标准"，载《知识产权》2015年第2期，第80页。

[18] 田雨："奥林匹克知识产权保护与反埋伏式营销比较研究"，载《知识产权》2007年第5期，第85页。

在悉尼获得2000年奥运会主办权后，为了规范以商业为目的使用与悉尼奥运会、残奥会有关的标识和形象的行为，澳大利亚国会于1996年制定了《悉尼2000年奥运会（标识和形象）保护法》。该法的立法意图为"通过授予悉尼奥运会组织机构对奥运会标识和形象以垄断权，使该机构获取垄断收益，以确保悉尼2000年奥运会的举办能够得到充足的资金支持"[19]。该法授权悉尼奥组委独家享有使用某些与2000年奥运会有关的特殊文字、短语和形象的权利，以专门保护奥组委和赞助商使用与奥林匹克有关的标志，[20]其奥林匹克标志的范围甚至扩大到一些日常表述，如"金"、"银"、"铜"、"悉尼"、"2000"等词语与"运动员选手"、"奥林匹克运动会"之间的词语搭配组合，亦被视为受到专有权保护的奥林匹克标志。[21]对以上奥林匹克标志，除悉尼奥组委、悉尼残奥委和奥运会标识和形象的特许使用人外的任何其他主体均不得为商业目的使用。同时，对奥林匹克标志合理使用的范围亦规定得十分狭窄，仅限于"信息提供"的方式，大大限制了对奥林匹克标志的使用行为。

2. 其他国内法。早在1974年的《贸易行为法》（Trade Practices Act）中，[22]就有对隐性营销作出的限制性规定，该法第52条规定："公司在经贸活动中不得从事带有欺诈、误导或者可能造成欺诈或误导的行为"；第53条规定："公司在提供商品或服务或从事营销活动时，不得宣称该商品或服务实际上并没有的赞助、授权、功能特征、附属关系、用途或利益，不得虚假宣称公司进行赞助、获得授权或

---

[19] 周玲、张家贞："澳大利亚奥林匹克知识产权立法研究"，载《法学家》2008年第2期，第149~150页。

[20] 如："奥运会城市"、"千禧年奥运会"、"悉尼奥运会"、"悉尼2000"、"奥林匹亚"（Olympiad）、"奥林匹克"（Olympic）、"共享精神"（Share the Spirits）、"夏季奥运会"（Summer-Games）、"千禧团队"（Team Millenium）等。周玲、张家贞："澳大利亚奥林匹克知识产权立法研究"，载《法学家》2008年第2期，第150页。

[21] 周玲、张家贞："澳大利亚奥林匹克知识产权立法研究"，载《法学家》2008年第2期，第150页。

[22] 现已修订并更名为《2010年竞争和消费者法》（Competition and Consumer Act 2010）。

具有某种关联"。[23]

（三）中国

1. 专项规定。我国关于奥林匹克隐性营销的规定集中体现在国务院 2002 年颁布的《奥林匹克标志保护条例》。该条例第 4 条规定了奥林匹克标志专有权："奥林匹克标志权利人依照本条例对奥林匹克标志享有专有权。未经奥林匹克标志权利人许可，任何人不得为商业目的（含潜在商业目的，下同）使用奥林匹克标志。"第 5 条对"商业目的"进行列举，其中第 6 项兜底条款与第 4 条关于奥林匹克标志专有权规定的结合便是我国对奥林匹克隐性营销作出的界定——未经许可以营利为目的使用奥林匹克标志，使人认为行为人与奥林匹克标志权利人之间有赞助或者其他支持关系。[24]

2. 其他国内法。国务院《特殊标志管理条例》对特殊标志[25]的侵权予以规定。对"擅自使用与特殊标志相同或者近似的标志"的行为，或"未经特殊标志所有人许可擅自将其特殊标志用于商业活动"的行为进行规制。[26]其不仅将擅自使用特殊标志的行为视为侵权行为，同时禁止擅自使用与特殊标志"近似的文字、图形或者其组合"，为预防和打击试图通过"巧妙"地对受保护标志进行变形从而引发受众混淆而渔利的隐性市场行为提供了法律依据。[27]

《商标法》第 57 条规定的侵犯商标专用权的行为，其中第 1 项

---

[23] 黄世席：《奥运会法律问题》，法律出版社 2008 年版，第 79 页。

[24] 《奥林匹克标志保护条例》第 5 条：本条例所称为商业目的使用，是指以营利为目的，以下列方式利用奥林匹克标志：①将奥林匹克标志用于商品、商品包装或者容器以及商品交易文书上；②将奥林匹克标志用于服务项目中；③将奥林匹克标志用于广告宣传、商业展览、营业性演出以及其他商业活动中；④销售、进口、出口含有奥林匹克标志的商品；⑤制造或者销售奥林匹克标志；⑥可能使人认为行为人与奥林匹克标志权利人之间有赞助或者其他支持关系而使用奥林匹克标志的其他行为。

[25] 经国务院批准举办的全国性和国际性的文化、体育、科学研究及其他社会公益活动所使用的，由文字、图形组成的名称及缩写、会徽、吉祥物等标志。（《特殊标志管理条例》第 2 条）。

[26] 国务院《特殊标志管理条例》第 16 条。

[27] 黄滔、Liao Zhenyun："北京奥运会的反隐性市场措施"，载《中国法律》2008 年第 1 期，第 14 页。

和第 2 项[28]都有构成隐性营销的可能。奥林匹克标志通过国际领土延伸取得注册商标地位后，《商标法》便可成为规制奥林匹克隐性营销、保护奥林匹克标志的法律依据之一。

对于并不直接针对奥林匹克标志或相似标志进行的隐性营销，《反不正当竞争法》亦有相关规定。"经营者不得利用广告或者其他方法，对商品的质量、制作成分、性能、用途、生产者、有效期限、产地等作引人误解的虚假宣传。"[29]所谓"引人误解的虚假宣传"就包括"以歧义性语言或者其他引人误解的方式进行商品宣传"[30]。

三、奥林匹克隐性营销法律规制之特点及其成因

（一）奥林匹克隐性营销法律规制之特点

通过上文对美国、澳大利亚和我国相关制度的分析，可以归纳出国内法对奥林匹克隐性营销进行法律规制的共同特点。

1. 国内法律对隐性营销的一般规制。针对奥林匹克标志隐性营销，如果奥林匹克标志在一国国内取得了注册商标地位，便可以由国内商标法予以保护。从我国来看，以国际奥委会为权利人申请的商标注册共计 1979 条，其中绝大多数奥林匹克标志都完成了国际领土延伸。[31]在取得注册商标地位的同时，奥林匹克标志专有权投射到商标法上，相关权利便以商标专用权的形式出现，具体包括专用权、禁止权、转让权、许可使用权等。[32]

---

[28]《商标法》第 57 条第 1、2 项："①未经商标注册人的许可，在同一种商品上使用与其注册商标相同的商标的；②未经商标注册人的许可，在同一种商品上使用与其注册商标近似的商标，或者在类似商品上使用与其注册商标相同或者近似的商标，容易导致混淆的；……"

[29]《反不正当竞争法》第 9 条。

[30] 最高人民法院《关于审理不正当竞争民事案件应用法律若干问题的解释》（2006）第 8 条。

[31] 数据来源：中国商标网，http://sbcx.saic.gov.cn:9080/tmois/wszhcx_getLikeCondition.xhtml?appEnName=COMITE%20INTERNATIONAL%20OLYMPIQUE&intCls=&paiType=0，最后访问时间：2015 年 6 月 24 日。

[32] 吴汉东主编：《知识产权法学》（第 6 版），北京大学出版社 2014 年版，第 231 页。

由于隐性营销本身便包含着不正当竞争的因素，所以对于狭义的隐性营销，亦可以通过竞争法予以规制。如在2000年悉尼奥运会举办期间尚未被修订的《贸易行为法》，再如我国的《反不正当竞争法》。

2. 对奥林匹克隐性营销的特别规制。尽管通过一国国内现有的法律体系均可以对奥林匹克隐性营销进行法律规制，并对国际奥委会及其赞助商的权利进行保护，但奥运会的举办国家通常会对与奥林匹克相关的问题进行单独规制。即便像加拿大并未针对奥林匹克标志的保护单独立法，其对奥林匹克标志的保护亦不同于普通商标。加拿大对奥林匹克标志的保护都包含在《加拿大商标法》中，赋予奥林匹克标志的保护力度强于传统商标，适用所谓"官方标志"的特殊保护。[33]

以奥林匹克标志隐性营销为例，各国对奥林匹克标志都规定了更为宽泛的权利范围，以及更为容易的权利取得方式。如根据澳大利亚《悉尼2000年奥运会（标识和形象）保护法》，奥林匹克标志专有权的赋权范围和保护力度远超过商标权，权利的取得程序也无须像普通商标那样须经严格的注册公示程序。在权利对象限制方面，奥林匹克标志专有权的权利对象为因法律明确规定而成为法定的受保护对象，不受任何注册条件的限制。[34]

再如我国，《奥林匹克标志保护条例》对奥林匹克标志专有权采取备案公告的方式。[35]备案的目的在于使保护奥林匹克标志的主管机关及时获得奥林匹克标志的种类和各种具体形式，以便在执法中进行有效保护。公告的目的则在于告知公众哪些标志属于奥林匹克

---

[33] 黄世席：《奥运会法律问题》，法律出版社2008年版，第79页。

[34] 周玲、张家贞："澳大利亚奥林匹克知识产权立法研究"，载《法学家》2008年第2期，第150页。

[35] 《奥林匹克标志保护条例》第7条：奥林匹克标志权利人应当将奥林匹克标志报国务院工商行政管理部门备案，由国务院工商行政管理部门公告。截至2008年3月25日，奥林匹克标志权利人和国家工商行政管理总局共完成对奥利匹克标志备案手续198件。数据来源：赵非："北京奥组委知识产权的多重法律保护"，载第29届奥林匹克运动会组织委员会编：《奥林匹克知识产权保护文件汇编》（第2版），法律出版社2008年版，第355页。

标志的保护范围，以免不慎侵权。特殊标志登记是获得相关权利的前提条件，而奥林匹克标志的备案并非其获得保护之前提，而仅仅是对权利人进行充分保护的一种措施。与澳大利亚相似，在我国，奥林匹克标志因行政法规的明确规定而成为法律所保护的对象。

（二）法律规制特点形成之原因

各国对奥林匹克隐性营销法律规制具有以上特点，其原因与奥林匹克运动会本身的特性直接相关。

前文提到，隐性营销无论对国际奥委会还是对获得合法授权的赞助商，都存在巨大危害。而对国际奥委会的危害，恰恰是因为隐性营销会极大损害赞助商的利益。如前所述，TOP 的赞助费用一直是奥林匹克营销收入的重要组成部分。正如麦克尔·佩恩在《奥林匹克大逆转》一书中所言："奥林匹克的大逆转，建立在两项财务战略的基础上。如果说第一项，也是最重要的一项财务战略，就是从电视转播权中获得收入，那么第二项，就是通过吸引商业赞助来开发和挖掘奥林匹克品牌的价值。"[36]所以国际奥委会对奥林匹克品牌的保护，在商业层面便体现为对官方赞助者权益的保护，其中主要是对奥林匹克隐性营销的规制。

隐性营销并非法律概念，其仅仅是对一种营销方式的描述。隐性营销与合法性判断之间没有必然联系，所以并不能将隐性营销与违法行为相等同，更不宜将隐性营销直接认定为不法行为（侵权行为）。在一国国内法体系下，隐性营销在不同的部门法中有着不同的体现，所以才可能出现《商标法》上的隐性营销、《竞争法》上的隐性营销。这便是一国即便在法律体系上并未针对奥林匹克隐性营销进行专门立法，但对某些隐性营销却并不缺少法律规制的原因。

然而对于国际奥委会而言，其对合法性的认定标准与国内法并不相同。笔者认为，国际奥委会规制隐性营销并不是因为隐性营销为一国国内法上的不法行为，而是因为隐性营销是对奥林匹克经济基础的冲击。从规范意义层面上讲，按照凯尔森的观点，在规范理

---

[36] [英] 迈克尔·佩恩：《奥林匹克大逆转》，郭先春译，中信出版社 2008 年版，第 62 页。

论之下，到底哪种行为模式应当被视为不法行为，判断标准是其所引起的结果是惩罚性的还是非惩罚性的。如果引起的是惩罚性的规范结果，那么这种行为就是不法行为。因此我们是因为行为引起惩罚性结果，才将其称为不法行为，即制裁不法行为。[37]国际奥委会希望对每一种隐性营销都赋予惩罚性的后果，但从国内法的角度而言，并非所有的隐性营销都被赋予了惩罚性后果，这便出现了法律规范上的缝隙，所以国际奥委会才会"凭借举办奥运会和领导奥林匹克大家庭形成的权威地位和广泛的国际影响，对其成员尤其是奥运会主办城市所在国家提出了一些特殊的要求"[38]，如国际奥委会希望被保护的对象范围更广，对国际奥委会及官方赞助商的权利保护程序更为便捷高效，对隐性营销者施以较低的侵权认定标准。通过对奥林匹克隐性营销采取特别规制，尽量对规范的缝隙进行填补，从而阻止隐性营销。

通过上文的分析可以发现，对奥林匹克隐性营销需进行特别法律规制，其核心原因在于国内法体系对隐性营销的规定与国际奥委会希望达到的规制效果之间存在规范上的缝隙。所以，若想通过法律的途径规制隐性营销，其核心在于对规范缝隙的填补。以我国为例，尽管为规制奥林匹克隐性营销专门出台了各种行政法规和地方政府规章，但依旧没能对此方面的规范缝隙进行有效填补。

正如本文开篇提到的"鸟巢"案，尽管安利公司与现代等汽车公司的行为有隐性营销的嫌疑，但由于《奥林匹克标志保护条例》并未明确将体育场馆形象纳入奥林匹克标志，尽管可以通过《著作权法》、《商标法》等对其进行规制，但规制效率却远低于作为行政法规的《奥林匹克标志保护条例》。

未经授权以营利为目的使用奥林匹克标志，是《奥林匹克标志保护条例》主要规制的行为。但如果使用与奥林匹克标志相近似的

---

[37] 陈景辉："合规范性：规范基础上的合法观念——兼论违法、不法与合法的关系"，载《政法论坛》2006年第2期，第70页。

[38] "关于对奥林匹克知识产权加强法律保护的背景资料（节选）"，载第29届奥林匹克运动会组织委员会编：《奥林匹克知识产权保护文件汇编》（第2版），法律出版社2008年版，第355页。

标志进行营利活动，而该标志既没有取得注册商标的地位，又未被登记为特殊标志，这种隐性营销便有无法规制之虞。虽然可以通过对"使用奥林匹克标志"之"使用"做扩大解释，但并不明确的规定对规制奥林匹克隐性营销有害而无利。

再如北京奥组委在对与奥运场馆清洁相关的隐性营销进行规制时，实施了一项"城市运营计划"。即在奥运会比赛期间及奥运会前后的一段时间内，在广告管理机关的协助下，控制相关的体育场馆、主办城市比赛场地上空的所有广告。通过签订协议等方式，控制体育场馆周围、城市的公交、机场的路牌广告、街道的宣传推广等广告活动。但笔者并未发现实施此项计划的法律依据或行政法规依据，仅在《第29届奥林匹克运动会主办城市合同》第46条与第47条第c项中有所体现。而《主办城市合同》只能约束国际奥委会和北京奥组委，对场馆清洁的目标对象并无效力。这样的情况都属于与现行法律之间的规范缝隙，都可以通过法律文件的形式予以明确规定。

通过专项规定对国际奥委会及官方赞助商的权利予以特别保护，可以对隐性营销进行有效规制。只有通过寻找国际奥委会对隐性营销的规制要求与国内法之间的规范缝隙，以填补规范缝隙为目标，才能地更好发挥法律规制隐性营销的效果。

体/育/法/前/沿 ▶▶▶ **体育法治与文化教育**

体育的文化内涵[*]

田思源[**]

继2008年北京奥运会成功举办后,我国又将迎来2022年北京-张家口联合举办的冬奥会。与此同时,新一轮体育改革的号角业已吹响,体育改革的浪潮汹涌澎湃。在此背景下,中国体育向何处去,中国体育改革和体育事业发展的方向是什么,值得我们认真思考。"每当社会发展和社会思想处于大转变的关头,所有的一切思想和学术研究便被转换为文化研究,因为文化研究在一定意义上代表了总体性的研究和最基础的研究深度。"[1]这里我们通过对体育的文化内涵的分析,来理解体育、诠释体育,来展望中国体育事业的发展,并倡议设立中国的"体育文化节"。

一、体育是什么

体育是什么?不同的时代有不同的理解,不同的视角有不同的定义。可以说,给"体育"下一个完整、统一的定义是很困难的,也许对"体育"的概念只能加以描述而无法予以定义。1978年颁布的联合国教科文组织《体育运动国际宪章》,通过"特征描述法",对现代体育作了比较全面的阐释:

---

[*] 本文为2015年清华大学自主科研计划课题《〈体育法〉修改重大理论问题研究》(课题编号:2015THZWJC08)的部分研究成果。

[**] 清华大学法学院体育法研究中心主任,副教授,法学博士。

[1] 李鹏程主编:《当代西方文化研究新词典》,吉林人民出版社2003年版,前言。

1. 体育是一种人权。确信有效地行使人权的基本条件之一是每个人应能自由地发展和保持他或她的身体、心智与道德的力量；因而任何人参加体育运动的机会均应得到保证和保障。每个人具有从事体育运动的基本权利，这是为充分发展其个性所必需的。

2. 体育是教育与文化的一个基本方面。体育运动是全面教育体制内一种必要的终身教育因素，各种全面教育体制都必须给体育运动以必要的地位和重视，以便在体育活动和教育的其他组成部分之间取得平衡并加强联系。必须培养每个人作为与社会完全结合的成员所应具备的能力、意志力和自律能力。必须由一项全球性的、民主化的终身教育制度来保证体育活动与运动实践得以贯彻于每个人的一生。

3. 体育是提高生活质量的手段。确信保持和发展人的身体、心智与道德力量能在本国和国际范围内提高生活质量。体育运动有助于维持和增进健康，提供一种有益的消遣，使人能克服现代生活的弊病。

4. 体育能培养人们的价值观念。相信体育运动在培养人类基本价值观念方面能做出更有效的贡献，这种价值观念是各国人民得以充分发展的基础。体育不局限于人体的幸福与健康，还有助于人的充分和平衡的发展。

5. 体育对社会生活的意义。体育运动应谋求促进各国人民间与个人间更加密切的交流，以及无私的竞赛、团结友爱、相互尊重与了解、和对人的正直与尊严的充分尊重。体育运动能丰富社会交往和培养公正的精神，这种精神不但对运动本身而言是必要的，而且对社会生活而言也是必要的。

6. 体育对于环境保护的意义。体育运动与自然环境相结合能使体育运动丰富多彩，唤起人们尊重地球资源和关心为了整个人类更大利益而保护与使用这些资源的意识，是制定《体育运动国际宪章》的目的之一。

在理论研究方面，有学者对最近25年来中外体育概念研究进行了比较分析，提出了25年间体育概念研究发展的三个阶段：第一阶段为20世纪70年代后期——20世纪80年代初期，确立了体育是教育的组成部分；第二阶段为20世纪80年代中后期，确立了体育是文化的组成部分；第三阶段为20世纪90年代初期至今，确立了人的发展与社会发展在体育中具有高度的统一性。[2]当然，上述三阶段划分并不是说体育教育、体育文化等的观念和研究始于最近25年，它旨在说明最近25年我们对体育概念研究的角度及其变化，以及相对成熟的研究结论。

二、体育的文化内涵

体育是什么？我们无意在纷繁的体育定义中去进行归纳、选择、比较甚至是所谓的创新，而是想通过体育所反映的文化侧面，来探讨体育的文化内涵。

体育是一种复杂的社会文化现象，"是社会发展和人类文明进步的重要标志，是综合国力和社会文明程度的重要体现"[3]。它与人类文明如影随形，在不知不觉中促进人类自身的完善和文明的嬗变。由于体育独特的表现形式和运动方式，长期以来，人们仅仅将体育视为一项身体技能运动，而忽视了对体育的文化内涵的认识和理解。[4]20世纪90年代以来，"体育暴力"、"黑金体育"、"体育诈骗"、"体育过度政治化"等现象，使人们开始怀疑奥林匹克的精神，奥林匹克运动爆发了前所未有的危机。在此背景下，1994年，时任国际奥委会主席的萨马兰奇呼吁各国奥委会要加强对体育文化的研究。人们开始认识到加强体育文化理论研究的重要性，开始从体育文化的角度提出"体育是什么"的设问了。[5]

体育是一种独具形态的社会文化现象，具有相对独立的范畴和

---

[2] 董杰："对近25年来中外体育概念研究的比较"，载《体育与科学》2001年第2期，第31页。

[3] 胡锦涛："在北京奥运会、残奥会总结表彰大会上的讲话"，载《人民日报》2008年9月30日，第2版。

[4] 王岗：《体育的文化真实》，北京体育大学出版社2007年版，第1页。

[5] 童昭岗、孙麒麟、周宁：《人文体育——体育演绎的文化》，中国海关出版社2002年版，第25页。

自身的变化规律。然而，作为一种文化形态的体育，需要将其置于人类文化的大背景下进行考察，它与一个国家和一个时代的政治、经济、文化、教育、军事、宗教、艺术、伦理等各种社会现象有着千丝万缕的联系，它的发生、发展必然要受到整个人类文化的各种因素的制约；同时，体育也反过来影响着人类的精神世界、价值观念、审美意识、创造能力、生活方式等，体育在文化中所实现的根本物质产品是发展起来的人的身体，体育在文化中所表现的最高精神产品是人的智慧。可以说，体育是人类生存和发展的一种生活哲学，是人类所创造的文化的一种方式，是人类文明的产物和人类文化的缩影，体育蕴含着文化，具有深刻的文化内涵。

体育蕴含着平等的文化理念。体育反对歧视和暴力，主张平等和尊重。国与国之间、民族与民族之间、地区与地区之间、人与人之间在体育面前都是平等的。《奥林匹克宪章》就规定："对于一个国家或个人基于种族、宗教、政治、性别或其他任何形式的歧视都是与奥林匹克运动不相容的。"民族体育应得到尊重，每个人运动的权利应得到尊重。《体育运动国际宪章》规定："参加体育运动是所有人的一项基本权利。""每个人必须有充分的机会按照其民族运动传统从事体育运动，增强体质并获得与其天赋相适应的运动成就。""必须为年轻人（包括学龄前儿童）、老年人和残废人提供特别的机会。通过适合其需要的体育运动计划来充分发展他们的个性。"《奥林匹克宪章》规定："运动是人类的权利。每一个人都应能在奥林匹克精神下不受任何歧视地进行运动。奥林匹克精神要求本着友谊、团结和公平的精神相互尊重。"

体育蕴含着公平、诚信的文化理念。体育反对黑金、诈骗、贿赂等不正当竞争，倡导诚信友爱，传播人类道德文明，崇尚公平的规则、公平的比赛和公平的竞争。竞争以公平为前提，以合作为基础，用公开促公正，用诚信保公平。"公平竞争"是体育精神之一种，费孝通先生从人类学和社会学的角度解释体育精神，认为体育精神就是人类精神，是"人类赖以健全和发展的精神"，即"公平竞争"（fairplay）、"团队协作"（teamwork）和"运动家风度"

(sportsmanship)。[6]体育的公平理念和诚信理念往往是交织在一起的，没有诚信也就难言公平。如果体育没有了"真、善、美"，假球、黑哨、兴奋剂盛行，诚实的体育比赛堕落成欺骗的杂耍，高尚的体育异化为逐利的工具，纯洁的竞技场变成了拜金的天堂，体育又将如何创造一种建立在奋斗基础之上的乐趣，良好榜样的教育价值和对世界基本伦理原则的尊重呢？这不也是对奥林匹克"更高、更快、更强"的莫大讽刺吗？《奥林匹克宪章》中就将体育道德与体育公平联系起来，该宪章提出："鼓励并支持体育道德的提升以及借助体育对年轻人的教育，并努力确保在体育运动中秉承公平的原则并禁止暴力。"

体育蕴含着和谐的文化理念。《奥林匹克宪章》指出："奥林匹克主义的目标是让体育为人类的和谐发展服务，致力于促进维护人类尊严的和平社会。"体育对人类和谐和和平社会的建设具有重要意义，这是因为：第一，体育可以促进人的全面发展；第二，体育可以提供精神动力；第三，体育可以促进人际交流，亲和社会氛围；第四，体育产业可以促进经济发展，提高人民生活；第五，通过体育的社会化、组织化和自治化，培育和发展民主法治、规范有序的公民社会；第六，体育可以塑造积极健康的生活方式。[7]

关于体育的文化内涵，在立法上也有诸多的体现。我国1978年《宪法》将体育纳入了文化的范畴，其第52条规定："国家对于从事科学、教育、文学、艺术、新闻、出版、卫生、体育等文化事业的公民的创造性工作，给以鼓励和帮助。"但在1982年《宪法》关于"文化事业"的列举中删除了"体育"，其第47条规定："国家对于从事教育、科学、技术、文学、艺术和其他文化事业的公民的有益于人民的创造性工作，给以鼓励和帮助。"尽管如此，我们将"体育"置于该条所规定的"其他文化事业"中来理解也未尝不可。我国1995年《体育法》没有对"体育"的含义进行解释。在国外，

---

[6] 费孝通："清华人的一代风骚"，载《读书》1991年第11期，第3页。
[7] 鲍明晓："美美与共：和谐社会与体育发展"，载《体育文化导刊》2005年第10期，第15页。

很多国家的体育立法对体育的文化内涵作了规定,例如《西班牙体育法》规定:"体育是一种自由、自愿的活动。作为一种教育和人们全面发展的基本要素,它构成的文化现象应该受国家公众权力机关的保护和鼓励。"《俄罗斯体育法》规定:"体育是人民文化的重要组成部分,也是社会为增进俄联邦人民健康,在体育过程中创造、发展和使用的精神和物质财富的总和。"《乌克兰体育法》规定:"体育是社会文化的组成部分,其目的在于增强人的体质、道德意志与文化智力,以形成协调和个性。"《日本体育振兴法》规定:"体育以促进国民的身心健康发展及形成愉快活泼的国民生活为目的。"《韩国国民体育振兴法》规定:"本法律的目的是通过振兴国民体育,增强国民体力,培养健全的精神,形成明朗的国民生活,以及通过体育为国争光。"

三、我国关于"体育文化"的研究

"人类认识体育文化的历史差不多与体育文化本身生产和发展的历史一样悠久。体育文化对人类社会生活的作用和影响自古有之,人类无时无刻不在它的影响和作用下生活。同时,人们也无时无刻不在创造和发展着体育文化。"[8]但对于体育文化的研究是"二战"以后西方体育迅速发展,工业化和"冷战"推动了体育研究的盛行才被提到日程的。"现代科学技术的发展使体育各学科之间的交叉、融合的趋势日益明显,而文化的研究恰恰是一种综合性的考察,这自然就形成了一个很有趣的重要课题。"[9]人们从历史学、社会学、经济学、人类学等角度来研究体育文化,并取得了丰硕的成果。我国也从20世纪80年代兴起的"文化热"中开始了对法律文化、经济文化、艺术文化的研究,也包括对体育文化的研究,体育文化学在我国应运而生了。

考察我国关于体育文化的研究,其研究内容主要集中在以下几

---

[8] 王岗:《体育的文化真实》,北京体育大学出版社2007年版,第10页。
[9] 周西宽等编:《体育学》,四川教育出版社1988年版,第144页。

个方面：体育文化的基本理论研究；校园体育文化研究；少数民族体育文化研究；东西方体育文化比较研究等。就研究质量而言，影响重大的研究成果不多，创新性研究不够；许多问题还没有形成共识；观点重复、雷同现象也比较严重；论文篇幅小，一、二页的论文比比皆是，只有结论，缺乏论证；体育文化学科体系还没有建立起来。

四、"体育文化"决定着中国体育的发展方向

（一）体育是国家的文化利益，体育文化是国家利益的重要组成部分

在全球化的今天，国家利益中的意识形态因素在下降，而文化因素则明显上升，体育文化在这个过程中已经发展成为一种国家利益。在国际事务中，国家自然要考虑到自己国家和民族生存与发展的文化利益，体育文化对国家政治、经济、文化、传统、社会生活等的影响，加强了国家对体育文化的重视和对体育文化的保护。第一，体育在国家的复兴、民族尊严的维护、民族传统的保持、民族精神的凝聚和振兴等方面的作用，决定了体育文化是国家的重要利益；第二，体育文化能够为国家利益的成功取得提供保证，能够改变国家的经济命运；第三，体育文化参与社会文化对社会结构的设计，从而对一个民族和国家在国际事务中的行为和发展前途产生强烈的影响；第四，体育文化参与构成一个民族和社会的生活方式，它的这种社会作用影响国家的政治决策和政策制定；第五，国家保护民族体育是对民族文化的保护，是对民族独特生活方式和传统的保护，保护体育文化就是保护国家利益。[10]

（二）"体育文化"决定着中国体育的发展方向

体育蕴含了平等、公平、诚信和和谐的文化理念，体育是国家的文化利益，体育文化是国家利益的重要组成部分。从这个意义上说，"体育文化"决定着"后奥运"时代中国体育的发展方向。即：

---

[10] 童昭岗、孙麒麟、周宁：《人文体育——体育演绎的文化》，中国海关出版社2002年版，第264~266页。

从竞技体育向群众体育、从强身健体向心身愉悦、从体育运动向体育文化转变,强调群众体育的重要性,强调体育在提高和增强人民身体素质方面的作用,强调促进体育事业与经济建设、社会建设、文化建设的协调发展;强调以满足广大人民群众日益增长的体育文化需求为体育事业的出发点;强调体育在公民身心的健康、愉悦的生活方面的作用;强调体育文化的传承和体育精神的弘扬。

我国《宪法》第 21 条第 2 款规定:"国家发展体育事业,开展群众性的体育活动,增强人民体质。"这一规定包含有三层含义:一是"发展体育事业"是国家的积极义务;二是"开展群众性的体育活动"是体育事业的核心内容;三是"增强人民体质"是体育事业的根本目的。

我国《体育法》第 1 条规定:"为了发展体育事业,增强人民体质,提高体育运动水平,促进社会主义物质文明和精神文明建设,根据宪法,制定本法。"第 2 条规定:"体育工作坚持以开展全民健身活动为基础,实行普及与提高相结合,促进各类体育协调发展。"上述两条规定中的体育工作以"全民健身活动为基础","促进物质文明和精神文明建设"已包含有体育的文化涵义。

2002 年 7 月 22 日,中共中央国务院在《关于进一步加强和改进新时期体育工作的意见》(以下简称《意见》)中指出,新时期发展体育事业的指导思想是:"高举邓小平理论伟大旗帜,全面贯彻党在社会主义初级阶段的基本路线和基本纲领,认真实践江泽民同志'三个代表'重要思想,以举办 2008 年奥运会为契机,以满足广大人民群众日益增长的体育文化需求为出发点,把增强人民体质、提高全民族整体素质作为根本目标,积极开创体育工作新局面,为实现新世纪我国经济、社会发展的战略目标和中华民族的伟大复兴做出应有的贡献。"[11]该《意见》非常明确地把"增强人民体质、提高全民族整体素质"作为新时期我国发展体育事业的指导思想和根本目标,并把举办 2008 年奥运会作为实现上述根本目标的"契机",特别是提出了我国的体育事业应当"以满足广大人民群众日益增长

---

[11] 2002 年 7 月 22 日,中发〔2002〕8 号。

的体育文化需求为出发点",这里使用的"体育文化"的概念非常重要,体现了我们对体育的理解和认识的深化:体育不限于体育,体育与文化密切相联;体育也是一种文化,体育亦包含着文化。

2006年7月25日,国家体育总局发布的《体育事业"十一五"规划》进一步把"初步建成具有中国特色的全民健身体系,不断满足群众日益增长的体育文化需求,使全民族的健康素质明显改善"的"体育文化"概念,置于"全民健身体系"和"全民族健康素质改善"的大背景中,深化了"体育文化"的内涵。

2011年3月28日,国家体育总局发布的《体育事业发展"十二五"规划》指出,"十二五"时期体育事业发展突出以下基本原则:"加强体育文化建设。深入挖掘体育的文化内涵,夯实体育发展的社会基础和文化根基,提升中国体育的软实力。通过体育促进建立健康、科学、文明的生活方式,塑造积极、健康的社会价值观和大众人生观。充分发挥体育在建设社会主义先进文化中的作用和功能,让体育成为社会主义先进文化的传播者和创造者,成为时代精神的倡导者和先行者。"这凸显了"体育文化"在社会主义先进文化建设和引领时代精神方面的重要作用。

2016年5月5日,国家体育总局发布的《体育发展"十三五"规划》提出了"十三五"时期体育发展的主要目标:"体育文化在体育发展中的影响进一步扩大,在培育社会主义核心价值观中的作用更加突出。培育运动项目文化,力争打造一批高质量的体育文化精品工程,办好一批社会效益显著的体育文化品牌活动,把丰富多彩的体育文化理念融入到体育事业发展的各个环节,为精神文明建设增添力量。"并进一步提出了"促进体育文化大发展、大繁荣"的任务:"大力弘扬以爱国主义为核心的中华体育精神,培育和传播奥林匹克文化。加快推进运动项目文化建设,启动体育文化精品建设工程。充分挖掘体育的多元价值,精心培育体育公益、慈善和志愿文化。落实《中共中央关于繁荣发展社会主义文艺的意见》,扶持和引导体育文艺创作。结合国家文化发展战略,传承和推广优秀中华民族传统体育项目,保护和开发体育非物质文化遗产,以体育为载体阐释中国梦,推动中华体育文化走向世界。"《体育发展"十三五"规划》将"体育文化"与"培育社会主义核心价值观"和"中国梦"结合在一起,更加强调了"体育文化"的作用。

根据上述规定,我国体育的发展方向应当是:①强调群众体育的重要性,强调体育在提高和增强人民身体素质方面的作用。[12]在"体育为民"理念的指导下,将"体育工作坚持以开展全民健身活动为基础"转变为"开展全民健身活动是体育工作的基础和核心";将"实行普及与提高相结合"转变为"以普及促进提高";将"促进各类体育协调发展"转变为"促进体育事业与经济建设、社会建设、文化建设协调发展"。②强调以满足广大人民群众日益增长的体育文化需求为体育事业的出发点,强调体育在公民身心的健康、愉悦的生活方面的作用,[13]强调体育文化的传承和体育精神的弘扬,推动和促进体育事业积极、健康、可持续地发展。

---

[12] 在《体育法》审议过程中,关于体育方针的问题是更加强调群众体育而不是更加强调竞技体育。当时伍绍祖同志受国务院的委托,向八届全国人大常委会就《体育法(草案)》作了说明,指出:体育方针是"国家坚持体育为经济建设和社会发展服务,促进以社会体育、学校体育为主要内容的群众体育与竞技体育的协调发展"(草案第2条)。对此,全国人大法律委员会关于《体育法(草案)》审议结果的报告中指出:"教科文卫委员会和有些委员以及地方、专家提出,我国的体育方针应以群众体育为基础,这是体育工作的基本点,在群众体育普及的基础上,才能更好地提高体育的水平。因此,建议将这一条修改为:'国家发展体育事业,开展群众性的体育运动,提高全民族身体素质。在体育工作中,实行普及与提高相结合,促进各类体育全面发展。'(草案修改稿第2条)"之后,全国人大法律委员会主任委员薛驹在有关对修改体育法(草案修改稿)修改意见的汇报中进一步指出:"草案修改稿第2条规定:'国家发展体育事业,开展群众性的体育运动,提高全民族身体素质。在体育工作中,实行普及与提高相结合,促进各类体育全面发展。'有的委员提出,全民健身工作是体育工作的基础,体育方针应当有所体现。在审议中,还有些同志主张将'各类体育'如群众体育和竞技体育,明确做出规定。也有些委员认为,从法律上如何对体育具体分类,现在还有不同意见,还是促进各类体育协调发展比较好。经过反复研究,建议修改为:'国家发展体育事业,开展群众性的体育活动,提高全民族身体素质。体育工作坚持以开展全民健身活动为基础,实行普及与提高相结合,促进各类体育协调发展。'(新修改稿第2条)"

[13] 日本的《体育振兴法》第1条规定了促进"国民身心健全的发展和形成愉悦丰富的国民生活"的体育振兴政策的基本方针(周爱光等:"中日两国体育法的比较研究",载《体育学刊》2004年第2期,第2页),这是值得我们借鉴的。虽然我国《体育法》第5条有"增进青年、少年、儿童的身心健康"的规定,第10条有"国家提倡公民参加社会体育活动,增进身心健康"的规定,但这些规定并没有与体育事业的发展方针相联系,没有把公民心身的健康、愉悦与提高、增强身体素质相联系。

五、设立"体育文化节",促进体育文化事业的发展

将北京奥运会开幕日的 8 月 8 日确定为我国"体育节"的呼声日渐高涨,并引起了官方的重视。笔者也曾积极倡导设立体育节,提出"如果从促进体育事业发展的角度,规定这样一个节日也很好,至于叫'体育节'、'体育日'、'体育文化节'都好,具体名称可以研究。如果从体育所蕴含的文化和精神而言,笔者倾向于'体育文化节'的提法"。但当时笔者只是提出这样的建议而并没有予以详细地论证。[14]设立体育节是必要的,但名称以"体育文化节"为宜。这是由"后奥运"时代我国体育的功能定位和我国体育事业的发展方向所决定的,也是与体育的文化内涵相吻合的。

(一)设立"体育文化节"的意义

北京奥运会是全中国人民、全世界人民的体育文化盛会,"百年奥运梦想成功实现,这是我们在实现中华民族伟大复兴征程上的又一次历史性跨越,也是我们沿着中国特色社会主义道路奋勇前进的又一个新的起跑线。"[15]它对于振奋民族精神,弘扬民族文化,展示五千年中华民族的灿烂文明和和平、友好、礼仪之邦的传统,增进世界各国人民的理解和友谊,推动我国体育事业的发展,促进我国的政治建设、经济建设、社会建设和文化建设,都具有十分重要的意义。国家设立"体育文化日",既是对北京成功举办奥运会的纪念,更是为体育文化事业在中国的进一步发展和繁荣创造条件,为体育文化的传承和体育精神的弘扬创造条件,为和谐社会的构建创造条件,使人民健康、愉悦、自由地生活在平等、文明、富足、和谐的社会中。

通过我们对体育的文化内涵的理解、对我国"后奥运"时代体育事业发展目标定位的分析以及对设立"体育文化节"意义的探讨,

---

[14] 田思源:"我国《体育法》修改理念分析——兼论《体育事业促进法》的制定",载《法学杂志》2006 年第 6 期,第 70 页。

[15] 胡锦涛:"在北京奥运会、残奥会总结表彰大会上的讲话",载《人民日报》2008 年 9 月 30 日,第 2 版。

笔者认为，在我国设立"体育文化节"是完全必要的。

（二）设立"体育文化节"的可行性分析

节日的设定是有法律程序的，早在1949年12月23日新中国成立之初，政务院（即现在的国务院）就发布了《全国年节及纪念日放假办法》（以下简称《放假办法》），该《放假办法》历经50年，于1999年9月18日作了第一次修订，2007年12月14日又作了第二次修订。《放假办法》从1949年的制定到1999年和2007年的两次修订，我们对"节日"的理解是从"政治节日"到"经济节日"再到"文化节日"，而"文化节日"主要体现为传统节日。"体育文化节"与"文化节日"的理解相吻合，同时也是从我们的传统节日、传统文化的视角转向对现代文化的诠释和创造。

1. 从"政治的节日"到"经济的节日"再到"文化的节日"——我们对"节日"的理解。

"政治的节日"。1949年的《放假办法》规定了很多带有政治意义和意识形态色彩的节日，如妇女节（三八国际劳动妇女节）、劳动节（五一国际劳动节）、儿童节（六一国际儿童节）、青年节（五四青年节）和国庆纪念日（即后来的国庆节）等。[16]其中很多节日都是在国际共产主义运动中诞生，并为社会主义国家所普遍推崇和实施。此为"政治的节日"。

"经济的节日"。1999年，政府主动对《放假办法》作了第一次修订。修订要点是将劳动节由放假一天调整为放假三天，国庆节由放假两天调整为放假三天。由于此时我国已经实行了每周五天工作日、周六周日休息的"双休日"制度，[17]劳动节和国庆节各三天的假期，再加上前后两个"双休日"，就形成了连续七天的长假，即通常所说的"黄金周"。[18]"黄金周"有力地带动了民航、铁路、交

---

[16] 上述五个节日在《放假办法》的两次修订中都予以保留，除劳动节和国庆节放假天数有所调整外，其他三个节日都是相关人员放假半天。

[17] 《国务院关于职工工作时间的规定》，1995年5月1日起施行。

[18] 虽然春节也是放假七天形成"黄金周"，但春节有自己的文化内涵，它是合家团圆的传统节日，而没有像劳动节和国庆节那样形成所谓的"旅游黄金周"、"假日经济"等。所以我们通常所说的"黄金周"，主要是指"五一黄金周"和"十一黄金周"。

通、商业、文化、体育、餐饮、保险、通讯等产业的共同发展,特别是带动了旅游业的发展,不仅扩大了内需、刺激了消费,而且也带来了经济发展观念的一次新变革。此为"经济的节日"。

"文化的节日"。2007年对《放假办法》作的第二次修订是在民间力量的推动下进行的。民间自下而上,强烈要求尊重和继承中华民族文化传统,增加诸如除夕、元宵节、清明节、端午节、中秋节、重阳节等中华民族的传统节日为法定假日。政府顺应民意,增加了清明节、端午节和中秋节三个节日为法定假日,并将农历正月初三放假调整为农历除夕放假,将劳动节的三天放假恢复到了1949年《放假办法》的放假一天。此为"文化的节日"。

我国1949年、1999年和2007年《放假办法》一览表

		1949年	1999年	2008年
上半年	新 年	1天(1月1日)	1天(1月1日)	1天(1月1日)
	春 节	3天(农历正月初一、初二、初三)	3天(农历正月初一、初二、初三)	3天(农历除夕、正月初一、初二)
	妇女节	半天(3月8日、限于妇女)	半天(3月8日、限妇女)	半天(3月8日、限妇女)
	清明节			1天(农历清明当日)
	劳动节	1天(5月1日)	3天(5月1日、2日、3日)	1天(5月1日)
	青年节	半天(5月4日、限于中等学校以上的学生)	半天(5月4日、14周岁以上的青年)	半天(5月4日、14周岁以上的青年)
	端午节			1天(农历端午当日)
	儿童节	半天(6月1日)	1天(6月1日、13周岁以下的少年儿童)	1天(6月1日、不满14周岁的少年儿童)

续表

		1949 年	1999 年	2008 年
下半年	中秋节			1天（农历中秋当日）
	解放军建军纪念日	半天（8月1日、限于军队及军事机关）	半天（8月1日、现役军人）	半天（8月1日、现役军人）
	国庆节	2天（10月1日、2日） 7天（全体公民放假的节日总天数）	3天（10月1日、2日、3日） 10天（全体公民放假的节日总天数）	3天（10月1日、2日、3日） 11天（全体公民放假的节日总天数）

2. 体育文化节与我国现阶段对"文化的节日"的理解相吻合。英国现代哲学家罗素曾说过，是否懂得休闲是对一个社会文明程度的最终检验。"文化的节日"见证了中国社会文明进步的程度，反映了人们对度假休闲的认识的升华。体育文化节正是体现了我们对"体育"的理解的升华，体现了我们对体育精神和体育文化的承继、宣传和弘扬，是与我们对"文化的节日"的理解相吻合的。同时，"文化的节日"更多的关注点在传统文化（如除夕、清明、端午、中秋），而我们还需要创造和发展现代文化，"体育文化节"正是蕴含了这样的文化，体现了这样的文化，诠释和发展了这样的文化。"体育文化节"是我们创造和发展现代文化的契机。

"体育文化节"需依法设立，通过对我国节假日放假的法律规定及其演变过程的梳理，笔者认为，设立"体育文化节"不仅在现有法律制度框架内没有任何障碍，而且还顺应了文化进步的时代潮流，是完全可行的。

（三）设立"体育文化节"的具体方案

在我国设立"体育文化节"是必要的，也是可行的，那么如何设立"体育文化节"呢？设立"体育文化节"的具体方案如下：

1. 将"体育文化节"规定为法定假日，全体公民放假一天。

2. 将"体育文化节"确定为每年的8月8日，即北京奥运会开幕的那一天。把8月8日作为"体育文化节",既可以纪念北京奥运会在我国的成功举办,又可以以北京奥运会为契机和动力,推动我国体育文化事业的发展,同时客观上也在一定程度上调节了我国法定假日上半年多、下半年少的不平衡状况(这也是设立"体育文化节"的可行性的一个理由)。[19]

3. 考虑到2007年刚刚修订了《放假办法》,目前节假日放假亦基本稳定,如果"体育文化节"不能放假,也可以先确定每年的8月8日为"体育文化节",待"体育文化节"逐渐形成自己的特色、品牌、内涵和传统以后,待我国经济、社会、文化得到进一步发展以后,再来解决其放假问题。如果是这样的话,"体育文化日"的称谓也是可以的。

---

[19] 2007年《放假办法》规定的全体公民的法定假日为11天,其中上半年为7天,而下半年只有4天。

建立民族传统体育数据库
——非物质文化遗产保护下的我国民族传统体育保护

孙彩虹[*]

建立民族传统体育数据库，是将我国民族传统体育项目经过文献化、系统化、规范化后，采用数字化电子存储和其他信息技术手段，建成可以检索和应用的数据库。自 2000 年 7 月世界知识产权组织（World Intellectual Property Organization，简称 WIPO）在新德里举办的"二十一世纪知识产权方针和战略论坛"中，明确提出利用现代化信息技术、通过构建传统知识数字图书馆（Traditional Knowledge Digital Library，简称 TKDL）来加强对传统知识的保护以来，许多国家都对该问题产生了极大兴趣，并将其陆续应用到对传统医药、基因资源和民间传统文化的保护中。由此，对我国传统体育进行文献化并建立相应的数据库以保护我国民族传统体育，应该引起我们的高度重视。

一、非物质文化遗产下的我国民族传统体育的界定

应该说"民族传统体育"这一提法并不科学，也不统一。有称之为"传统体育"，有称之为"传统体育文化"，还有称之为"民族民间传统体育"，诸如此类的提法不一而足。但无论将其命名为哪个，读者一般都不会对此产生过多的歧义。因为有一个上位概念即"非物质文化遗产"来统一概括之。"非物质文化遗产"是 Intangible

---

[*] 上海政法学院法律学院教授，博士。

Cultural Heritage 的中文翻译，在日本、韩国等被翻译为"无形文化遗产"。此术语是联合国教科文组织（UNESCO）为完善对世界文化遗产的保护体系，作为与物质性、遗址性、建筑性文化遗产相对应的概念而提出的。1982 年，UNESCO 和 WIPO 联合制定了《保护民间文学艺术表达，防止不正当利用及采取其他损害行为之国内法示范法条》，同年，UNESCO 内部特设了一个非物质文化遗产部门，"非物质文化遗产"的概念才正式出现。2003 年 10 月 17 日，UNESCO 在巴黎举行的第 32 届大会通过了《保护非物质文化遗产公约》，该公约正式启用了"非物质文化遗产"这一概念。该公约第 2 条对"非物质文化遗产"做了概括式和列举式的定义。其中概括式定义为："非物质文化遗产"是指被各社区、群体、有时是个人，视为其文化遗产组成部分的各种社会实践、观念表达、表现形式、知识和技能以及相关的工具、实物、手工艺品和文化场所。这种非物质文化遗产世代相传，在各社区和群体适应周围环境以及与自然和历史的互动中，被不断地再创造，为这些社区和群体提供认同感和持续感，从而增强对文化多样性和人类创造力的尊重。按照上述定义，UNESCO 对非物质文化遗产所做的分类包括：①口头传说和表述，包括作为非物质文化遗产媒介的语言；②表演艺术；③社会风俗、礼仪、节庆；④有关自然界和宇宙的知识和实践；⑤传统的手工艺技能。[1] 由此可见，凡是在历史变迁过程中具有"世代相传"、"认同感和持续感"特征的传统体育项目都可以作为非物质文化遗产的组成部分。据此，2006 年 5 月，经国务院批准文化部确定公布的我国第一批国家级非物质文化遗产名录共计 518 项，其中有 17 项属于民族传统体育项目。[2] 随后在 2011 年公布实施的我国《非物质文化遗产法》第 2 条规定："本法所称非物质文化遗产，是指各族人民世代相传并视为其文化遗产组成部分的各种传统文化表现形式，

---

〔1〕 中国世界遗产年鉴（2004），中华书局 2004 年版，第 308 页。

〔2〕 包括：吴桥杂技、聊城杂技、天桥中幡、抖空竹、维吾尔族达瓦孜、宁德霍童线狮、少林功夫、武当功夫、回族重刀武术、沧州武术、太极拳（杨氏太极拳、陈氏太极拳）、邢台梅花拳、沙河藤牌阵、朝鲜族跳板、秋千、达斡尔族传统曲棍球竞技、蒙古族搏克、蹴鞠等。

以及与传统文化表现形式相关的实物和场所。"其中包括"传统体育和游艺"。[3]

从某种程度上讲，民族传统体育在很大层面上属于传统文化或民间文化。因此，民族传统体育具有传统文化或民间文化的本质属性：①群体性。即"民"性、"大众性"，也就是众多人共同创作完成的集体智慧的结晶。②地域性。英国学者认为，文化具有民族性、地域性，而社会阶级文化则根植于一个地区及其民族的特定历史之中。[4]民族传统体育具有显著的地方性和地域性特征，这与其产生的特定背景以及流传的特定区域有关。当然，地域性特征也并非是完全绝对的，由于文化交流的存在，传统体育项目在历史传承和维系的过程中，常常有从一个地域流传到另一个地域的情形出现，因此会不断发生各民族之间的交流与融合。比如中国功夫在历史上就一直存在着"南拳北腿、东枪西棍"之别。③民族性。对于一个民族来说，传统文化是该民族的基本识别标志，也是维系民族存在的根本。传统体育特有的表现形式、表演风格以及独有的技能，无不反映出特定民族独特的生产生活方式、智慧、情感、思维、审美观、价值观、世界观等要素。④民间性、乡土性。民族传统体育项目多根植于民间、繁衍于民间、流传于民间，在广阔的民间有着深厚的基础。但由于长期维系在一个相对封闭的范围内，且其存在形式很少转化为系统性的文字文本，所以在现代社会的冲击下就极易流失。⑤变异性。民族传统体育在漫长的历史传承中，不停地吸纳着来自于不同地域、不同阶层、不同文化的内涵，呈现出时代变异性。这种变异性在民俗学理论上被称为"活态文化"。但这种变异性只有在

---

[3]《中华人民共和国非物质文化遗产法》第2条：本法所称非物质文化遗产，是指各族人民世代相传并视为其文化遗产组成部分的各种传统文化表现形式，以及与传统文化表现形式相关的实物和场所。包括：①传统口头文学以及作为其载体的语言；②传统美术、书法、音乐、舞蹈、戏剧、曲艺和杂技；③传统技艺、医药和历法；④传统礼仪、节庆等民俗；⑤传统体育和游艺；⑥其他非物质文化遗产。属于非物质文化遗产组成部分的实物和场所，凡属文物的，适用《中华人民共和国文物保护法》的有关规定。

[4][英]伯尼斯·马丁：《当代社会与文化艺术》，李中泽译，四川人民出版社2000年版，第2页。

它原本生存的社会环境中完成才能保持它原有的特征，才能不失"原生态"，否则离开了这一环境，就极易失去能证明它身份的地理标志，同时依附其存在的某些文化现象也会一并消失。

二、民族传统体育保护的有效路径——建立民族传统体育数据库

（一）建立民族传统体育数据库的社会背景

数据库运用于传统知识的保护领域最早开始于20世纪80年代初西方学术界对遗传资源进行备案、创建数据库的研究，但是直到20世纪90年代，发达国家的跨国公司和个人大量剽窃发展中国家的遗传资源并利用其申请专利，才引起了发展中国家对创建传统知识数据库的关注。根据目前各国通行的对专利新颖性的判断标准，现有技术包括全球范围内的出版物公开和使用公开，但是由于很多传统知识的使用往往局限于某一特定的群体和较小的地理范围，很难为外界知悉。所以，当一项包含了传统知识的专利申请提交审查时，审查员很难将其中的传统知识界定为现有技术而拒绝批准该专利申请。[5]在历经了数次惨痛教训，如姜黄（Curcuma longa）案、印度楝树（Azadirachtaindica）案、死藤水案和中国野生大豆案之后，诸如中国和印度等国开始重视国家级传统医药数据库的创建工作。[6] 2000年7月，WIPO在新德里举行的"二十一世纪知识产权方针和战略论坛"中明确提出：利用现代化信息技术，通过构建TKDL来加强对传统知识的保护。这一倡议引起了许多国家的积极响应，随后建立了多个遗传资源、传统医药数据库，并逐步将其扩展应用到了传统文化保护领域。

（二）数据库对保护民族传统体育的作用

建立民族传统体育数据库不仅是对濒临失传的传统体育的抢救

---

[5] Kumar, Vivek & Sikarwar, "Plants Used as Fish Poison by Tribals of Surguja District in Chhattisgarh, India", *Ethnobotany*, Vol. 15, 2003, pp. 87~89.

[6] 孙彩虹：《民间文学艺术知识产权保护策略研究》，中国政法大学出版社2011年版，第198页。

性建档保护，也是民族传统体育所有人（传承人）参与其利益分享的依据，同时还可以将民族传统体育所包含的技术性内容、可识别性特征等界定为现有技术，以对抗剽窃者将其申请为专利。具体而言，数据库对保护民族传统体育的作用主要有：

1. 为民族传统体育提供真实、系统和全面的记录，是保存濒临失传的民族传统体育的最佳途径。随着现代化的推进、信息传媒和外来文化的冲击，加上民族传统体育由于自身传播方式的脆弱，许多民族传统体育正在濒临消亡，大量有历史和文化价值的珍贵实物与资料遭到毁弃或流失。为了保护和传承先辈遗留下来的优秀传统文化，对其进行系统、全面的文献化后，借助数字化技术获取与处理这些资料，可以保证这些民族传统体育的史料以最为保真的形式长久地保存下来，对保存濒临失传的民族传统体育具有重要意义。

2. 数据库非常便于检索和查询，有利于促进民族传统体育的弘扬和发展。经数字化处理的民族传统体育项目，非常便于检索和查询，这样就有利于研究者和其他第三方进行研究和利用，从而促进民族传统体育的发展。另外，这些检索和查询记录可以被系统留存，当以后民族传统体育项目被不当利用而引发纠纷时，可以作为所有人（传承人）主张权利的证据。

3. 是民族传统体育所有人（传承人）参与其利益分享的依据。数据库中记载的内容可以帮助民族传统体育所有人（传承人）确定其对该项文化遗产所享有的权利，而且具有易于检索和查询的特点。当该项文化遗产被商业化时，数据库中的记载可以作为民族传统体育所有人（传承人）参与利益分享的依据。因此，这种措施提供了民族传统体育所有人（传承人）参与潜在商业收入分成的可能性，提高了民族传统体育所有人（传承人）请求分享商业利益的能力。

4. 将民族传统体育所包含的技术性内容、可识别性特征等界定为现有技术，以对抗剽窃者将其申请为专利。由于传统文化自身的特殊性，民族传统体育项目很难满足授予专利的新颖性、实用性和创造性的实质性要求。但是不能就此而否认，民族传统体育项目中的一些特殊技艺、技巧、表演形式等不包含重要的技术内容，这些技术内容经过申请人的修饰、改良之后，完全可以满足专利的实质性要求。如果这些技术内容被第三方剽窃并申请专利，将损害其所有人（传承人）的利益。数据库的建立可以明确将民族传统体育中的技术性内容界定为现有技术，用来防御性地保护传统技艺，防止他人主张独占性的权利。

（三）世界范围内非物质文化遗产数据库的发展现状

建立非物质文化遗产数据库是世界性的趋势，自1990年代初期以来，数字化技术越来越多地被运用到保护传统文化领域并展现出引人瞩目的效果。

1. 发达国家。很多西方发达国家都将本国传统文化大规模地转换成数字形态，为未来的文化市场竞争奠定新的基础，以促进国家与民族文化的不断发展。美国国会图书馆投入巨资，自1990年开始实施"美国记忆的国家计划"（American Memory），对馆藏的手稿、照片、录音、影片等文献进行数字化，汇编成为数字资源库，通过互联网向世界传播。此外，美国还有IBM数字图书馆计划、NSF/NASA数字图书馆计划等。法国的国家图书馆，自1995年起将其馆藏的艺术精品以及分散在法国各地的古书艺术插页，用彩色、高分辨率扫描仪录入光盘。英国的大英博物馆、日本的东京国立博物馆等大型博物馆或者建立了自己的网站，或者建立了藏品数据库，或者利用虚拟实景技术实现虚拟漫游，致力于数字化博物馆建设。欧盟为了从根本上加强对文化遗产的利用，于2002年将文化遗产数字化列为2002~2006年第六次框架项目中的最优先项目，计划投入7000万欧元，为图书馆、博物馆、档案馆搭建一个共同数据库平台。

2. 发展中国家。发展中国家建立保护传统文化数据库的主旨与发达国家不尽相同，其不仅是为了促进本国民族文化的发展，更主要是为了阻止发达国家利用现代知识产权制度对本国传统文化这一宝贵财富的掠夺。由于发展中国家的传统医药被剽窃的情况最严重、影响最为广泛，因此，发展中国家首先建立的数据库主要集中在传统医药领域，而较少涉及传统文学艺术领域。印度是较早保护传统文化的国家，也是保护传统文化较为成功的国家。印度自2001年开始开发建立《传统知识数字图书馆》（TKLD），将包含印度各基层社区的传统知识汇集起来，主要是针对传统药业。但目前，为了保护和传承民间文化艺术，印度也开始着手收集和整理民俗、体育、杂技等项目以纳入 TKLD。[7]

3. 我国的非物质文化遗产名录。近几年，在开展全国非物质文化遗产普查工作的基础上，我国已建成了上至国家级、下至市县级的非物质文化遗产名录体系。虽然，非物质文化遗产与民族传统体育的保护目标并不完全吻合，但是一个较为完整的非物质文化遗产名录保护体系为建立民族传统体育数据库打下了很好的基础。在我国，目前建立的非物质文化遗产（包括与民族传统体育相关的）数据库主要有三类：①少数民族文献数据库。该类数据库有两个小类：一类是以地域划分的，如红水河流域少数民族非物质文化资源数据库；另一类是以民族划分的，如赫哲族特色数据库和苗侗文献数据库。这类数据库都以本地域或本民族的语言、习俗、宗教和文学艺术为主要内容，建立的主体有地区图书馆、地方大学图书馆等。②地区特色文艺数据库。这类数据库是为本地区有特色的民俗类别建立专门的数字化平台。如山西戏剧资源数据库、闽南"原生态歌舞"数据库等。建立主体有专业研究所、当地文化局等。③非物质文化遗产名录数据库。2006年至2014年间，国务院共批准公布了四批国家级非物质文化遗产名录（2014年后名称调整为"国家级非物质文化遗产代表性项目名录"），其中第一批有17项属于与民族传统体育相关的项目；第二批有传统体育、游艺与杂技（杂技与竞技）共计38项；第三批有传统体育、游艺与杂技共计15项；第四批有传统体育、游艺与杂技共计12项。此外，各省（区、市）也都建立了省级非物质文化遗产名录，一些市、县也建立了本级非物质文化遗产名录。[8]

（四）当今世界非物质文化遗产数据库的分类

上文已经提到，由于各国的实际国情不同，建立非物质文化遗产数据库的主旨也有所不同：传统文化未遭到严重剽窃的国家在建

---

[7] Kothari, K., "Copyright of Folk and Indigenous Art Forms – Need for Accountability", *Indian Folk Life*, 2004 (3), Issue 3, pp. 34~53.

[8] 周和平："中国非物质文化遗产保护的实践与探索"，载《求是》2010年第4期，第45页。

立数据库时的目标主要是保存和传承非物质文化遗产；而传统文化遭到过严重剽窃的国家在建立数据库时的目标除了保存和传承非物质文化遗产外，更主要的是为了阻止发达国家利用现代知识产权制度对本国传统文化的掠夺。据此，我们可以将当今世界非物质文化遗产数据库做以下分类。

1. 保存型数据库。这种类型的数据库以美国的"美国记忆"数据库和欧盟的"文化遗产"数据库、爱沙尼亚南部的民俗数据库（LEPP）等最具代表性。本文以爱沙尼亚南部民俗数据库为例进行探讨。由于爱沙尼亚在历史上曾长期遭受他国的占领和统治，这样的遭遇使其非常重视本民族传统文化的保留和传承。爱沙尼亚政府于2000年开始实施爱沙尼亚南部语言和文化计划，建立爱沙尼亚南部民俗数据库（LEPP）就是该计划的主要项目之一。[9] LEPP的具体承办方是爱沙尼亚文学博物馆的民俗中心。LEPP的收集对象包括所有类型的民俗和历史文化（主要是口述历史），并采用现代图书馆的分类法对其进行了分类。目前，LEPP共收集了50多个小时的视频资料、100多个小时的音频资料和1000多张照片，还有手稿日记等其他的文字资料。LEPP的数据分为两部分：连续的文本数据和元数据，其中连续的文本并不包含在可供公共检索的数据库中。[10] 也就是说，LEPP的公共检索部分仅列有概括描述，而不包含这些民俗的具体内容，如果使用者需要做进一步的深入了解，可以联系承办方——民俗艺术中心，通过检索条目获取所需的具体内容。另外，LEPP是个公开的数据库，可以供研究者以及其他非商业利用者免费使用，在数据库入口公布了使用者的权限：LEPP允许使用者出于教学、研究的目的查看、下载和打印其内容；允许非商业目的的传播和链接；研究者可以自由将其中内容用于学术出版物中；LEPP的内容可以被用于教育和促进当地文化生活的目的。但是严格禁止LEPP的内容被商业化利用。然而遗憾的是，目前LEPP仅提供用爱沙尼亚

---

[9] Vesik, L. & Kõiva, M., "LEPP: The Portal of South Estonian Folklore", *Electronic Journal of Folklore*, 2004（27），pp. 33~162.

[10] Piret Voolaid, "Constructing Digital Databases of the Periphery of Estonian Riddles: Database Estonian Droodles", *Electronic Journal of Folklore*, 2003（25），pp. 87~92.

语编录的公开检索条目，这样就限制了外国学者和读者利用 LEPP 进行研究和查阅，不利于爱沙尼亚传统文化的传播。

2. 防御型数据库。由于在非物质文化遗产领域遭到剽窃最严重的是传统医药知识，所以现在已建成的防御型数据库的内容基本上都属于医药类文献，没有为包括民族传统体育在内的民俗文化建立专门的数据库。在现有的防御型数据库中，以印度的"传统知识数据图书馆（TKDL）"、中国的"中国中药专利数据试验库及检索系统"和非洲的"ALNAP 非洲天然产物数据库"等最为著名。印度是最早建立传统医药数据库的国家之一，近年来，印度政府和学者也逐渐意识到了保护本国民俗文化的重要性，为此正在为建立防御型数据库展开积极的研究，[11]现在已经明确了基本原则：首先，利用现有的电子系统对传统民间文学、民俗、竞技项目等进行收集、数字化，并为其提供相应的知识产权保护；其次，明确对传统民间文学、民俗、竞技项目等予以保护的重要性，将传统文化作为一项新的经济增长来源。

三、我国民族传统体育数据库的建立

（一）建立民族传统体育数据库的必要性

在我国，大多数民族传统体育项目都经历过兴盛期、衰落期和复苏期，但无论怎样复苏，其当初培育产生和发展它的社会环境都已发生了巨大的变化。也正因为如此，不少民俗专家感慨：现在是发掘的速度赶不上遗失的速度。改革开放以后，为了挖掘、整理和弘扬我国民族传统体育，党和政府给予了大力的政策支持，不仅着重推动民族传统体育集中地区尤其是少数民族地区的社会、经济、文化的全面发展，而且也为整理、弘扬本民族传统体育文化提供了

---

[11] Geetika & Pandey, N., "Competitiveness Through E – Government in Power Sector: Identification of Critical Success Factors to Acquire Winning Edge", R. K. Mitra (ed.), *E-government: Macro Issues*, *December* 2006 *GIFT Publishing*, Global Institute of Flexible System Management, New Delhi, India, pp. 313～324.

前所未有的良好条件。[12]但由于挖掘保护工作的方法和手段单一，内容平淡琐碎，缺乏文化内涵，没有一个系统的持续的计划，断裂现象十分严重。"而且在挖掘保护中投入大量的人力、物力、财力关注保护的形式和结果，而很少甚至是没有考虑非物质文化遗产持续传承、存在的根本动力等至为关键的问题。"[13]另外，随着诸如民族传统体育等一些非物质文化遗产的经济价值的显现，对其进行商业利用的行为也日益增多。这本是值得欣慰的事情，但在商业开发的过程中，因为人们过于追求表演效果，为了赚取更多的"眼球"利益，一些民族传统体育项目原有的体育性、竞技性被过量的艺术性所代替，严重者甚至让人无法识别这究竟是传统体育还是传统舞蹈。这使得本来为弘扬各民族传统体育文化而组织的活动，竟变成了民族传统体育项目的表演秀，有违初衷。此外，在许多国人还没有认识到民族传统体育所包含的巨大商机的时候，一些发达国家却在免费利用我国的非物质文化遗产为他们赚取大量的财富。如《功夫熊猫》就是一部以中国功夫为主题的美国动作喜剧电影，其景观、布景、服装以至食物均充满中国元素。遗憾的是，我们不仅不能参与其中的利益分享，反而还得为他们贡献动辄上亿的票房。为了改善这些状况，我国有必要建立民族传统体育数据库，不仅能够为挖掘、整理和保存这些宝贵的文化遗产提供科学先进的手段和方法，还可以在更加广阔的范围内传承和弘扬它，同时从防御的角度又为民族传统体育的权利主体参与利益分享和维护各民族传统体育的正当使用提供依据。

目前，我国还没有建立全国性的民族传统体育数据库，但已建成国家、省和市县三级非物质文化遗产名录。那么这些名录可不可

---

[12] 以对武术遗产的挖掘整理工作为例，1979年1月，国家体委下发了《关于发掘整理武术遗产的通知》，拉开了挖掘整理武术文化遗产的序幕。1984年6月，在河北承德举行的全国武术挖掘整理汇报会上，进行了成果展览。据统计，这次挖掘整理工作查明全国除台湾省外，源流有序、拳理明晰、风格独特、自成体系的拳种达129个，并使许多濒于湮没、鲜为人知的拳种得以抢救。倪依克、胡小明："论民族传统体育文化遗产保护"，载《体育科学》2006年第8期，第67页。

[13] 汪立珍："少数民族非物质文化遗产的保护与教育"，载《民族教育研究》2005年第6期，第64页。

以代为行使民族传统体育数据库的功能,而不需要再另行新建一个数据库呢?笔者认为,由于非物质文化遗产的项目繁多,凡被国家或地方的非物质文化遗产名录收录的民族传统体育项目都是需要国家和地方政府给予资金进行重点扶持和保存的,其收录范围远远小于民族传统体育项目的实际保有量,难免挂一漏万。因此,在保护范围上,非物质文化遗产名录无法涵盖所有的民族传统体育范畴。况且二者在保护原则、保护内容以及技术层面的功能设计上都不尽相同。所以,非物质文化遗产名录与民族传统体育数据库之间不可相互替代。

(二) 建立民族传统体育数据库的基本思路

前面论及,根据建立数据库的目的,可将当今世界非物质文化遗产数据库分为保存型和防御型。虽然传统体育与传统文学艺术都有遭受剽窃、扭曲的可能,但二者所代表的社会价值与所实现的社会功能却不尽相同。传统文学艺术通过特有的语言表达、鲜明的表演风格或技能,来反映特定民族所独有的生产生活方式、智慧、情感、思维、审美观、价值观、世界观等要素。因此,它属于高度特性化的文化遗产。而传统体育则更多体现为各民族传统的养生、健身、娱乐方式,相较于传统文学艺术而言,传统体育的文化心理与宗教因素较为淡化。这就决定了在建立民族传统体育数据库时,其目的不是阻止发达国家利用现代知识产权制度对本国传统文化的掠夺和扭曲,而是更好地保存和传承。故此应该明确,应以建立保存型民族传统体育数据库为基本原则。这就要求民族传统体育数据库需要尽可能地将本民族、本地域和本门类的传统体育项目收录全,收录详尽。

(三) 我国民族传统体育数据库的建立与利用

1. 资料的收集和处理。收集数据是数据库建立过程中最基本、最重要同时也是最繁重的工作,涉及对收集对象的普查、确认和收录等环节。对于资料收集,尤其需要注意以下两个方面:①收集主体。我国目前建立的(包括筹建的)数据库主要有三类,分别是少数民族数据库、地区特色数据库和非遗数据库。建立这些数据库的场所主要有图书馆、地方大学、专业研究所和地方文化局等。数库的搜集工作需要较强的专业知识和较多的研究人员，地方大学和专业研究所的教授和研究员可以提供良好的专业支持，大学里的学生也具备一定的专业知识，而且工作态度认真。因此，笔者认为，如果将搜集资料的工作作为研究课题由地方大学和专业研究所完成，会取得比较好的效果。②收集方法。第一要合法。在收集过程中，如果民族传统体育项目涉及未被外界公知的技术知识，可以将其作为技术秘密予以保护。当然这就要求在做资料收集时，对于这类属于技术秘密的资料要加密处理，确保不因为数据收集而破坏这些技术的秘密性。第二要规范。我国是个多民族的国家，虽然各民族居住相对集中，但对于全国而言，一个民族可能会有多个聚居区，由于收集工作是分行政区域展开的，因此就不可避免会产生一个民族传统体育项目被多个地区收录的情形，这种情况将在数据收集和权利声明中予以解决。首先要确定这些资料的来源，然后将这些资料进一步分为武术类、拳击类、杂技类、游艺类、搏击类等，同时要综合利用文字、照片、录音、录像等多种技术手段。

资料的处理就是将收集到的资料进行整理，使其成为可被检索、查阅的信息的过程。包括：①资料的数字化。将收集到的资料数字化使其成为可被检索、查阅的信息是必要过程。在收集数据时，我们强调要对数据进行完整、详细、真实地记载。这样就面临着一个难题：对于极其偏远或封闭地区的民族传统体育项目，如果必须辅以语言形式进行记录，那么应当如何处理方言、少数民族语言与通行语言的关系。因为很多少数民族的艺术形式是用其本族语言创作的，这些语言在现行的计算机软件系统中无法找到对应的字符，对这些原始文本资料进行完全的数字化，是目前很难解决的技术问题。本文认为，对于这些资料，可以采用图片、文字等多种形式相结合的方法予以保存。②资料的分类。虽然在收集资料时已经明确了资料的来源和类别，但是我们也提到，由于我国民族众多、幅员辽阔，因此很容易产生重复收录的情况。这样，在各地区的数据进行汇总整合时，就需要消除这种重复收录，明确权利主体。如果这些不同来源地都有权利，则可以将他们确立为共同的权利主体。③建立元数据。元数据（Metadata）是描述数据的数据（data that defines and describes other data），主要用于组织、检索、利用各种信息。用同一模式来表达某一领域的所有资源，便于查询、利用。在数据被收集、数字化后，需要对其内容、属性进行概括描述，以便最终形成可被公开检索、利用的信息。

笔者认为，我国可以借鉴爱沙尼亚南部的民俗数据库（LEPP）模式，在供公众公开检索的数据库中，仅放入重新编写的元数据，而将与元数据对应的具体资料存放在内部数据库中，限制公众的访问。而且，资料的实体内容应根据其被公知的程度设定不同的访问权限存放在内部数据库中，以免破坏某些保密信息的秘密性。如果用户需要访问其中的具体资料，可要求其履行一定的手续并根据信息的保密级别交纳一定比例的费用。另外，为了弘扬我国名族传统体育文化，便于传播和利用，数据库在编写检索条目时，至少应使用少数民族语言、中文、英文等多种语言、文字。

2. 民族传统体育数据库的利用。基于建立数据库的主旨，应当在数据库的检索入口，声明对数据库利用的限制。根据我国《知识产权法》的有关规定，数据库应当允许以个人学习、欣赏、研究为目的的合理使用，以及教学、传播传统文化等非商业化的无偿利用。然而，一旦数据库所载民族传统体育项目被商业化利用时，其所有人（传承人）就应该享有参与利益分享的权利。

由于数据库本身也享有著作权，因此，也应该保护数据库建立者的合法权益。根据我国《著作权法》第3条的规定，通过民族传统体育数据库所形成的口述作品、杂技作品、摄影作品、电影或以类似于摄制电影的方法创作的作品等都依法享有著作权。第14条规定："汇编若干作品、作品的片段或者不构成作品的数据或者其他材料，对其内容的选择或者编排体现独创性的作品，为汇编作品，其著作权由汇编人享有，但行使著作权时，不得侵犯原作品的著作权。"

结束语

民族传统体育的保护是一个开放的研究课题，同时也是一个国际性的问题。因此，我们只有借助国际舞台，在国际语境下研究该课题，才能真正达到全面保护、实际保护的目的。将民族传统体育文献化、系统化、规范化后，采用数字化电子存储和其他信息化技术手段，构建成可以检索和利用的数据库，不仅是对濒临失传的民族传统体育项目进行的抢救性建档保护，而且也是在一个更加宽阔的舞台上弘扬、传播和有效利用我国的传统体育文化。此外，通过数据库还可以将一些民族传统体育所包含的技术性内容界定为现有技术，以对抗剽窃者将其申请为专利，同时也为所有人（传承人）参与利益分享提供依据。

我国体育法课程开设情况研究

韩勇* 高岩**

1987年,北京体育大学率先在体育管理学本科专业中开设了体育法必修课,据悉,这是我国最早开设的体育法课程。其后,我国许多体育院校和部分师范院校体育院系,都相继开设了体育法课程。21世纪初,随着北京申奥成功,体育法受到一些法学院校的关注,体育法课程开始在中国政法大学等法学院校开设。本研究对我国目前的体育法课程开设情况进行调查,对体育法课程的开设院校、师资、教材等情况进行分析,力图展示我国体育法课程当下的全貌,数据截至2014年年中。

一、研究方法

从全国范围看,目前并无权威机构能够提供开设体育法课程的高校名单,此前也并无此类研究。本研究经过权衡,在取样时假设"开设体育法课程的学校,其教师在体育法研究和学术交流中也比较活跃",此处"活跃"的标准是"参加全国体育法学年会和其他体育法相关会议,成为中国法学会体育法学研究会或其他体育法分会的会员"。但这样的取样很可能遗漏那些开设体育法课程、教师却没有参与体育法学术交流的高校。目前全国体育法学会会员约200人,另外还有北京、山东、辽宁、天津等体育法学分会会员,通过对会

---

* 首都体育学院体育法与体育规则研究所副教授,博士。
** 北京市大成学校教师,硕士。

员名单和参会通讯录进行筛选，选择其中在高校工作的教师 70 人，剔除其中虽然有体育法研究方向教师但学校没有开设体育法课程的情况，以及多名教师来自同一学校的情况（如中国政法大学、北京体育大学、天津体育学院、武汉大学、湘潭大学、沈阳体育学院、西安体育学院），在体育法学术会议期间和会后通过面谈、电话、电邮、微信、QQ 等方式进行访谈，询问其单位是否开设体育法课程及相关情况，请其提供课程大纲、教学计划等教学资料，并在访谈结束时对其进行询问，了解其是否知道其他院校开设体育法课程情况，请其推荐其他学校教师进行进一步访谈。同时还通过"全国体育法研究生 QQ 群"，了解在群研究生在读院校和本科院校开设体育法课程的情况。最后进行深入访谈的学校有 30 所，虽然这也许不能涵盖我国开设体育法课程的所有学校，但这些学校已包括了我国开设体育法课程高校的各种类型。

本研究并未穷尽所有体育法开设高校。据悉，沈阳体育学院、吉林体育学院、广州体育学院、大同大学、广州大学体育学院、绍兴文理学院体育学院、阜阳师范学院体育学院、广东海洋大学体育学院、广东体育职业技术学院、南京晓庄学院体育学院、重庆文理学院体育学院等也都开设了体育法课程。但本研究由于时间、资源、被调查者未接受调查或未提供资料等因素没有调查到这些院校或未得到这些院校的信息。

二、体育法课程开设情况

（一）开设学校

1. 开设学校总体情况。作为体育学和法学的交叉学科，体育法课程在体育院校和法学院校两类学校开设。

共计 24 所体育院校开设体育法课程：①7 所体育学院：北京体育大学、天津体育学院、上海体育学院、武汉体育学院、西安体育学院、首都体育学院、南京体育学院；②17 所综合类院校的体育院系（二级学院）：陕西师范大学、南京师范大学、河北师范大学、华中师范大学、苏州大学、太原理工大学、武汉理工大学、中央财经大学、江西财经大学、济南大学、中国矿业大学、济宁学院、运城学院、湖南科技学院、呼伦贝尔学院、吉林师范大学博达学院、晋中学院。可以看出，体育法课程仍然主要在体育院校开设。24所体育院校在本科和研究生各专业中共开设了51门体育法课程，其中研究生课程15门（包括硕士12门，博士3门），本科课程31门。

只有6所高校的法学院开设过体育课程，包括中国政法大学法学院、武汉大学法学院、山东大学法学院、湘潭大学法学院、北京师范大学法学院、北京大学法学院等。中国政法大学是开设体育法课程最早的高校（2006年），也是目前为止唯一持续、稳定地在学生的本科阶段开设体育法课程的高校。其余高校的法学院只在研究生培养计划中安排有体育法课程。有的高校的法学院，如鲁东大学法学院曾尝试在本科生中开设体育法课程，但终因学生积极性不高而难以为继。北京大学法学院和北京师范大学法学院都曾经阶段性地开设过体育法课程。

2. 体育法课程未能普遍开设的原因。虽然体育法研究在中国已经有30年历史，但比照美国体育法课程的开设情况可以发现，社会发展和体育实践对体育法的需求尚处于初级阶段，体育法课程未能在体育院校和法学院校中广泛开设，尤其是未得到法学院校的普遍认可，仍然处于边缘地位。在调查的过程中我们发现，很多学校有从事体育法研究的教师，教师也有热情开设体育法课程，但是学校却无意开设，如上海政法学院至少有3名教师从事体育法研究但是没有开设体育法课程，福州大学、潍坊学院等学校都存在这种情况。在调查中我们也发现，有的高校以前开设过体育法课程，但现在处于停滞状态，如河北师范大学；或随着人才培养计划的调整，体育法课程处于不连续状态，如太原理工大学。

（1）体育学院视角。与我国体育学院的总数相比，开设体育法课程的学校非常有限。调查显示，造成体育法课程在体育学院中处于比较边缘位置的原因是：

第一，体育学院培养的学生是"练体育"的，学生体育专长突出才有核心竞争力，因此，体育学院都大量开设体育项目类课程，这是中国体育学院的传统，也是应对现实的合理选择。在学时紧张的情况下，体育法很难挤进人才培养方案。

第二，现有体育法课程实用性不强，学生觉得学了没用。在教材体例、课程内容上，国内现行体育法课程大多集中在基本理论（体育法学概论）和体育不同领域的法规介绍（学校体育法规、社会体育法规、竞技体育法规、体育产业法规）上，在设计和修订培养方案时，这样的体育法课程往往因被认为实用性不强而无法列入培养方案，因为随着公务员考试制度的推行，能够在体育管理部门工作的体育学院毕业生凤毛麟角，大部分学生将成为大中小学体育教师、体育指导员、健身教练、体育场馆管理人员等体育实践工作者，他们对体育法课程的需求从本质上说是市场对体育从业者法律素养的需求，现有课程内容无法满足这一需求。

第三，需求不强。一些被调查者认为，中国现在体育领域的纠纷不多，出现问题也是依靠行政手段来解决的，对体育法需求有限，即使通过法律手段解决体育问题，也是由律师来解决，因此也就没有必要在体育学院宝贵的学时中为体育法挤出时间了。

如果横向比较的话，体育法课程目前在中国的开设情况与美国20世纪70年代末80年代初的情况非常相似。美国的体育法课程最初也是先受到体育专业的重视。根据Baker的调研，直至1970年，美国体育高等教育中都没有任何体育法课程，他建议体育教师应完成主要由侵权法构成的法律课程，体育法课程应是体育高等教育课程的一部分。[1]到了20世纪80年代，体育管理者忽然发现自己面临着各种法律问题，如果不了解体育风险管理和法律责任方面的基础知识，被诉和败诉的可能性会大大增加。[2][3]为解决体育管理所面临的法律问题，体育管理专业的教师开始在各自的核心课程中，

---

[1] Baker, B. B., "Physical Education and the Law: A Proposed Course for the Professional Preparation of Physical Educators", Unpublished Doctoral Dissertation, University of Oregon, Eugene, 1970.

[2] Federal Baseball Club of Baltimore v. National League of Professional Baseball Clubs, 259 U. S. 200, 1922.

[3] Carter, W. Burlette, "Introduction: What Makes a 'Field' a 'Field'?", *Virginia Journal of Sports & the Law*, 1999 (1), p. 235.

如市场营销、管理、财务、道德、治理等，划出单元来讲授体育法内容。这些内容逐渐被整合到独立的体育法课程中。目前 NASPE "体育管理核心课程标准"中规定，体育法是独立课程，[4]这得到了全国体育协会和北美体育管理学会（North American Society for Sport Management，NASSM）的认可。[5]要获得体育管理课程方案审查委员会（Sport Management Program Review Council）的批准，美国体育管理本科和硕士专业必须包括体育法课程。[6]

对中国现状的调研也显示，体育领域对通晓法律的人才的需求日益明显，在学校体育方面，伤害纠纷和诉讼近年来屡见不鲜，给学校体育活动的开展带来了压力。2013年，对在首都体育学院参加国培计划的全国各省市中小学体育教师和教研员的访谈显示，大部分被访谈者都认为，现在的体育老师很难做，只要发生体育伤害事故，学校、教师、家长在处理问题时往往将责任推给体育教师。体育教师应该具备相应的体育法知识，以便更好地规避风险，高校体育教育专业开设体育法课程很有必要。体育休闲娱乐活动的组织者、体育场馆的经营者也面临着相似的问题。一些面向市场的体育类课程，已经将体育法作为重要内容开设。

（2）法学院视角。虽然有来自法学院的青年学者呼吁："中国各大法学院、系中开设体育法学选修课程符合当今依法治体的需要，也符合学生知识多元化的需求。"[7]但持续开设体育法课程的法学院目前只调查到4所。中国的法学院为什么不开设体育法课程呢？笔者走访了一些法学院，发现法学院师生对体育法的积极性非常有限，即使是国外专家的讲座，也是听者寥寥无几。主要原因就是：需求不足。

---

〔4〕 NASPE, Sport Management Program Standards and Review Protocol, Oxon Hill, 2000, MD: AAHPERD.

〔5〕 NASSM, Sport Management Programs, Retrieved June 12, 2006, from http://www.nassm.com/InfoAbout/SportMgmtPrograms.

〔6〕 NASSM , Sport Management Programs, Retrieved June 12, 2006, from http://www.nassm.com/InfoAbout/SportMgmtPrograms.

〔7〕 周青山："法学院系开设体育法学课程探讨"，载《当代教育理论与实践》2012年第9期，第57页。

需求不足表现在市场对专业体育法人才的需求不足。目前中国体育法制建设处于初级阶段，体育领域内行政力量过大，以市场为导向的体育产业没有形成。尤其是在职业体育领域，高水平体育赛事的审批和高水平运动员的人事权都牢牢地掌握在体育管理部门手中，市场介入很难；也没有形成一大批收益高、社会影响力大、对体育法专业人才有很大需求的职业联赛和商业赛事。因此，体育法律人才缺乏就业渠道。法学院更注重传统法学、基本法学。法学院学生学业和就业压力很大，希望能够学到经世致用的内容，有助于司法考试和就业，体育法对就业帮助不大，所以导致法学院师生对体育法的积极性不高。

先有发达的体育市场，后有发达的体育法，目前中国体育法课程在法学院的开设情况与美国法学院20世纪70年代情况近似。直到20世纪70年代末80年代初，美国法学院才开始由全职教师为学生开设体育法课程。[8]最初开设体育法课程的法学院很少，任课教师也很少，当时可供选用的教材亦非常有限，只有1977年出版的Lionel S. Sobel 的《职业体育与法律》[9]和 John C. Weistart、Cym H. Lowell 在1979年出版的入门书《体育之法》。[10]从反映美国体育法研究情况的两篇文献索引可以看出，1970年只有12篇体育法研究论文在法学评论上发表，在之后的12年间，共发表了体育法研究论文298篇，[11]而且只有约40篇发表在法学院主办的法学评论上，算是严谨的学术作品，其他成果多在律师杂志和以实践为导向的杂志上发表。而且，那时候法学院专职教授对体育法没有什么兴趣，极少学术期刊上发表的体育法研究论文是由教授撰写的，发文主力都是法学院研究生和青年教师——这与今天中国的情况何等相似。

---

[8] W. Burlette Carter, "Introduction: What Makes a 'Field' a 'Field'?", *Va. J. Sports & L.*, 1999 (1), *p*. 235.

[9] Lionel S. Sobel, *Professional Sports and the Law*, New York: Law – Arts Publishers, 1977.

[10] Weistart, J. C., & Lowell, C. H., *The Law of Sports*, LexisNexis, 1979.

[11] Hladczuk, John, "Sports Law and Legislation: An Annotated Bibliography", Greenwood Press, 1991.

20世纪70、80年代，社会开始对美国法学院开设体育法课程产生了需求。由于电视转播的介入带来了巨额资金，职业体育因此有了飞跃式大发展。职业体育的投资主体多元、经济利益巨大，体育也成为运动员的一项专门职业。在这种情况下，体育行业出现很多法律事务需要处理，如谈判、诉讼、代理、体育仲裁、规则起草、场馆规划、税务顾问、企业策划、体育组织管理，这些都需要通晓体育法的人才，体育法人才可以在解决大量的体育法律纠纷中安身立命，或者直接在体育行业中就业。另外，美国的职业体育和大学体育广受社会关注，对其中存在的例如反垄断、运动员资格、运动员报酬、劳资谈判等法律问题的解答也是社会对法学院的需求。这些都对法学院提出了人才需求。美国法学院的学生对体育法有极大的兴趣。喜欢体育的法学院学生很有可能在体育法方向从业。这推动着法学院及其教授开设体育法课程和进行相关研究。目前，美国法学院体育法课程的开设率非常高。根据马凯特大学全国体育法学研究所2011年进行的全国法学院体育法课程调查，198所学校的法学院中的167所（84%）开设了体育法课程，34所学校的法学院（17%）开设了两门以上的体育法课程，7所学校的法学院开设了三门以上的体育法课程。

近年来，随着我国体育职业化的发展，职业俱乐部因不懂或无视法律和国际体育规则，在球员合同纠纷中的损失已超千万，体育实践已经对体育法提出了需求。这也引申出需求不足的第二个原因，就是中国体育法研究尚且比较幼稚，在很多领域都未能挖掘出体育特殊性，没有让法学院师生眼前一亮的内容，早前的一些研究是将法学理论与体育现象嫁接，尤其是在教材中这一现象更为明显，很多都是法学的一般理论加上"体育"。对体育法有兴趣的法学院师生翻阅这些研究成果和教材时，往往会认为体育法领域没有什么特别的内容，只要掌握法的一般理论和部门法的知识就完全可以解决体育中的法律问题了，在法学院课程不断分化、新课程不断出现的情况下，基础课程学时都不够，法学院觉得没有开设体育法课程的必要。

（二）课程名称与开设对象

1. 体育学院。虽然有学者认为，我国体育法学研究在研究对象、研究方法以及研究内容上存在不少问题，尚未达到"学"的程度，但这并不妨碍各校用"体育法学"一词为体育法课程命名。在24所体育学院的51门课程中，课程名称以《体育法学》为主流，18所高校用《体育法学》命名其课程，7所高校用《体育政策与法规》（或《体育法规》）命名其课程，有1所高校同时开设了《体育法学》和《体育政策与法规》两门课程，另外还有学校以《体育法导论》《体育与法律》《体育法前沿讲座》《体育法制与法制体育》来命名体育法课程。

体育学院的51门体育法课程中，必修20门，选修31门。从课程性质来看，大多数体育学院的体育法课程是作为选修课开设的，尤其是在研究生教育层面。在本科教育阶段，一些面向市场的本科专业，如天津体育学院的公共事业管理专业、市场营销专业，上海体育学院的公共事业管理专业（体育经营管理方向）、市场营销专业（体育市场营销方向），中央财经大学体育经济与管理专业，首都体育学院的体育经济管理和公共事业管理方向，江西财经大学体育产业专业，天津体育学院、西安体育学院、南京师范大学、江西财经大学、济宁学院的社会体育专业，体育法都作为必修课设置。这显然回应了社会和体育对于有一定法律素养的体育从业者的需求，可能也与2003年教育部《全国普通高等学校体育教育本科专业课程方案》中"社会体育方向"下设了"体育法学"课程有关。这些学校有的同时还为其他专业本科生开设了体育法选修课。济南大学体育学院、中国矿业大学体育学院的本科生体育法课程也是必修课。大部分体育法课程都是36学时2学分。

在研究生阶段，体育院校大都在体育人文社会学专业下设置体育法方向，培养体育法方向的研究生。北京体育大学在思政专业下培养体育法方向的研究生；天津体育学院、武汉体育学院、沈阳体育学院、西安体育学院、陕西师范大学、南京师范大学、苏州大学、中国矿业大学、中央财经大学为体育法、体育经济或其他专业方向的学生开设体育法必修课或专业方向课；首都体育学院、河北师范大学、武汉理工大学针对所有专业开设体育法选修课。

2. 法学院。在6所高校的法学院中，中国政法大学法学院、武汉大学法学院、湘潭大学法学院、山东大学法学院这4所高校持续开设体育法课程，北京师范大学法学院和北京大学法学院曾经开设但未能持续。中国政法大学最早开设体育法课程，在宪法与行政法专业下培养体育法方向的研究生，在本科生和研究生培养中开设《体育法律制度》、《体育仲裁》选修课，中国政法大学法学院是目前已知的唯一的持续为本科生开设体育法课程的法学院。武汉大学法学院、湘潭大学法学院、山东大学法学院、北京师范大学法学院的体育法课程都以《国际体育法》命名。武汉大学国际法研究所从2009年开始正式招收专门从事国际体育争议解决机制研究的博士研究生，主要开设的课程有《国际体育法》、《体育争端解决法（仲裁法）》、《体育与法律》、《体育规则与法律》、《体育活动中的公法问题（体育与刑法）》、《体育活动中的私法问题（体育与民商法）》、《体育经济学》。湘潭大学法学院、山东大学法学院、北京师范大学法学院的体育法任课教师，都来自武汉大学法学院。湘潭大学法学院从2010年开始在国际法学专业下培养国际体育法学方向的研究生和博士生，开设《体育法学》、《国际体育法》两门课程。北京师范大学法学院的情况比较特殊，虽然有体育法研究者，但是没有系统开设体育法课程，只在2012年申请了学校特别经费支持，邀请国际体育法专家Siekmann教授授课，开设了18学时的针对全院研究生的《国际体育法》选修课；2007年，"北京大学慈善、体育与法律研究中心"成立；2008年春季，北大为2005级本科班和2007级法学硕士班开设了《体育法》课程，邀请国内体育、法律和体育法领域的知名人士授课，但其后未能延续。

作者认为，关于体育法课程的名称，用《体育法学》命名该课程更佳。之所以用《体育政策与法规》或《体育法规》为该课程命名，是从狭义上看待我国体育法律规范的，仅承认全国人大通过的法律是"法律"，而把国家行政部门制定或颁布的行政法律规范排除在"法律"之外，认为目前我国体育法律规范文件中的法律甚少、法规占主体，因此采用"体育法规"称谓，既有大量体育法规规范作为根据，又能客观反映我国现状。但随着人们对"法律"概念认识的深化和体育法的研究进展，对于"体育法"的概念有了新的理解，体育法是决定体育领域中的法律关系结构及产生于体育活动中的问题的一种法律，既包括国家对体育进行管理的国家法（简称"体育法"），也包括体育运动当事人创造的用以调整彼此之间体育关系的规则（简称"体育规则"）。体育法包括有国家强制力的国家法和国际条约，而体育规则包括项目规则、竞赛组织规则、行为准则和纪律处罚规则、章程。"体育法学"能够从名称上反映出这门课程的学科属性，更合乎规范，更具有覆盖性和包容性，更具有学术意义，也符合国际惯例。从此意义上讲，使用统一的"体育法学"名称是合理的。当然随着体育法课程的发展，可能会像武汉大学那样分化出《国际体育法》、《体育仲裁与纠纷解决》、《体育规则》等课程。

法学院体育课程开设基本情况表

院校名称	课程名称	授课对象	课程性质	开设时间	教师人数职称
中国政法大学法学院	体育法律制度体育仲裁	本科宪法、行政法硕士研究生	选修	2006	6~7人副教授以上
武汉大学法学院	体育法学国际体育法	国际体育法专业研究生国际体育法专业博士生	选修	2009	10人以上副教授及以上
山东大学法学院	国际体育法	研究生	选修	2009	6~7人副教授以上
湘潭大学法学院	体育法学国际体育法	法学专业研究生国际体育法方向研究生博士生	选修	2010	3人教授、讲师

(三) 培养目标

体育法课程的培养目标是什么？不同学校的法学院做出了不同的规划。武汉大学法学院的培养目标可以看作是法学院校体育法课程目标的代表："体育法学以培养在体育管理、体育法律实务、体育仲裁、体育裁判等领域迫切需要的高层次人才为目标。要求学生在体育仲裁、国际体育法、体育政策与管理、大型体育赛事的主办和运作、体育运动中的商事法律问题、体育裁判与法律等领域具备坚实的理论基础，掌握最新的理论与方法，具有系统的专业知识，能跟踪本学科及相关学科的发展前沿，在本学科的某个方向具有独到的见解、独立的研究能力和高水平实践能力，以适应依法治国、建设社会主义法治国家的需要，培养德、智、体全面发展的从事体育法学理论和实务工作的高层次专门人才。"这一目标显然与法学院要培养能够代理体育业务甚至能够在体育行业中从业的专业人才，如体育经纪人、专门从事体育类诉讼和代理的律师、各类体育组织的法律顾问的目标是契合的，他们将全面参与体育仲裁、谈判、规则起草、场馆规划、税务顾问、企业策划等事务，甚至成为各体育组织的领导人。

中央财经大学的体育法课程目标代表了大多数体育院校的现状："使学生了解政策与法规的关系；了解和掌握我国的体育基本法；了解体育方面的综合性组织管理法；掌握社会体育、学校体育以及竞技体育方面的法律法规；了解与体育有关的科技与教育法规以及对外交往法规；还要掌握体育物资保障和产业经营的有关法规。结合体育运动中出现的有关问题，学会用法律知识进行分析，解决相关的体育纠纷，明确相关的法律责任。"

美国不同学校体育管理专业的体育法课程目标的相似性非常高：向学生介绍直接影响体育和娱乐业的法律原则和问题，尤其是责任、雇佣规则、法律程序、残疾人服务提供、监督、管理和进行体育与休闲活动的管理者、教练、教师的责任；使学生能够了解到体育中的重要法律问题，减少或避免被诉的风险。[12]

---

[12] Young, S. J., "A Content Analysis of Legal Aspects Courses in Sport Management", *Journal of Legal Aspects of Sport*, 11 (3), 2001, pp. 225~243.

体育学院的体育法课程目标应有三个层次：首先，要让学生树立"依法治体"的理念，并且了解我国体育法治建设的背景和需求；其次，应让学生了解规范体育行业的法律和规则；最后，让学生了解并掌握体育中的具体法律问题，如体育中的权利保护、体育伤害与风险预防、体育善治、体育纠纷解决等。

（四）教材选用

目前体育法课程尚无统编教材，各院校在教材选择上有多种可能。通过调查得知，体育院校选用和推荐较多的教材是董小龙、郭春玲的《体育法学》（11所学校选用或推荐），以及韩勇的《体育法的理论与实践》（5所学校推荐）。另外还有一些学校选用和推荐张扬的《体育法学概论》、张厚福的《体育法学概要》、刘举科的《体育法学》、闫旭峰的《体育法学与法理基础》、郭树理的《外国体育法律制度专题研究》、王小平的《体育法学实用教程》。国家体育总局政法司编辑的《体育法规知识读本》、《国外体育法规选集》、《中国体育法制十年》，以及中国体育法学研究会的会议论文集《追寻法治的精神》、《体育法制与体育强国建设》也在被推荐参考书目之列。法学院推荐郭树理的《国际体育仲裁的理论与实践》、韩勇的《体育法的理论与实践》以及自编讲义或印发国外教材较多。

目前体育法教材存在下列问题：

第一，重理论而轻实践。在内容安排上都十分重视基本概念和理论阐述及理论框架的内在逻辑性，在基本概念部分，现有教材都选取了"体育法的基本概念、体育法的本质特征、体育与法律的关系"，结合体育法学的产生与发展、体育法的制定与实施等概念进行大篇幅的阐述。在基本概念阐述之后，绝大部分教材以《中华人民共和国体育法》对体育所做的"社会体育、学校体育、竞技体育"分类为基础，对我国体育法律制度进行阐述，并对体育纠纷解决机制进行介绍与探讨。这是目前大部分体育法学教材在内容设置上的共同点。另外，与国外体育法学教材相比，我国体育法学教材在内容安排上几乎见不到具体事件研究、案例分析等实践性较强的内容设置。这样的教材内容安排已经很难满足丰富多彩的体育实践对体育法教学的需求。韩勇的《体育法的理论与实践》在内容的选择和安排上不同于以往以"纯理论"作为体育法学教材内容的模式，在借鉴国外体育法学教材框架的基础上，加入了我国目前热点研究的体育法律问题，具有实用性及可操作性。[13]但这本书并不是本科生教材，对学术史的大量梳理不适用于本科教学。在调研中有教师指出，培养学生要关注市场需求，无论法学院还是体育学院，教材内容如果与实践联系不紧密，教材就没有意义。实务性的内容如果与实际联系不紧密，就没有市场。

第二，教材数量少，未呈现百花齐放的态势。到2014年春，据于善旭教授统计，体育法共出版62部著作教材；据陈华荣统计，其中体育法教材及教学参考用书有25本。这与其他部门法研究相比相差甚远，如法理学在2007年一个普通年份的专著译著等出版物数量就等于体育法30年的总量，这还没有算上法理学形形色色的教材，[14]这说明作为一个小学科，体育法的积淀和影响力都非常有限。

第三，对一些基本性的问题缺乏共识。由于我国体育法律实践不够丰富，体育法学的研究也比较薄弱，因此，教材编写者对于一些基本问题缺乏共识，如对体育法教材应包括哪些内容、这些内容间的内在逻辑是什么，都缺乏共识。而对于一些具体问题，国内体育法学术界也尚未形成共识性观点，因此在教材内容上差异性也比较大。这需要体育法学界对教材建设问题重视起来，有意识地对一些基本性问题进行梳理，达成共识。

第四，未为体育学院和法学院分别开发教材。体育法学课程在法学院和体育学院分别开设，法学院学生和体育学院学生的培养目标、知识背景、需求都有很大的差异，法学学生没有体育背景，体育学院学生缺乏法律知识，任何教材都不可能涵盖所有内容。教材应当注重学生需要什么内容，教材的建设和选择都要多元化。现有体育法教材大多适用于体育学院学生，教材中有大段法理和法学基

---

[13] 王译晨："我国体育法学教材编写研究"，河北师范大学2012年硕士学位论文，第7页。

[14] 徐显明、齐延平："转型期中国法理学的多维面向——以2007年发表的部分成果为分析对象"，载《中国法学》2008年第2期，第113～114页。

础知识的内容，对法学学生而言是简单重复。体育学院培养学生的去向是大中小学体育教师、体育指导员、健身教练、体育场馆管理人员和体育实践工作者，这些人要了解一定的体育法和体育规则；法学院要培养体育经纪人、专门从事体育类诉讼和代理的律师、各类体育组织的法律顾问。要了解不同的毕业生在工作中最需要具备的体育法知识是什么，通过在教学实践中摸索，逐步形成体育法的内容体系，并按照这个逻辑顺序进行梳理，形成教材。

在美国，体育法课程在体育学院和法学院同时开设，体育法教材早已经分化，市面上能够看到的体育法教材大部分都是由法学院教授编写的，虽然体育学院也使用法学院的体育法教材，但体育学院也会根据体育学院学生的特点编写教材，并且形成了经典教材——1997年出版的《体育管理者的体育法》，该教材是最受体育管理专业欢迎的体育法教材，调查显示，美国有近一半的体育管理专业本科和研究生课程选用此教材。这本教材是按照体育中的部门法的逻辑编排的：第一章"体育法简介"：法律体系、法学研究、道德与法律；第二章"侵权法"：过失理论、抗辩、应用（紧急救护、监管、行为、安全环境、交通、雇主侵权、产品责任）、故意侵权（殴打、名誉、其他）、风险管理；第三章"合同法"：教练员合同、意向信与奖学金、比赛合同；第四章"宪法"：志愿协会、资格、行为、参与和执教中的性别平等、兴奋剂检测、残疾运动员、宗教、私人俱乐部的歧视问题；第五章"体育与其他法律"：刑事、反垄断与劳动法、商标、知识产权、税收、代理、劳动赔偿、雇佣法、健身俱乐部问题。[15]法学院教材必备的劳资谈判、职业球员合同在此处完全不出现，"合同法"下的教练员合同、意向信与奖学金、比赛合同，都是针对学生运动员和教练员而言的，这是因为管理学生运动员的大学体育部是体育管理专业学生的常见就业方向。

因此，当前我国区分体育学院和法学院、本科生和研究生分别进行教材建设非常重要。但无论是体育学院的体育法教材还是法学

---

[15] Cotton, Jesse Wilde T., *Sports Law for Sports Managers*, Kendall Hunt Publishing, 1997.

院的体育法教材，都应当关注体育法的特殊性，聚焦于体育法的核心内容。

第五，要努力挖掘体育法的特殊性。无论是体育法的研究还是体育法的教材编写和课程内容体系建设，都要深挖体育法的特殊性。作为行业法，体育法的价值在于规范其行业的发展，但体育法毕竟是法学的子学科，不依托于法学，得不到法学院的认可，体育法研究将很难深化。中国体育法学要思考"体育法学能够为法学母学科贡献什么样的创新"，减少体育法教材和内容体系对法学教材简单照搬的现象，力图挖掘具有体育特殊性的内容，如球员合同与自由转会、运动员跨国流动、体育国籍、反垄断、电视转播权、兴奋剂、体育伤害的民事与刑事责任、纪律处罚、纠纷解决与体育仲裁，这些内容都是一般法学理论不研究也不能解答的问题，格外值得体育法关注，对这些问题的解决，是体育法学在法学院谋得栖身之地的重要前提。

(五) 教学内容

体育中的法律问题涉猎广泛，体育管理专业的法学院和体育学院的体育法应该安排哪些内容呢？

1. 体育学院。目前，收集到的教学大纲显示，我国体育学院体育法课程的教学内容主要包括以下几个方面：①基本理论（体育法学概论）；②不同体育领域的法规介绍（学校体育法规、社会体育法规、竞技体育法规、体育产业法规）；③体育纠纷；④体育中的法律问题。大部分教材都有①和②的内容，只有少部分教材有③和④的内容。通过对学生的访谈得知，这样的内容安排无法满足体育学院学生的要求，他们觉得这些内容听起来枯燥，离体育实践远，觉得没有用。因此，应基于我国体育的法律实践需求，参照国外体育法教材内容体系，分别开发适用于法学院和体育学院的体育法教学内容体系。

在美国，1991年Pittman的博士论文奠定了体育学院体育管理专业体育法课程内容的基础，该研究调查了美国体育协会（National Association for Sport and Physical Education，NASPE）及国家运动和全国女子体育协会（National Association for Girls and Women）的450名成员，回收400多份有效问卷，得出结论如下：体育本科专业的体育法课程应侧重于侵权法、产品责任、过失、风险管理策略，以帮助管理者减少其在体育伤害中的责任。[16]美国体育管理专业本科生体育法课程的教学内容按开设比例由高到低分别为：侵权责任法；行政/成文法；宪法；法律制度；反垄断/劳动法；合同法；风险管理；产品责任；法律研究；人群控制/安全。其中，侵权责任法、风险管理、产品责任、人群控制/安全都是与体育伤害密切相关的内容，占据了体育管理专业本科生授课非常重要的地位。而到了研究生阶段，合同法和反垄断的内容受到重视，体育法课程的教学内容按开设比例由高到低分别为：合同法；反垄断/劳动法；宪法；侵权责任法；法律制度；风险管理；行政/成文法；法律研究；产品责任；人群控制/安全。[17]

我国体育法教学应完善体育法课程内容，在体育学院不同专业间分层开发体育法课程。体育法涉及的内容非常广泛，体育学院的体育法课程应设计哪些内容呢？①在课程初期，要介绍法律体系和法学研究，这是法学院的体育法教材不需要的；②调查显示，体育学院的体育法课程应侧重于体育伤害侵权和风险管理策略，重点在体育伤害与侵权法上，即在体育伤害、侵权责任、产品责任和风险预防上，以帮助学生在工作中降低体育伤害风险，减少其在体育伤害中的责任，这是体育学院体育法课程的最核心内容。对于体育学院各专业学生，可以采取体育法选修的形式，使学生了解体育中主要的法律问题；对于体育教育、运动训练专业学生，应在其专业核心课程中开辟专门的时间，如6~8学时，讲授学校体育伤害与风险预防；对于社会体育、休闲和体育管理专业学生，应争取将体育法纳入核心课程，这是市场对于新型体育人才的需求。

2. 法学院。在美国法学院的体育法教材和案例集中，反垄断、

---

[16] Pittman, A. T., "Sports Law: Essential Content Areas for the Undergraduate Physical Education Curriculum", *Doctoral Dissertation*, Texas A & M University, 1991. Dissertation Abstracts International, 53/01, 99A.

[17] Young, S. J., "A Content Analysis of Legal Aspects Courses in Sport Management", *Journal of Legal Aspects of Sport*, 11 (3), 2001, pp. 225~243.

劳资谈判、球员合同等内容都占据了浓墨重彩的地位，运动员经纪也必不可少，这显然与法学院毕业生未来的从业方向密切相关。

根据我国体育实践和目前国内体育法研究的成熟程度，适用于法学院的体育法课程内容体系应包括：①体育法学概述；②体育法与体育规则；③体育自治与善治；④体育中的侵权法（体育中的安全保障义务、同场对抗体育伤害侵权、学校体育伤害、体育伤害预防与风险控制）；⑤体育中的合同法（职业运动员合同、体育赞助合同、体育经纪合同等）；⑥体育中的知识产权与商事人格权；⑦体育不当行为与纪律处罚；⑧控制比赛；⑨兴奋剂；⑩体育纠纷解决与体育仲裁。应区分体育学院和法学院的学生特点和就业趋势，体育学院内容体系侧重体育侵权的内容，而法学院内容体系则侧重运动员合同以及体育法中与商事、产业相关的内容。

（六）教学方法和手段

调查显示，案例教学法是目前体育法课程授课教师普遍采用的基本教学方法，开设体育法课程的体育学院在教学中或多或少都使用了案例教学法。除了资料不完全的学校外，只有1所学校没有案例教学，其余学校案例教学的比例从10%~65%，中间值为30%左右。这是由体育法鲜明的实践性特点所决定的，也是由体育学院的教学对象所造成的。面对没有法律基础、活泼好动的体育专业学生，在体育法课程上追求理论的高深可能很难实现。如果教师采用灌输式的教学方法，只讲课本、讲法条，只注重对基本概念和原理的阐述，会造成学生很难接受，打消学生的学习积极性。法学课程的实践性很强，体育法也不例外，这就要求老师不能只是按照书本知识进行机械的灌输，尤其是在体育学院。根据国内和国际体育实践，选择关注度高、学生熟悉的体育法案例，在课堂上以案例导入，组织学生对案例进行研讨，在层层抽丝剥茧的案例分析过程中，介绍相关的法律知识和社会学背景，引发学生的思考和讨论，可能是一种更为现实的选择。因此，体育法课程应以务实为导向，密切联系体育实践，大力开展案例教学。案例教学法对于体育院校法律基础薄弱或没有法律基础的学生来说，是一种容易接受的方法，授课过程如果能使学生感兴趣，就会激起他们学习法律知识的愿望，不可否认这正是现在体育法课程所要达到的目的。案例教学丰富了教材内容，补充了课本知识。案例教学法把过去传统的重教轻学的教学模式改变为以学生为中心的实践模式，激发他们思考的积极性，使课堂教学变得生动、活泼，使学生由感性认识上升到理性认识，从而培养学生独立思考和解决问题的能力，同时还能提高学生的素质，也有利于增进师生间的交流。

对于法学院而言，体育法课程可以以国际化为导向，开展双语教学。这是由体育法的高度国际化的特点所决定的，也是培养高端国际体育法人才的需要。

（七）教师队伍

1. 体育学院。在调研中采集到 36 位在 24 所体育学院中讲授体育法课程的教师的信息。在年龄方面，50 后教师有 3 位，60 后教师有 9 位，70 后教师有 13 位，80 后教师有 11 名，其中最年轻者 30 岁，最年长者 61 岁。可以看出，50 后学者已经逐渐淡出体育法教学研究一线，60 后、70 后和 80 后体育法教师比例大致一致，队伍年龄结构比较合理。

在职称方面，教授 9 人；副教授 15 人，人数最多；讲师 10 人；助教 2 人。

值得注意的是，在教育背景上，大多数在体育学院进行体育法教学和研究的教师都有一段法学经历，有些教师是在法学院本科或硕士毕业后到体育院校工作，有些教师是在体育专业毕业到法学院体育部工作之后修了法学的学位或者通过了司法考试，也有些教师攻读了体育法方向的硕士或博士学位。近年来还有法学院体育法方向博士毕业生在体育学院教授体育法的情况出现。完全没有法学教育背景的体育法授课教师数量非常少。

2. 法学院。与体育学院大多数由单一教师授课的情况不同，法学院的体育法课程往往"集团作战"，由多位教师一起开设。这些法学院教师往往熟悉自己的研究领域和某一部门法，在此领域与体育相结合最为方便快捷。但法学院参与体育法授课的很多教授虽然授课，也指导体育法研究生，但是其研究仍然以自己的本专业方向为主，他们指导的硕士或博士研究生近年来成为产出体育法论文的主力。这一点和美国体育法发展初期的情况如出一辙，早期的体育法论文作者多为律师或法学专业的研究生、助教、副教授。[18]直到20世纪90年代，社会对体育法人才的需求才使得法学院教授加入体育法研究，体育法学术才真正出现。目前，我国法学院的教师只要专注于体育法教学和研究，往往就成果显著，如山东大学法学院的黄世席、湘潭大学法学院的郭树理、山东大学法学院（威海）的姜世波等几位教授。

三、结论建议

1. 接受调查的学校中有24所体育学院在本科生和研究生各专业中共开设了51门体育法课程，其中研究生课程15门（包括硕士12门，博士3门），本科生课程31门。还有4所高校的法学院持续开设体育法课程，2所高校的法学院曾经开设体育法课程。中国政法大学法学院是唯一为本科生持续开设体育法课程的法学院。可见体育法课程在我国体育学院和法学院都未能普遍开设，尤其是法学院对体育法课程的认可程度不高，缺乏开设的积极性。这主要是由我国体育仍然处于前法治时期、体育法律实务就业市场尚未形成所造成的。

2. 体育学院和法学院的体育法课程，目标应具有显著差异，法学院要培养能够代理体育业务的专业法律人才，如体育经纪人、从事体育类诉讼和代理的律师、各类体育组织的法律顾问，他们将全面参与体育仲裁、谈判、规则起草、场馆规划、税务顾问、企业策划等。而体育学院则培养具有一定法律素养、了解体育中常见法律问题的体育从业者。应立足于培养目标的不同，改变现有教材"重理论轻实践"的现状，为法学院和体育学院、本科生和研究生分别开发不同的教材和内容体系。

3. 体育学院体育法课程应侧重于安全保障义务、体育伤害侵权

---

[18] W. Burlette Carter, "Introduction: What Makes A 'Field' a 'Field'?", *Va. J. Sports & L.* 1999（1），p. 235.

和风险管理策略,以帮助学生在工作中降低体育伤害风险,减少其在体育伤害中的责任;法学院的体育法课程应侧重于运动员合同以及体育法中与商事、产业相关的内容。

4. 要努力挖掘体育法的特殊性。无论是体育法的研究还是体育法的教材编写和课程内容体系建设,都要深挖体育法的特殊性。作为行业法,体育法的价值在于规范其行业的发展,但体育法毕竟是法学的子学科,不依托于法学,得不到法学院的认可,体育法研究将很难深化。中国体育法学要思考"体育法学能够为法学母学科贡献什么样的创新",减少体育法教材和内容体系对法学教材简单照搬的现象,力图挖掘具有体育特殊性的内容,如球员合同与自由转会、运动员跨国流动、体育国籍、反垄断、电视转播权、兴奋剂、体育伤害的民事与刑事责任、纪律处罚、纠纷解决与体育仲裁,这些内容都是一般法学理论不研究或不能解答的问题,格外值得体育法关注,尤其是值得法学院体育法教学和研究的关注。

5. 体育法课程应以务实为导向,密切联系体育实践,大力开展案例教学;法学院的体育法课程还可以以国际化为导向,开展双语教学,培养通晓国际体育法与体育规则的高端体育法人才。

体/育/法/前/沿 ▶▶▶ **体育与规则**

竞技体育中职务犯罪控制机制
完善方向刍议

张 杰* 杨洪云**

竞技体育基于其类别的多样性、活动的娱乐性以及参与主体的广泛性而深受公众的关注与喜爱。然而近些年来，随着丑闻的频繁曝光，公众在享受竞技之娱的同时，对于相关公职人员职务行为的廉洁性也产生了诸多质疑。在国际赛事中，竞技体育中的职务犯罪事件早已屡见不鲜，如 2002 年美国盐湖城冬奥会的申办贿选丑闻、2006 年国际柔道联合会主席挪用公款案、2015 年国际足联丑闻、2016 年曝光的津巴布韦假球案等，这些案件表明，职务犯罪贯穿于与竞技体育相关的各个环节，同时职务犯罪类型也不趋于单一，分布范围也极为广泛。我国作为体育大国，虽然通过颁行《中华人民共和国体育法》并制定相关配套规定对体坛行为予以规范和管理，但是职务犯罪案件也层出不穷，这些事件和人物被推向了舆论的风口浪尖。因此，探寻这些案件背后的我国体育行业职务犯罪控制机制，便成为理论与实务的热点问题。

一、我国竞技体育中职务犯罪现状

竞技体育具有竞争性、超越性和公平性，是对比赛内容、运动技能、比赛规则、场地器材、战术与比赛结果都有要求的社会体育

---

* 中南财经政法大学体育部副教授。
** 中南财经政法大学体育部副教授。

活动,其以创造优异运动成绩、夺取比赛优胜为主要目标,由群众性的普及型竞技运动和优秀运动员的高水平竞技运动两部分组成。[1]受竞技体育的固有特性的影响,竞技体育的相关赛事结果往往是各方主体关注的焦点,尽管中国传统体育教育强调"友谊第一,比赛第二",但是在具体实践当中,教练员、经纪人、参赛队员甚至观众都试图采用各种方法保障己方获胜,甚至不惜采用违法手段。而作为体育行业的规范与管理主体,以国家体育总局为首的相关国家机关及其工作人员对于竞技赛事的结果甚至过程具有极大的操控能力,由此针对竞技体育具体赛事而产生的利益链条逐渐形成。为了谋取非法利益,部分体育行业公职人员滥用职权,严重破坏了竞技体育的公平公正。如2011年黄玉斌、叶振南天津高价接待费丑闻,2009年至2012年的足坛反腐扫黑事件(杨一民、张建强、南勇、谢亚龙等多名足协领导牵涉其中),2014年国家体育总局游泳中心花样游泳部主任俞丽收受不正当利益操纵比赛结果案件,此类案件揭开了我国竞技体育职务犯罪的冰山一角。近年来查处的有关竞技体育的职务犯罪可以参见下表:

我国竞技体育中职务犯罪典型案例一览表:

时间	姓名	犯罪时所在单位	具体犯罪行为
2002	龚建平	中国足球协会指派全国性足球比赛总裁判员	因涉嫌操纵比赛收受贿赂犯罪
2011	赵磊	国家体育总局拳击跆拳道运动管理中心副主任	赵磊利用职务便利为河南省跆拳道项目提供帮助,两次收受时任河南省体育局局长韩时英给予的钱款共计人民币30万元
2011	韩时英	河南省体育局局长	

---

[1] 郭树理、宋雅馨:"法律视野下竞技体育的概念——以美国法律实践为视角",载《武汉体育学院学报》2014年第5期,第50页。

续表

时间	姓名	犯罪时所在单位	具体犯罪行为
2010	杨一民	中国足球协会技术部主任、中国足球协会联赛部主任，中超控股股份有限公司董事	因涉嫌操纵比赛收受贿赂犯罪
	张建强	中国足球协会裁判委员会秘书长、女子部主任	
	南勇	中国足球运动管理中心主任，党组书记，中国足球协会副主席，党委书记	
	谢亚龙	中国足球协会副主席	
	李冬生	中国足球协会裁判委员会主任	
	蔚少辉	原国家足球队领队	
2014	俞丽	国家体育总局游泳中心花样游泳部主任	因涉嫌操纵比赛收受贿赂犯罪
2015	宋继新	吉林省体育局党组书记、局长	免除职务、开除党籍，涉嫌违法调查中
	佟景春	吉林省体育局党组成员、副局长佟景春	免除职务、开除党籍，涉嫌违法调查中

通过分析上述案件，可以得出我国竞技体育中的职务犯罪具有以下几个特征：

第一，犯罪主体复杂。体育行业的社会性极强，参与主体众多，对这些主体尤其是一些机构单位的定性十分模糊，而职务犯罪对于行为主体又有严格的限制，进而导致竞技体育具体行为是否隶属于职务犯罪存在疑问。依照《刑法》规定，职务犯罪的主体是"国家工作人员"或者"国家机关工作人员"，主要包括国家机关、国有公司、企业单位、事业单位、人民团体中的人员或者上述单位委派到其他单位的人员。如果严格依照此种规定，会导致一些体育领域中侵犯本职工作廉洁性或者违反其职位义务性的行为无法被包括在体育职务犯罪之中，比如竞赛当中临时聘请的兼职裁判。本文认为，体育职务犯罪的构成主体以在体育领域从事公务的人员为主，还包括能够对体育领域中某一行业或者某项运动具有操控力、能够产生影响的人员。[2]因此，我国竞技体育中的职务犯罪主体除了包括明确的国家机关工作人员外，也应当囊括在具体赛事中具有操控力的裁判员、经纪人、教练、运动员等，在鉴别相关主体是否构成职务犯罪时，应当结合具体情况进行具体分析。

第二，犯罪分布广泛。我国竞技体育中职务犯罪分布范围的广泛性主要体现在四个方面：其一，我国竞技体育中的职务犯罪并不仅仅出现在某一类竞技项目之中，而是散见于各类竞技项目中，各类竞技项目的活动方式及赛制赛程虽然不尽相同，但均有可能滋生职务犯罪；其二，我国竞技体育中的职务犯罪并不仅仅集中于国家体育总局内部，而是伴随着具体赛事的开展，散见于各级别行政区域的有关机关中，同时也包括一些竞技项目的管理机构如足协等；其三，我国竞技体育中的职务犯罪在区域分布上具有广泛性特征，各地区都有各类社会性大型竞技类体育赛事，而职务犯罪往往隐藏于具体竞技体育赛事之中；其四，我国竞技体育中的职务犯罪也存在于由我国承办或者我国参与的国际竞技体育赛事中，由此可见，我国竞技体育中的职务犯罪的广泛性特征十分突出。

第三，犯罪侦破艰难。受上述竞技体育中职务犯罪主体鉴别复杂性和分布范围广泛性特征的影响，与一般行业中的职务犯罪相比，竞技体育中的职务犯罪的隐蔽性更强，其发现机制也更难。竞技体育中的参与主体众多且身份难以界定，极易导致相关主体的行为不易被监督甚至缺乏监督，其中涉及的利益主体也较多，在其职务犯罪的过程中常会形成利益链条，而竞技体育的赛事结果往往是多方共同追求的目标，因此，相关主体往往会配合隐瞒其中的犯罪行为，

---

[2] 张训：“体育职务犯罪基础理论研究”，载《体育学刊》2015年第3期，第36~37页。

进而增加了竞技体育中职务犯罪的发现和侦破难度。分布范围的广泛性与竞技体育管理机构的复杂性共同导致了我国竞技体育"监督机构不明确、监督范围难确定"的情况,而且由于竞技体育相关项目赛事的专业性较强,非专业人士很难发现具体行为过程中的问题所在,我国竞技体育的监督监管在较大程度上依赖于内部监督。以上因素造成我国竞技体育职务犯罪的侦破比一般职务犯罪更加艰难。

二、我国竞技体育中职务犯罪的成因

(一) 宏观因素

竞技体育中的职务犯罪实际上是一种社会现象,而作为社会发展的产物之一,其必然与社会发展中的相关因素有千丝万缕的关系,其中即包含与政治、经济、文化、科技等诸多因素的关系。作为犯罪类型之一,当前竞技体育中的职务犯罪泛滥的根本原因与其控制机制不健全严重相关。整体而言,我国竞技体育中的职务犯罪成因中的宏观因素主要包括以下几点:

1. 转型期市场经济的利益驱动导致竞技体育腐败。在经济体制转轨时期,体育体制的"双轨制"产生了种种弊端。一方面,在体制上实行体育协会实体化,以国外职业体育俱乐部的发展模式为模板,不结合中国的具体国情。行政主体直接进行商业操作,导致在运行过程中缺乏经验,暴露出了政企不分、既当"运动员"又当"裁判员"等管理体制上的问题,这为竞技体育领域滋生腐败提供了土壤。另一方面,市场经济追求利润最大化,在追求利润的同时,却忽略了对体育从业者的法治教育、道德修养和制度约束,致使其行为失范,权力监督失效。在利益功能的驱使下,竞技体育中出现了体育腐败,而且向着"群体共犯"式腐败的方向发展。[3]尤其是在行政领导将竞技体育赛事成绩与地方政治水平相向比较时,更容易刺激教练员、运动员等多方主体一味计较输赢,进而无所不用其

---

[3] 古文东:"竞技体育腐败现状剖析与建立防范机制的探讨",载《体育与科学》2012年第4期,第95页。

极,采用贿赂对赛事结果具有操控权的主体的方式获取比赛胜利。

2. 行业不良风气盛行待肃整。国家鼓励全面健身,竞技体育也是全民参与的项目,这也导致竞技体育行业的社会性极强。在竞技体育自身发展前进的过程中,其周边产业也不断被拓展,尤其是一些利益极大但为法律所禁止的产业,如针对赛事的赌博活动,严重影响了竞技体育的行业风气。因此,除去之前提到的相关主体与赛事结果之间的利益关系,这些周边产业的发展,与参与主体和赛事结果更具有相关性,而他们自身正是组织违法活动的主体,且乐意也更善于通过违法方式掌控赛事结果,控制利益链条,并能够帮助隐瞒相关的职务犯罪事实。在此之中,对竞技体育中的职务犯罪的治理再陷盲区。

3. 参与主体多元化动机诱发职务犯罪。在前文对竞技体育中职务犯罪的相关环境因素的介绍中,可以看出,促使职务犯罪发生的相关主体的类别广泛,而他们的动机也不尽相同。这些主体主要包括三类:一是参赛队员、教练员、团队及区域行政单位,他们往往为了促使自身或者参赛代表整体在比赛中取得满意成绩,或者为了帮助自身或者本地区代表获得参与更高层次赛事的机会而意图向主管人员行贿;二是周边产业的负责人,他们为了实现自己依托于控制比赛结果而获得的利益,而选择向能够掌控赛事结果的人员行贿;三是竞技体育项目的观众和爱好者,比如球迷等,对于个人爱好团队或队员的过度痴迷往往会让这些人失去理智,甚至是产生不忍心看其失败的极端情感,从而选择采用不法方式确保单方获得比赛胜利。

(二) 微观因素

职务犯罪毕竟是一个人为活动,在其形成过程中根本上还是依赖于犯罪主体自身的权衡和选择,上述的环境因素只是在其作出具体决断之前所进行的内心活动的参考依据,而犯罪主体作出违法行为的个体因素也具有多重性,具体如下:

1. 法律与廉洁意识欠缺。所有职务犯罪人员之所以选择犯罪,在其主观根源上还应当溯因于其法律意识淡薄,这一点是所有职务犯罪人员的主观共性,竞技体育中的职务犯罪人员同样不能除外。

而在物质利益面前选择挣脱法律约束的人员，他们在主观上更多了一层廉洁意识缺失的问题，他们抛弃职业操守、任凭法律追诉，更是其廉洁性缺失的后果。

2. 侥幸心理推波助澜。法律与纪律当头，而竞技体育中职务犯罪的主体之所以依然作出违法乱纪的行为，还与其侥幸心理相关。这种侥幸心理一方面与人本身在利益面前易产生动摇的劣根性有关，另一方面也是因为在其周边环境中，存在违法乱纪而未受追诉的先例，尤其在"社会腐败"习惯化的环境中，更易为其侥幸心理的产生推波助澜。

3. 多层施压导致无奈作为。导致竞技体育中职务犯罪的主体作出违法行为的因素，有时并不一定单纯是利益诱惑，也可能是来自于上级领导或者其他对其构成威慑的主体的压力，在这种情况下，当事人往往会"趋利避害"，作出让他人满意的行为，即使是通过违法方式达到目的。

4. 求胜心态致使寻求捷径。竞技体育中职务犯罪的主体有时在组织本级别赛事过程中单方面偏袒、力求某一方获胜，或者有时在参与国际赛事中顶着来自于公众、行政主体等多方面的巨大压力，为确保我国能够获得好名次，会依赖于"捷径取胜"，进而作出不法行为。

三、我国竞技体育中职务犯罪的防控机制

综合分析我国竞技体育中职务犯罪的现实情况、形成原因，结合我国现有控制机制的缺陷以及国外相关经验，笔者立足于基本国情，提出以下几点完善建议：

（一）明确、具体我国现有法律规定

尽管我国法律体系整体呈现出模糊化立法特征，但是，体育法的内容设计过于模糊，尤其是对法律责任的规范，援引性条款居多。因此，仍应当引导我国体育法立法由模糊化向具体化迈进。其中应当结合我国其他部门法的相关内容，将其明文规定于体育法中，并结合体育法的特征进行具体设计，比如针对国家机关工作人员、裁

判员、教练员这些不同身份的主体在涉及职务犯罪时如何定性其行为并依照何类法律法规予以规制，都应当采用立法的方式予以明确。同时，体育法立法应当与相关国际体育规范原则和精神相照应，实现有价值的具体规范的间接适用。

（二）完善立法监督及配套制度设计

竞技体育中的监督机制有待健全。我国可以效仿英国，建立某类竞技体育项目的专门监督机构，在该机构的人员配备上，应当适当引入中立第三方，实现公职人员和社会力量的合理配备，从而充分发挥该组织的监督效用。此外，以国家体育总局为首的公职机关应当建立专门的服务机构用以接收公众的监督意见并及时进行处理，该服务机构一旦建立，必须严格管理，防止徒有虚名，切实成为拓宽社会监督的有力方式。

（三）结合新媒体拓宽监督渠道

在新媒体高速发展的当下社会，充分运用媒体优势是实现高效监督的又一利器。对媒体的运用应当实现"用"与"控"双向运转的方式。一方面，要赋予媒体报道相关新闻信息的权利；另一方面，也要防止媒体盲目造势，发布不实信息，进而破坏有关机关的公信力，对社会造成不良影响。

（四）加大对竞技体育中职务犯罪的惩治力度

事实证明，我国现有的针对竞技体育中职务犯罪的惩治措施尚不足以对相关人群产生威慑作用，同时社会中腐败频纵的现象更成为该群体侥幸心理的来源。因此，立足于当前，必须加大对竞技体育中职务犯罪的惩治力度，才能够缓解竞技体育中职务犯罪所带来的压力，保障竞技体育中具体赛事公平、公正地开展，并能间接地抑制和制裁不法赌博产业的发展。

（五）建立独立高效的竞技体育裁判环境

降低竞技体育中职务犯罪发生率的一个根本性的举措在于使裁判环境纯净化，即减少社会因素对具体赛事结果的干扰程度。这个举措的直接行为方式在于加大对非国家工作人员的约束与制裁，打破"关系论"对竞技体育赛事产生的恶性干扰。

(六) 加强对行政主体的法律意识及廉洁意识培训

所谓防微于杜渐,加强对竞技体育行业中行政主体的法律意识及廉洁意识培训是必不可少的。在日常的工作中,以国家体育总局为首的有关行政单位应当不定期进行理论培训和经典案例学习活动,与有关法学专家沟通举办相关讲座,在体系内部科学构建奖惩机制。同时还应当将相关培训机制引入到相关的社团管理之中,从而促进竞技体育行业整体的规范性发展。

(七) 严惩竞技主体在参赛过程中的违纪违法行为

无论是参与竞技活动的个人,还是其所代表的组织整体,作为竞技体育赛事荣誉的直接享有者,他们是促使竞技体育中职务犯罪发生的支柱力量,因此必须加强对他们的惩治力度。一方面,在现有法律章程的基础上,保障相关规定能够严格施行;另一方面,结合实践效果,适时改进惩治方式,以切实达到威慑作用。

结　语

竞技体育中职务犯罪高发是在社会发展过程中的必然现象,但是,当这种恶性产物出现的时候,必须作出积极反应,才能抑制该不良后果的膨胀。就当前我国的实践而言,完善竞技体育中职务犯罪的控制机制是迫在眉睫的任务。在综合分析其类型特征、成因问题以及现有机制不足之处的基础上,努力借鉴域外先进经验,可以有效地防控竞技体育中的职务犯罪。而对竞技体育中职务犯罪的有效治理,无疑对于竞技体育自身的发展、行业风气的改善甚至全民身体素质的提高均具有重要意义。

参考文献:

1. 郭树理、宋雅馨:"法律视野下竞技体育的概念——以美国法律实践为视角",载《武汉体育学院学报》2014年第5期。
2. 古文东:"竞技体育腐败现状剖析与建立防范机制的探讨",载《体育与科学》2012年第4期。

足球运动员工作合同"劳动合同说"之商榷

韩进飞[*] 阮亚伟[**]

社会经济的发展带动了职业体育的发展，而在职业体育中最为人们所熟知的就是职业体育俱乐部与职业球员。足球是世界第一运动，职业足球也是职业体育中最具代表性的项目。足球俱乐部为了提高自身成绩，往往会选择技术好的球员来为俱乐部比赛，而好的球员也希望有好的地方展现自己的足球技术，提高自己的知名度，于是，球员职业化是一种必然的结果。球员与俱乐部会签订合同，约定相关事宜，并作为以后解决纠纷的依据。而对此职业合同的定性，往往会关系到合同纠纷的解决途径。因此，明确足球运动员职业合同的性质，有助于明确球员与俱乐部之间的权利义务关系，保障双方的合法权益，并使得职业足球运动得到很好的规制。

在我国，目前还没有法律对职业足球运动员的工作合同进行规定。但很多学者认为，俱乐部与球员之间的工作合同符合劳动合同的特征，[1]从而将其归为劳动合同。但通过比较研究就会发现，把职业足球运动员的工作合同归类于劳动合同似有不妥。

---

[*] 苏州大学王健法学院研究生。
[**] 苏州大学王健法学院研究生。
〔1〕韩勇："职业球员劳动合同解除研究"，载《河北师范大学学报（哲学社会科学版）》2013年第6期，第151页。

一、劳动合同的性质与特征

"劳动合同又称劳动契约,我国台湾学者普遍认为,劳动合同有广义和狭义之分。就广义言之,凡一方对他方负劳务给付义务之契约,皆为劳动合同。"[2]需要指出的是,这里所说的劳动合同乃狭义之劳动合同,即:劳动者与用人单位确立劳动关系、明确双方权利和义务的协议。

(一) 劳动合同的性质

劳动合同以"契约自由"原则为基础,是一种渗透了必要的国家公权力干预的、以社会公共利益为本位的合同。"社会性"是其本质属性。[3]为了充分把握劳动合同这一特定合同,我们首先需要对其性质进行分析,从而了解劳动合同之特征,将其与实践中纷繁复杂的合同区分开来。对于劳动合同的性质,我们可以从以下几个方面来看。

1. 具有特殊性的劳动合同。我国台湾地区对于劳动契约的性质,通说为"特种契约说",即认为劳动契约是《民法》中所有典型契约以外的一种,已形成一种独立契约。[4]

"特殊的合同"是指劳动合同是与《合同法》中合同制度相独立。只要一提到"合同",大家自然而然会想到《合同法》以及相关民事理论关于《合同法》的部分。但我们应当注意到,在私法之外的其他诸多法律领域,也存在着合同现象,比如行政法领域的行政合同。而劳动合同,则是劳动领域内的合同现象。因此,对于劳动合同,我们要明白它的特殊性,不应局限于以往对于私法领域合同的理解。

2. 劳动合同性质的特殊性。"劳动合同在性质上具有特殊性"

---

[2] 马强:"劳动合同若干问题研究",载《中国人民大学学报》2001年第1期,第95页。

[3] 许建宇:"劳动合同的定性及其对立法的影响",载《中国劳动关系学院学报》2005年第6期,第19页。

[4] 黄越钦:《劳动法新论》,中国政法大学出版社2003年版,第86~95页。

与"劳动合同是一种具有特殊性的合同",这两种表述并不相同。"前者是更根本的、决定了劳动合同之'特殊合同'定位的特殊性;而后者不仅包括劳动合同在性质上具有的特殊性,还包括劳动合同体现于外的、区别于其他合同的特征。"〔5〕

劳动合同在性质上的特殊性表现为:①强烈的公权力干预。公权力干预在劳动合同的订立、履行、变更以及终止环节都得到不同程度的体现。如果没有公权力的干预的话,仅仅依靠意思自治的民法思维,劳动合同制度可能就不会得到实现。在世界各国,也都是因为依靠相应公权力机构的强力推动作为保障,劳动合同制度才得以有效实施。②劳动合同制度无法独立运行。如果仅仅依靠劳动合同制度的自身运行,该制度很难维持下去,因为它需要与其他制度的结合,就像航空母舰需要一个战斗群的支持,失去支持的航空母舰并不能成为有效而强大的武器。劳动合同制度需要与工作时间和休息休假制度、职业安全卫生制度以及工资制度相结合,才能运行并发挥实际作用。③在劳动合同中,合同所明确的权利义务所指向的对象,其实就是雇员所要付出的劳动。因此,该特殊性所涉及的实际上就是劳动合同标的问题。"在私法领域的合同中,标的理论分析将合同标的归结为'物'或'行为',这两者都是可以独立于'人'本身的;而在劳动合同领域,由于劳动合同中的权利义务指向的是'劳动',而劳动不得不涉及'人'本身,这就导致对劳动合同标的的分析有了巨大的复杂性。"〔6〕

3. 遵循合同制度的一般规律。劳动合同具有特殊性,但它也是一种合同。在劳动合同产生之前,私法领域的合同制度已经发展得尤为成熟与系统化,因而在劳动合同产生之时,仍会保有先前合同制度中一些具有基础地位或核心地位的基本原则,如意思自治原则、诚实信用原则。正是因为这些历经千百年发展的原则是合同制度的精华部分,因此,劳动合同制度虽然独立于私法领域内的合同,但其仍然可以从私法领域内汲取营养,吸收其中的有益部分。

---

〔5〕 郭捷等:《劳动法学》,高等教育出版社2014年版,第206~207页。
〔6〕 郭捷等:《劳动法学》,高等教育出版社2014年版,第206~207页。

(二) 劳动合同的特征

1. 从属性。与一般民事合同相比，签订合同的主体双方具有从属性是劳动合同的一个明显特点。我国《劳动法》规定的劳动合同，是约定在当事人一方对另一方存在从属关系的前提下，当事人一方向另一方提供劳动力，而对方给付报酬的合同。劳动合同的从属性是使其与民法上的"雇佣合同"相区别的根本特征之一。

劳动合同的从属性是就劳动合同主体双方之间的关系而言的，具体包括：①劳动者在人格上的从属性。"人格上的从属性意味着负有劳务给付一方基于明示、默示或依劳动之本质，在相当期间内，对自己之工作时间不能自由支配，换言之，人格上的从属性系劳动者自行决定之自由权的一种压抑。"[7]从形式上看，劳动合同双方当事人之间的法律地位平等，劳动者并非将自己作为商品甚至物品来出卖或转让，因此，双方均有缔约自由，即缔约与否取决于双方意思，劳动合同是双方自由意志的表现。但从实际上来看，双方地位并不平等，从属性使得劳动者的自由意志受到很大限制，劳动者往往会被要求去做很多非自愿的事情，往往是"一个意志成为另一个意志的奴隶"[8]。在劳动合同的履行过程中，雇主付出的一般是金钱报酬，而劳动者付出的一般是具有人身性的劳动。劳动者获得的只是雇主购买劳动力所给予的报酬，剩余价值的利润由雇主赚取。②劳动者在经济上的从属性。经济上的从属性是指劳动者在与雇主签订劳动合同时，完全成为其生产结构之内一员。虽然从表面来看，劳动者与雇主签订劳动合同是自由意思之表示，但劳动者是为了雇主之盈利目的而劳动，并非为自己而劳动。用人单位拥有生产组织体系、生产工具、原料的所有权，劳动者使用这些生产资料，只需要按照规定完成任务即可，利润也不归自己所有。

2. 主体特定化。劳动合同的主体是特定化的，究其原因，在于"劳动"的特定化。原因在于，这里所说的"劳动"与普通的社会

---

[7] 黄越钦:《劳动法新论》,中国政法大学出版社2003年版,第86~95页。

[8] 杨彬:《劳动合同效力研究》,中国社会科学出版社2011年版,第15~18页。

劳动并不一样，这里是指生产社会化之下的有偿劳动。劳动合同的双方在特定化后，一方就是拥有生产资料的雇主，另一方则是职业化的劳动者。具体变现为：劳动合同双方当事人的范围由法律规定，也即，主体符合法定条件才能签订劳动合同，不然不具有成为劳动合同主体的地位。[9]

根据《劳动合同法》的规定，用人单位与劳动者是劳动合同的双方当事人。另外，《劳动合同法》及《劳动合同法实施条例》也对用人单位的范围作出了规定。因此，非用人单位的主体与劳动者签订的包含劳务提供内容的合同并不属于劳动合同。

3. 合同内容条款化与受限性。劳动合同内容的条款化是指，在劳动合同中，没有将合同双方的权利义务分别各自表述，而是将双方的权利义务一并规定在某一大的方面中，从而形成劳动合同条款。如工作方式、工作期限、劳动纪律、劳动报酬、违约责任等等。

劳动法一方面承袭了私法领域内的基本原则，有一定程度上的私法自治性，但因其特殊性，同时也受到社会连带责任的制约，有着公权力干预以及公法上的监督。

"划定劳动基准是劳动法的特有现象。劳动基准划定了劳动者与雇主建立劳动法律关系时就工资、工时、安全设施等劳动条件达成协议所必须遵循的最低限度标准。"[10]劳动基准要求责任主体不得低于此基准，但并不鼓励责任主体以此为"基准世纪之星"，更不禁止劳方通过双方协商获得更有利的条件。国家公权力介入强制性规范是劳动基准维护公平的手段。

4. 继续性。劳动合同的继续性是指劳动合同的内容在劳动合同期内持续不断地实现，时间因素在合同履行上居于重要地位。在劳动合同开始签订之时，双方并无法确定劳动总量，而是约定劳动持续时间，当事人的义务不是一次性就能够履行完毕，而是需要持续地履行。因此，劳动合同对于合同的稳定性看得比较重，当事人的

---

[9] 郭捷等：《劳动法学》，高等教育出版社2014年版，第206~207页。
[10] 杨彬：《劳动合同效力研究》，中国社会科学出版社2011年版，第15~18页。

结合度也更高，现实中一个劳动者在一家单位工作十多年甚至几十年的情况比比皆是，也印证了这一点。社会化的劳动对于社会的发展具有基础性作用，因而稳定持续的劳动是必需的，劳动合同的持续性特点也是劳动合同区别于其他民事合同的显著特征。

二、球员工作合同被视为劳动合同的原因

我国目前没有法律明文规定球员工作合同到底是什么类型的合同，而职业球员工作合同属于劳动合同的说法，主要有以下几点理由。

（一）与劳动合同的相似性

如前文所述，有部分学者认为，职业球员与职业俱乐部之间的工作合同符合劳动合同的外观特征，理由是根据《劳动法》的规定："劳动合同是劳动者与用人单位确立劳动关系，明确双方权利、义务的协议。"劳动力是劳动合同的标的，在"平等自愿、协同一致"的基础上，劳动者和用人单位订立了劳动合同。劳动合同所确认的是，劳动者提供劳动力，完成劳动单位要求的任务，而用人单位则支付报酬。在订立合同环节，职业运动员与俱乐部之间订立的球员工作合同与劳动合同的外观特征是相符的。[11]

在关于合同内容方面，球员工作合同与劳动合同之间也存在相似的地方。有学者认为，劳动合同的主体具有从属性，职业球员与俱乐部之间的关系与劳动合同双方之间的关系相似。在我国职业篮球运动中，CBA 俱乐部是用人单位，而职业篮球运动员是劳动者。这一特征是劳动法律关系的重要特征。用人单位即俱乐部，占有一定的生产资料，如球场、训练馆等，通过聘用职业球员，才能完成训练、比赛的任务，给俱乐部创造经济效益和社会效益。[12]而职业球员通过与俱乐部订立工作合同，向俱乐部提供一定的劳动，即运

---

[11] 王存忠："对运动员转会行为的法律调整"，载《山东体育学院学报》1996年第4期，第17页。

[12] 张军鹏："论 CBA 国内职业球员合同的法律性质及问题"，载《浙江体育科学》2009 年第 4 期，第 2 页。

动技能，从而获取劳动报酬。在工作合同订立之后，职业球员成为职业俱乐部的一名员工，享有合同规定的权利，履行合同规定的义务，并按照国家有关规定享受相应的保险福利待遇。也有学者认为，"职业球员必须严格遵守所在俱乐部的各类管理规章制度，服从所在俱乐部的指挥与工作安排，在人格上从属于俱乐部"[13]。职业球员一旦与俱乐部签订合同，就要服从管理，甚至被迫接受一些强制性条款，更有甚者，球员转会也要俱乐部说了算，学者认为，这表明球员与俱乐部之间不是简单的平等主体之间的雇佣关系。[14]

（二）参照国外法律制度

有学者认为，"从施行体育职业化制度较早的一些国家法律来看，也是将俱乐部与运动员的合同关系视为雇佣劳动关系，如在欧洲各国，一直要求运动员和俱乐部之间的工作合同必须遵守劳工方面的法律"[15]。比较著名的案例就是曾彻底颠覆欧洲足球旧规则的"博斯曼法案"，有学者认为其实质就在于让球员获得和其他劳动者相同的基本权利。[16]参照国外的制度来看，国外法律制度把球员工作视作劳动，对球员实施劳工保护，因此认为球员工作合同属于劳动合同。

（三）我国实务中的做法

从司法实践来看，许多球员在与俱乐部发生合同纠纷时，都会通过劳动争议仲裁或司法诉讼来解决，裁决适用的均是劳动法律法规，也就是认定职业球员是劳动法上的劳动者，球员和俱乐部之间的关系是劳动合同关系。[17]

---

[13] 张笑世："对我国职业运动员工作合同法律问题的认识"，载《中国司法》2008 年第 5 期，第 84 页。

[14] 王小平、马宏俊主编：《体育法学专题研究》，中国政法大学出版社 2012 年版，第 279~280 页。

[15] 王存忠："对运动员转会行为的法律调整"，载《山东体育学院学报》1996 年第 4 期，第 17 页。

[16] 朱文英："劳动合同法视野下职业球员工作合同的解除"，载《武汉体育学院学报》2009 年第 1 期，第 35 页。

[17] 韩勇："职业球员劳动合同解除研究"，载《河北师范大学学报（哲学社会科学版）》2013 年第 6 期，第 151 页。

谢晖诉重庆力帆案：2002年12月29日，谢晖与重庆力帆足球俱乐部签订《球员工作合同》，约定谢晖转会至重庆力帆足球俱乐部，并于2003年后半季度、2004年及2005年全年度赛季为其效力。重庆力帆足球俱乐部向谢晖分阶段支付薪金。后因重庆力帆终止了与谢晖的合约，导致双方在薪金的支付上出现争议。谢晖于2004年2月5日向江北区劳动争议仲裁委员会申请进行劳动仲裁。江北区劳动争议仲裁委员会作出裁决，谢晖胜诉，原重庆力帆足球俱乐部应该向谢晖支付总计400万元的工资、补偿金、滞纳金等，裁决作出后，重庆力帆提出上诉，但最终双方达成庭外和解，谢晖作出让步，同意将原判罚约400万的赔偿金压缩到70万。[18]

在实务中，因为法律没有明确规定球员工作合同到底是什么类型的合同，因此，虽然合同中会约定合同的管辖问题，但是并不能排除国内劳动争议仲裁机构及法院的管辖权，而裁决机构所适用的法律往往就是《劳动法》，长此以往就使得大家认为球员工作合同应当被视为劳动合同来处理。

三、值得商榷的几点

以上介绍了劳动合同的性质，以及球员工作合同被认为劳动合同的原因，下面将谈谈笔者认为球员工作合同"劳动合同说"值得商榷的几点。

（一）合同主体的从属性问题

前文已经提到，在劳动合同中，当事人双方具有从属性。有的学者认为，球员工作合同也具有这样的特点，认为职业俱乐部是用人单位，球员是劳动者，双方具有从属性。这一点值得商榷。

劳动合同的从属性包括劳动者在人格上的从属性及其在经济上的从属性。①人格上的从属性意味着用人单位对劳动者自行决定的

---

[18] 北方网："维权斗争超现实结尾，谢晖与重庆力帆70万私了"，载http://sports.enorth.com.cn/system/2004/09/01/000855455.shtml，最后访问时间：2016年2月19日。

自由的限制。但在足球比赛运动中,球员平时需要在俱乐部进行训练,训练的内容除了俱乐部和主教练要求的训练之外,有的球员也会根据自身的健康状态在私人理疗师的指导下进行训练,即不按照俱乐部要求而自行决定训练内容。在比赛日,球员是否出场比赛需要根据主教练安排,主教练能安排得也仅仅是球员的出场与否以及战术布置,球员在场上比赛时,往往根据比赛的进行而自由发挥。当一个球员控球的时候,传给谁并不是按照主教练的想法,主教练也不能做到要求球员每一步该怎么做,因为球场上瞬息万变,更多的是靠球员自行决定。②"经济上的从属性重点在于受雇人并不是为自己之营业,而是从属于他人,为该他人之目的而劳动。"[19]在劳动合同中,雇主是占有生产资料的一方,受雇人使用生产资料,帮助雇主获得经济利益,雇主给予报酬。但足球俱乐部与球员之间的关系并不是简单的给钱踢球,例如,西班牙的巴塞罗那足球俱乐部是会员制俱乐部,球队中很多球员都是球队的会员,球队的收入有很大一部分来自于会员所交的会费,会员享有权利,如可以竞选或选举俱乐部主席,此时,球员与俱乐部的关系就不仅仅是用人单位与受雇人的关系。相类似的,关于日本职业棒球球员合同的性质,有学者认为其是介于承包合同与雇佣合同之间而相对更靠近雇佣合同一侧的特殊合同。[20]这个观点其实是在否认球员合同主体双方具有从属性。

(二) 合同的持续性问题

劳动合同具有持续性。根据《劳动合同法》第14条的规定,如果劳动者在用人单位连续工作满10年或连续订立2次固定期限劳动合同,且劳动者没有该法第39条和第40条第1项、第2项规定的情形,续订劳动合同的,除劳动者提出订立固定期限劳动合同外,用人单位应当与其订立无固定期限合同。然而,球员工作合同的工作期限无此限制,这和足球竞技相关,球员的职业生涯比较短暂,巅

---

[19] 黄越钦:《劳动法新论》,中国政法大学出版社2003年版,第86~95页。
[20] 田思路、贾秀芬:《契约劳动的研究——日本的理论与实践》,法律出版社2007年版,第228页。

峰期更可能只有几年,俱乐部为了自身的利益,必须与竞技水平达到俱乐部要求的球员签订合同,而俱乐部的球员一旦状态下滑,俱乐部就可能不会与其续约,这是足球运动习以为常的事情。一般球员的工作合同 3~5 年一签,为的就是防止在球员出现意外的情况下,俱乐部却必须按照合同向一个不能踢比赛的球员支付报酬,这显然不能接受。

(三) 合同的解除问题

球员工作合同与劳动合同在合同解除方面存在很大的不同。

1. 任意解除权。在劳动合同中,劳动者想要离职,只要提前 30 天书面通知用人单位,就可以解除与用人单位之间的劳动关系。但在足球领域并非如此。试想,如果运动员只要提前 30 天通知俱乐部就可以解除与俱乐部的合同并加入下一家俱乐部,那将会严重干扰整个职业联赛体系的运作。为此,足球领域内对于球员解约与加盟新俱乐部,设有转会窗制度,即转会最后期限,是指在一个赛季中,有一段特定时间来让俱乐部间进行球员交易,就像为转会打开一扇窗,其他时间不允许转会。转会窗一旦结束,除非存在很特殊的情形,球员就不能转会,而需要等待下一个转会窗,俱乐部之间也不能交易球员。

2. 正当理由解除合同的障碍。《中国足球协会球员身份及转会暂行规定(2010)》第 43 条规定,劳动合同双方中任何一方均可以正当理由终止合同,且不予追究责任。第 44 条规定,俱乐部违反劳动合同约定,一年内累计拖欠球员工资或奖金超过 3 个月的,该球员有权单方面终止合同。《中超标准球员合同(2012)》第 10.3 条规定:"有下列情形之一的,乙方可以通知甲方解除本合同:①甲方以非法手段欺骗、强迫乙方进行训练、比赛,或从事违法、违纪活动;②甲方拖欠乙方工资奖金超过 3 个月;③乙方确有不得已的原因需要辞职,应在 30 天前书面通知甲方并得到甲方确认。"

除了俱乐部拖欠工资 3 个月是一个正当理由外,未对俱乐部的其他违约情况做出规定,如俱乐部违反医疗、训练、保险及其他重要义务,而又不存在"以非法手段欺骗、强迫球员"的情况时,对于球员是否可以解除合同并未做出说明。[21]国际足联有低于10%出场率则双方均可解约的规定,而作为会员协会的我国足协标准球员合同并没有此规定。

（四）争议的解决

在劳动者和用人单位发生争议后,可以采取的解决方式有协商、调解、仲裁、诉讼4种。但是我国法律规定劳动仲裁是诉讼的前置程序,当事人必须先将争议提交到劳动仲裁委员会,由劳动仲裁委员会做出仲裁。只有对劳动仲裁委员会的裁决不服的,才能诉至法院。而对于职业运动员来说,如果在合同解除方面与俱乐部存在争议,有中国足球协会的内部程序可用,而不是必须先通过劳动仲裁,之后才能提起诉讼。[22]

有学者认为球员工作合同属于劳动合同的一个原因在于,在实务中,仲裁机构适用《劳动法》等相关法律。其实正是因为目前缺乏对球员工作合同的明确法律定位,实务中只能适用劳动合同的相关法律。正如在劳动合同这个特殊的合同概念没有产生之前,对于实际上的劳动合同关系,也只能用私法领域的《合同法》来处理。足球运动员的工作合同就处于这样的一个缺乏法律明确定义的阶段。

以上就球员工作合同的几点主要特征与劳动合同做了区分,虽然球员工作合同与劳动合同有着一定的相似性,但由于这些比较重要的区别,对于将球员工作合同视为劳动合同的观点,我们应当谨慎对待。

四、小结

球员工作合同是随着体育的职业化发展而来的,它有着民事合同与劳动合同的特征,但不能因此而简单地被划为劳动合同的一种,我们应当关注其特殊性。中国职业足球俱乐部和西方足球发达国家

---

[21] 韩勇:"职业球员劳动合同解除研究",载《河北师范大学学报（哲学社会科学版）》2013年第6期,第152~153页。

[22] 朱文英:"职业足球运动员转会的法律适用",载《体育科学》2014年第1期,第43页。

的职业足球俱乐部相比,发展相对比较缓慢,仍处于半专业半职业的过渡阶段,[23]关于职业足球的其他方面也需要逐渐完善,球员工作合同的定性便是之一。"长期以来,人们都有这样的习惯:理所当然地将新生的概念划归到已经得到反复论证的概念中去。"[24]对于新生的概念,我们应当谨慎地对其进行定义,通过对比劳动合同,我们可以发现它所具有的一些特点并不能用劳动合同的概念来解释,因为在此之前,体育合同并不在人们已经反复论证完成的概念中,我们应当尊重其特殊性,在对其进行深入研究之后,给它一个正确的"名分",这样将有助于维护足球运动以及体育竞技的秩序,促进职业体育的有序、健康发展。

---

[23] 朱志锋:"中西方职业足球俱乐部的比较研究",载《体育成人教育学刊》2008年第5期,第19页。

[24] 赵毅、李状:"论体育赞助合同之非赠与性",载《体育成人教育学刊》2016年第1期,第28页。

球迷越轨行为的纪律处罚研究

王敬妍[*]

一、引言

足球比赛中球迷闹事的事件在一些地区时有发生，在世界杯、欧冠、英超、中超、中乙等各级足球赛事上，都不乏球迷越轨行为，甚至出现严重的球迷流氓行为，造成了许多足球场上的惨案。攻击范围包括对方球迷、球员、球场保安与警察甚至本方球员，裁判更是成为重点目标。从20世纪60年代开始，英国足球流氓在全球范围内声名狼藉，被英国国内媒体喻为"英格兰的灾难"；20世纪90年代之后，足球流氓活动在欧洲其他地区呈现出逐渐蔓延的趋势。随着职业足球在全球范围内的兴起，在中国职业足球有所发展的同时，足球流氓行为也顺势蔓延。在2010年中国球迷最暴力之年，35天内连续出现8起球迷骚乱甚至造成流血冲突。这些事件的发生，损害了足球比赛环境，影响了社会的和谐和稳定。

为优化足球比赛环境，维护赛场正常秩序，保障足球比赛有序进行，维护社会秩序和社会稳定，规制球迷不正当行为，抵制球迷流氓行径，成为全世界范围内足球领域的共同课题。从20世纪80年代开始直至20世纪90年代，英国政府花费大量的人力、物力整治足坛不正之风，其中包括球迷流氓行径，英国球迷在欧洲的声誉有所改善，欧洲其他地区在承办大型赛事时往往与英国警方合作，

---

[*] 中国政法大学法学院研究生。

将犯有前科的足球流氓列入监控名单，对于他们的一举一动予以严密监视，甚至禁止其进入境内。但这仍没有断绝英国球迷的越轨行为，英国球迷暴力冲突事件不时见诸报端。在2010年国内高密度频发的球迷骚乱事件中，中国足协对球迷个人和其所支持的俱乐部的纪律处罚也只是隔靴搔痒，公安机关介入和足协自治的范围不清、衔接不当，没有使球迷流氓得到应有的处罚。

政府和足协对球迷越轨行为的不当应对，会使足球市场乱象丛生，也会给足球秩序带来不断升级的伤害。对球迷越轨行为准确定性，是政府、公安机关、足协及时履行管理职责、行使处罚权的前提。足协的纪律处罚应当配合公安机关对于违法犯罪行为的处罚，共同达到遏制球迷越轨行为、净化足球市场氛围的目的。坚持职权主义、严格责任、程序正当和救济保障的处罚原则，做到依法、有效、公正地处理球迷不当行为。

二、球迷越轨行为的界定

球迷越轨行为引发的事件，关乎比赛本身、足球市场甚至公共安全，定性复杂。2010年，河南球迷在体育场挑起事端并引发流血事件，足协以事件发生在比赛结束之后且在体育场外应由公安部门管辖为由置身事外，滞后的反应给球迷释放了软弱应对的信号，足球流氓行为无法得到有效遏制。广义的球迷不当行为可以被划分为违规行为、违法行为、犯罪行为，依据不同层级的法律法规、部门规章、规范性文件、社团规定和合同约定，由不同主体对其行使管理权和处罚权。《体育法》第52条规定："在体育活动中，寻衅滋事、扰乱公共秩序的，给予批评、教育并予以制止；违反治安管理的，由公安机关依照《治安管理处罚法》的规定给予处罚；构成犯罪的，依法追究刑事责任。"层级清晰地将球迷越轨行为涵盖其中。

（一）违规行为

违规行为是指违反足球协会章程、规定和场地管理规定，干扰比赛秩序、影响比赛正常进行但尚且不构成违法犯罪的行为。《中国足球协会纪律准则》第84条第3款规定："不当行为包括针对人或物的暴力行为，燃放能引起燃烧的装置，制造能干扰比赛的噪音和光照等，投掷杂物，以任何形式张挂侮辱性标语，或叫喊侮辱性口号，或闯入比赛场地，或围堵运动员、裁判员及工作人员以及其他影响比赛正常进行的行为等。"该规定中的"不当行为"专指在足球运动中，赛区观众作出的影响比赛秩序的行为，对该类行为的处罚由中国足球协会纪律委员会实施。

2016年上半年，中国足协共发布5条对于球迷不当行为的处罚决定：对于石家庄永昌与重庆力帆一战，比赛场内出现球迷张挂侮辱性标语、叫喊侮辱性口号及投掷杂物的现象，给予石家庄赛区口头警告并罚款50 000元；对于北京国安与上海上港一战，比赛过程中出现观众用激光笔照射运动员的现象，给予北京赛区口头警告；对于武汉宏兴与江苏苏宁一战，比赛中出现球迷燃放冷烟火、向场内大量投掷水瓶的现象，给予武汉赛区警告并罚款100 000元；对于河南建业与上海申花一战，比赛过程中郑州航海体育场有少数观众投掷矿泉水瓶，给予河南赛区口头警告；对于上海上港主场迎战江苏苏宁易购一战，赛场内出现少数观众投掷矿泉水瓶的现象，赛后有观众围堵主客队出口外通道，对上海赛区予以通报批评。

《中国足球协会章程》第48条赋予纪律委员会、道德与公平竞赛委员会根据《纪律准则》和《道德准则》进行纪律和道德监督的职权，《全国足球赛区安全秩序规定》针对球迷不当行为赋予了中国足球协会纪律委员会处罚权。《中国足球协会纪律准则》第78条规定："对赛区违反安全秩序规定的，依据中国足球协会颁发的《全国足球赛区安全秩序规定》进行处罚；其他赛事参照本准则第12~14条的规定给予处罚。"《全国足球赛区安全秩序规定》第11~14条列举了赛区观众的禁止性行为，包括"向赛场内投掷饮料瓶、杂物及可能干扰比赛或伤及人身的任何物品"，"擅自或强行进入比赛场地"，"围堵、攻击裁判员、运动员和赛场工作人员及以上人员所乘车辆"，"相互攻击的暴力行为"；并在第16~20条规定了相应的违规处罚，处罚方式包括口头警告，通报批评，警告并处罚款，无观众比赛、禁止在某体育场（馆）比赛、在中立场地进行比赛并处罚款，取消赛区资格并处罚款。其中最严重的纪律处罚是针对累犯、使比赛多次中断或较长时间中断或造成重要伤害的行为的。

足协是群众性社会团体,其与成员之间是契约和管理关系,与球迷不产生直接的管理与被管理关系,因此,其仅对赛区和俱乐部具有管理权和处罚权。《全国足球赛区安全秩序规定》中足协纪律委员会针对球迷不当行为的处罚对象是球迷所支持的俱乐部和赛事所在赛区,而非球迷个体。但《中国足球协会纪律准则》第 12~14 条所规定的处罚,如"警告"、"禁止从事任何与足球有关的活动"、"禁止进入体育馆(场)"等,因其对足球活动的管理权限而间接对球迷观众产生了处罚效力。对球迷不当行为的制止和处罚,还可以依据观众购买门票所形成的合同权利义务关系——观众有进入场馆观看比赛的权利和遵守比赛场馆秩序规定的义务,由比赛承办方实施。

(二)违法行为

违法行为是指违反《体育法》、《治安管理处罚法》和其他行政法规、部门规章、规范性文件,威胁公共秩序和安全的一般违法行为。

2010 年发生河南赛区体育场外的球迷骚乱事件,足协置之不理而将处理处罚的责任全部推诿给公安机关的态度引起了公众的不满,也滋长了球迷的不正之风。在一般情况下,上述比赛多次中断或较长时间中断或造成重要伤害行为的球迷不当行为实际上也构成了违反公共秩序和安全的一般违法行为。对于严重的球迷不当行为,公安机关具有针对球迷个体的管理权和处罚权,同时,中国足协纪律委员会具有处罚赛区和俱乐部的管理权和处罚权。

国务院颁布的《大型群众性活动安全管理条例》第 4 条规定:"县级以上人民政府公安机关负责大型群众性活动的安全管理工作。县级以上人民政府其他有关主管部门按照各自的职责,负责大型群众性活动的有关安全工作。"第 10 条规定公安机关应当履行"依法查处大型群众性活动中的违法犯罪行为,处置危害公共安全的突发事件"的职责,确认了公安机关和其他主管部门对于足球治安管理工作和查处球迷违法犯罪行为的管辖职权。同时规定承办者具有"对妨碍大型群众性活动安全的行为及时予以制止,发现违法犯罪行为及时向公安机关报告"的职责。

违反管理条例的球迷违法行为包括扰乱场所治安、消防等管理制度，拒绝安全检查，携带爆炸性、易燃性、放射性、毒害性、腐蚀性等危险物质或者非法携带枪支、弹药、管制器具，展示侮辱性标语、条幅等物品，围攻裁判员、运动员或者其他工作人员，投掷杂物等妨碍社会治安、影响社会秩序的行为。

（三）犯罪行为

犯罪行为是指触犯刑法构成罪行且应受到刑罚处罚的行为。

刑法的原则之一是罪刑法定，在球迷越轨行为中也不例外，坚持"法无明文规定不为罪"的刑法惯例，认为在球迷越轨行为和骚乱事件当中，符合犯罪要件、事实清楚的违反刑法规定的行为才构成犯罪。犯罪行为与违法行为一样，都是球迷不当行为的扩大和升级，刑法中"一事不再罚"的原则仅在法律适用中贯彻，其与纪律处罚可以并行。

三、纪律处罚的边界

体育处罚，是指有处罚权的机构或个人依据有关法律或规则对体育中的不当行为或体育人的不当行为作出惩戒性决定。[1]中国足球协会根据法律授权和政府委托管理国家足球事务，对于足球事务具有纪律监督和管理的职责。纪律处罚是指中国足球协会及其内设机构纪律委员会依据《中国足球协会纪律准则》对体育中心的不当行为或体育人的不当行为作出惩戒性决定。此处的"不当行为"倾向于民法视阈下的侵权角度，笔者更赞同张训在其论文《不同体育处罚类型间的衔接问题》中所表述的犯罪学视阈下的"越轨行为"一词。[2]与之相适应，有权主体对球迷越轨行为的处罚依据球迷越轨行为的性质也有所不同，由轻到重的不同体育处罚类型可以划分

---

〔1〕 韩勇："体育纪律处罚研究"，载《体育科学》2007年第4期，第85页。
〔2〕 张训："不同体育处罚类型间的衔接问题"，载《武汉体育学院学报》2015年第8期，第25页。

为纪律处罚、行政处罚、犯罪刑罚。

针对球迷越轨行为的纪律处罚是指足球协会依据足球内部纪律、体育惯例等规则对足球活动领域中的违纪行为作出的惩罚。行政处罚是指行政机关依据行政法规或一般法律对体育活动领域中的违法行为作出的惩罚。刑罚是指司法机关依据刑事法律对足球活动领域中的犯罪行为作出的刑事处罚。[3]本文所研究的纪律处罚是指针对球迷越轨行为，足球协会依据足协章程、纪律准则、赛区规定等足球规则对球迷的不当行为作出的惩罚。

纪律处罚所针对的行为在一定程度上与违法行为具有内容竞合的特征。如2016年欧洲杯赛场上出现俄罗斯与英国球迷的不当行为引发的暴力冲突行为，违反了相关国家的法律法规。由于主体权限和职能的差异，对于同一行为的处罚由不同主体从不同层次和角度作出，是对球迷越轨行为的全方位回应。俄罗斯球迷以一记照明弹点起烟火的行为宣泄不满，后又有球迷冲入英格兰球迷区，英格兰球迷相应还击，冲突从场内蔓延到场外，爆发场外球迷持械斗殴事件，以致多名人员受伤。在事态演进升级的过程中，法国警方介入，镇压驱散双方球迷，并逮捕肇事者。一方面，法国政府将3名俄罗斯球迷判刑，逮捕了英格兰部分球迷，同时驱逐了20名俄罗斯球迷；另一方面，欧足联对俄罗斯足协和俄罗斯队分别作出罚款15万欧元和"禁赛缓刑"的纪律处罚。

刑事处罚、违法处罚和纪律处罚在该起事件中的运用，体现了不同类型处罚的边界、功能和衔接，即同一事件中的不同行为存在行为竞合情形，由司法机关依据刑法对犯罪球迷作出刑事处罚，由行政机关依据行政法律法规对肇事球迷作出行政处罚，由足球协会依据协会规章和足球规则作出纪律处罚，三种处罚各有边界但又相互衔接。

---

[3] 张训："不同体育处罚类型间的衔接问题"，载《武汉体育学院学报》2015年第8期，第26页。

四、纪律处罚的原则

（一）职权法定原则

足球协会及其下设机构要行使纪律处罚权，必须有明确的协会章程授予纪律处罚职权，协会规范性文件加以规范，在章程、规定等文件的职权范围内活动。中国足球协会以章程明文规定的形式概括性地授予了足协纪律处罚委员会关于足球纪律方面的处罚权，以《纪律准则》、《全国足球赛区安全秩序规定》等规范性文件的形式对处罚权加以明确和限制，遵循了职权法定的原则。但总体而言，与纪律处罚相关的章程和文件还存在着层级不清晰、效力相抵触、内容不完善的立法缺陷，有待统一立法完善。

（二）严格责任原则

针对球迷的纪律处罚在全世界范围内均认可严格责任原则，世界足联、欧足联、亚足联均在其纪律准则中明确规定球迷的不当行为由主办协会或主办俱乐部承担。如《国际足联纪律准则》第67条中关于为观众行为负责的相关规定，针对观众"对人和物的暴力、放出易燃装置、投掷弹头、用任何形式展示侮辱和政治性标语、口吐脏言或声响、冲进场地等"不当行为，无论是否过失或是否误报，观众的不当行为由主办协会或主办俱乐部负责，客队观众的不当行为由客队协会或俱乐部负责。在《中国足协纪律准则》中，第84条规定了会员协会及俱乐部（队）对观众行为负责的严格责任认定。

（三）程序正当原则

程序正当原则要求足协纪律处罚必须公平、公正，设定和实施体育纪律处罚必须以事实为依据，处罚权行使者在程序正义基础上行使自由裁量权。程序正当原则包括公开公正，要求对不当行为给予处罚的规则和程序必须公开，未公开的不能作为处罚的依据，实行处罚公开，有利于形成社会舆论监督，确保处罚依法进行。程序正当原则也包括当事人参与的听证制度，保障当事人充分发表意见的权利，维护客观公正的纪律处罚程序，用正当程序来保障结果正义。

（四）救济保障原则

《体育法》第33条规定："在竞技体育活动中发生纠纷，由体育仲裁机构负责调解、仲裁。"我国目前尚未建立专门的国家体育仲裁机构，足协对于纪律处罚的救济仅限于内部仲裁。救济渠道单一，内部救济程序具有终局性。[4]《中国足球协会章程》第50条规定了足协内部仲裁机构的仲裁管辖权，对于纪律处罚的申诉可以向中国足协仲裁委员会提出。该章程第51条又明文肯定了足协内部仲裁的唯一性和终局性，规定中国足协对其"管辖范围内的足球组织和足球从业人员不将任何争议诉诸法院"，而由中国足协行使"管辖权"，从而排除了对于处罚和纠纷的司法管辖。体育仲裁是自《体育法》颁布多年来的实践缺憾，学者在理论上提出了众多见解和建议，笔者认为，随着体育领域纠纷的扩展，国内专门的体育仲裁机构的建立势在必行。针对球迷越轨行为纪律处罚的纠纷和申诉，与其他类型的体育纪律处罚具有相似性，体育仲裁保障救济的通道。

五、结语

球迷越轨行为的类型由违纪行为、违法行为到犯罪行为递进，纪律处罚在违纪行为中全面覆盖，在违法行为和犯罪行为中也不可或缺，纪律处罚不排斥行政处罚和刑罚，做到三者恰当衔接方能全面规制球迷越轨行为。纪律处罚的实施以职权法定、严格责任、程序正当、救济保障为原则，既不错用、滥用职权，又不姑息球迷越轨行为，这对于我国的足球赛事秩序、足球市场发展乃至公共秩序和安全而言，都是有力的保障。

---

[4] 孙彩虹："中国足协纪律处罚现状、问题与立法完善"，载《成都体育学院学报》2015年第3期，第3~4页。

体/育/法/前/沿 ▶▶▶ **国际体育法**

体育规则的概念[*]

许立宏[**] 著　姜世波[***] 译

导　论

在第一章中，我已经确立了本文的研究范围是关于在本质上由规则支配体育游戏或体育比赛行为。接下来的任务是探索和澄清体育规则的不同概念。这应该是第一次做，因为在下面的章节论及"规则形式主义"时，就要涉及其道德含义，这就有必要对体育规则的性质有一个明确而融贯的理解。

规则形式主义理论认为，游戏的各种衍生概念是只能由它的正式规则来定义的。如果我们认同核心的体育规则就是正式的书面规则和构成性规则，那么它才会让我们更好地理解规则形式主义代表了什么。换句话说，我们可以认为，确定正式的书面规则为构成性规则就是"规则形式主义"观念的重要基础。如果我们这样做了，这也将有助于区分体育游戏的书面规则和不成文规则［如体育精神（sportsmanship）所蕴含的那些规则］，这反过来又使我们认识到比赛风格（the ethos of a game）的存在及其重要性，当考虑体育中这个行为是否正确的时候，这个概念就会发挥主导作用。因此，在本章

---

[*] 该文译自著者在英国利兹大学哲学系攻读哲学博士学位的毕业论文《道德与体育规则》（Ethics and Sports Rules）的第二章。

[**] Li-Hong（Leo）Hsu（许立宏），台湾体育运动大学通识中心教授、国际事务部部长。

[***] 山东大学威海法学院副院长、教授、博士生导师。

中，我会再通过提供强有力的理由来说明核心体育规则就是"构成性规则"以及"准调节规则"。最后，我认为，构成性规则是可以扩展的，可由其他"辅助性规则"来补充。为了实现这些目标，试分解如下：

一、体育规则的不同概念造成的混乱

（一）塞尔（Searle）的体育规则概念

人们相信，有关体育游戏规则的"构成性规则"这一术语最早是由约翰·塞尔谈及的，尽管他从来没有在他的研究工作中用到"体育"这个词（但提到了足球），[1]但他认为，"说一种语言就是根据构成性规则系统执行言语行为之事"[2]，而且，他区分了规制性规则（regulative rules，简称 RR）和构成性规则（constitutive rules，简称 CR）。通常情况下，在他的论文中，塞尔以足球和国际象棋为例来阐明他对这两种规则的描述。在使用涉及体育游戏规则的这两个例子时，塞尔写道："……我们可以说，规制性规则先行或独立规范着人们的行为方式。例如，礼仪的许多规则是规范人际关系的，这些规则独立存在。但构成性规则不只是规范，他们还创造或定义新的行为方式。例如，足球和国际象棋的规则不只是规制踢足球、下国际象棋，而且正是它们创造了玩这种游戏的可能性。踢足球、下国际象棋的活动要按照适当的规则（至少是一套系列规则）来玩才能形成这种游戏。"[3]显然，塞尔认为，足球和国际象棋的规则是构成性规则。这也就意味着，如果没有构成性规则，在一种游戏中所谓规制某种行为也就没有意义了，因为正是它们（CR）创

---

[1] 正如迈耶指出的"区别（构成性规则和规制性规则）……至少可以追溯到最初由康德所概述的构成性原则和规制性原则，但更热心细致的阐述也许就是约翰塞尔的著作了"。Meier, K. V., "Restless Sport", *Journal of the Philosophy of Sport*, XII (1985), pp. 68~69.

[2] Searle, J., *Speech Acts*, Cambridge: Cambridge University Press, 1969, p. 38.

[3] Searle, J., *Speech Acts*, Cambridge: Cambridge University Press, 1969, pp. 33~34.

建了玩这类游戏的可能。

关于"惩罚性规定",塞尔认为,构成性规则不仅具体指定了事务的某种状态,如"越位"、"本垒打"、"触地得分"、"将死",而且也推出了进一步的后果,例如,处罚、得分、胜负。[4]也就是说,引发惩罚的规则(penalty-invoking rules,简称PR)源于构成性规则,是由CR产生的,因此是CR的一部分。因此,可以认为,塞尔的体育规则(sports rules,简称SR)概念可以被看作是一组CR,它包含了某些定义性规则(DR)和某些规制性规则(RR),可能还含有某种导致惩罚的规则。因此,塞尔的公式可以初步表示如下:

$$SR = CR = (DR + RR) \pm PR^{[5]}$$

对于塞尔而言,体育规则就是构成性规则,这种构成性规则需要定义性规则、规制性规则,有时还有惩罚性规则。

(二)休茨(Suits)的体育规则概念

塞尔的体育规则概念已经弄清楚了,重要的是提供其他体育规则的解释,这样就能加以比较,同时对体育哲学家们所支持的各种体育规则概念进行区分。

休茨提供了CR的定义,但它并没有提及塞尔,他的定义也没有利用RR。他提供了不同版本的CR:我们可以把构成性规则定义为禁止使用最有效手段以实现预定目标的规则。[6]

对于休茨来说,预定目标是指"玩游戏就是试图实现事务的特定状态"[7]。关于"事务的特定状态",休茨说:"那种所谓要达到的目标,可以用为了第一个越过终点线(但不一定公平地越过)、在

---

[4] Searle, J., *Speech Acts*, Cambridge: Cambridge University Press, 1969, p. 36.

[5] SR = 体育规则,CR = 构成性规则,DR = 定义性规则,RR = 规制性规则,PR = 导致惩罚的规则。

[6] Suits, B., "The Elements of Sport: From Osterhoudt", R. G. (eds), *The Philosophy of Sport: A Collection of Original Essays*, Illinois: Charles C. Thomas, 1973, p. 53.

[7] Suits, B., "The Elements of Sport: From Osterhoudt", R. G. (eds), *The Philosophy of Sport: A Collection of Original Essays*, Illinois: Charles C. Thomas, 1973, p. 55.

你面前的桥牌桌上积到了 x 个牌墩（但不一定是打桥牌的结果）或者把高尔夫球打入球洞中（但不一定通过使用高尔夫球杆）这些例子来说明。这种目标一般可以被描述为事务的特定实现状态。"[8]

这种类型的规则，休茨将其称为游戏的构成性规则，[9]因为这种规则与预先列明的目标一起设定了要玩这种游戏所需要的所有条件（当然，虽然不是在用技能玩）。

对于休茨而言，在游戏中还有另外两种规则：一种游戏规则是限定在休茨的构成性规则所划定的范围内并被称为"技能规则"（rule of skill，缩写 SKR）的规则。[10]例如，他使用了人们所熟悉的禁令来说明，如"眼睛盯住球"、"不要老想着将死对手"等。另一种游戏规则就是给予某一固定惩罚的规则（PR）。

"……这样，违反了规则既不会导致无法玩游戏了，也不会让人无法玩好游戏，因为有时是为了获得优势而正确地使用战术而招致这样的判罚（例如在曲棍球中）。但他们违反的这些规则及其后果是由构成性规则确立的，且只是这些规则的延伸。"[11]休茨对体育游戏规则概念的界定可以简明表达为：在游戏中存在着三种规则。一是"构成性规则"，即禁止运用更有效的手段而偏爱不太有效的手段（这完全不同于塞尔的 CR，但接近他的 RR 观念）；二是"技能规则"；三是"招致惩罚的规则"。该公式可表述为：

$$SR = CR + SKR + PR \text{ (extension of CR)}$$

对休茨来说：体育规则需要构成性规则和技能规则，惩罚规则是构成性规则的延伸。

---

[8] Suits, B., "The Elements of Sport: From Osterhoudt", R. G. (eds), *The Philosophy of Sport: A Collection of Original Essays*, Illinois: Charles C. Thomas, 1973, p. 50.

[9] Suits, B., "The Elements of Sport: From Osterhoudt", R. G. (eds), *The Philosophy of Sport: A Collection of Original Essays*, Illinois: Charles C. Thomas, 1973, p. 51.

[10] SKR = 技能规则。

[11] Suits, B., "The Elements of Sport: From Osterhoudt", R. G. (eds), *The Philosophy of Sport: A Collection of Original Essays*, Illinois: Charles C. Thomas, 1973, p. 52.

(三) 达戈斯蒂诺 (D'Agostino) 的体育规则概念

在关于体育规则的辩论中,还有一种独特的观点不同于规则形式主义。达戈斯蒂诺也讨论了塞尔的构成性规则和规制性规则,而且他认为塞尔持有以下观点(即惩罚规则是规制性规则):"我们可能会进一步提出:①唯有游戏的构成性规则定义了各种从该游戏中衍生的概念('在玩的是某种游戏'、'这是某游戏的一种情形'等);和②所有游戏中招致惩罚的规则都是规制性规则,且是有正式形式的 Rv。[12](基于这一解释,每个游戏的惩罚规则都是规制性规则,而不是构成性规则。例如,在足球中,禁止'背后绊人'的规则从这个解释来说,就是一种规制性规则而不是足球的构成性规则)。"[13]

然而,如前所述,塞尔的 CR 包含了 RR,可以从 CR 导出他的惩罚规则,因此 RR 是 CR 的一部分。事实上,达戈斯蒂诺在他的体育规则中重点关注的不只是 CR 和 RR,而且还关注"比赛风格"(the ethos of game)。他想强调的是:"……重要的是要承认,任何特定的比赛都有一种风格,也有一套正式规则。我的意思是,通过比赛风格这些传统和惯例,才决定了那场比赛的正式规则如何适用于具体情况。"[14]

虽然他不否认,就某些比赛的特征来说,"规则形式主义"是具有一定程度的解释力的,但同样重要的是,要认识到"比赛风格"的存在。例如,达戈斯蒂诺对美国职业篮球的风格就提出了下列具体主张:"虽然篮球的正式规则禁止球员之间的'身体接触',但任何美国职业篮球赛都充满了球员意外或者故意相互碰撞的事件。""总之,非正式的、默示的、经验性的、决定性的传统和惯例调整着

---

[12] 按照达戈斯蒂诺的定义,Rv 就是游戏中所禁止的行为。

[13] Morgan, W. J., "The Logical Incompatibility Thesis and Rules: A Reconsideration of Formalism as an Account of Games", in Morgan, W., & Meier, K. (Eds.), *Philosophic Inquiry in Sport*, Champaign, IL: Human Kinetics, 1995, p. 45.

[14] Morgan, W. J., "The Logical Incompatibility Thesis and Rules: A Reconsideration of Formalism as an Account of Games", in Morgan, W., & Meier, K. (Eds.), *Philosophic Inquiry in Sport*, Champaign, IL: Human Kinetics, 1995, p. 42.

篮球正式规则的官方解释,这种传统和惯例构成了美国职业篮球的风格。"[15]

换句话说,达戈斯蒂诺的意思就是,一项体育活动并不只由正式规则来调整,也需要由"比赛风格"来决定正式规则在特定情况下如何适用。不过,他的观念面临着某些困难,这将在后面第6章(体育比赛的风格与体育规则)谈及。为此,达戈斯蒂诺的体育规则特定概念可以表述为:

$$SR = [CR + RR(including\ PR)] + (game\ ethos)$$

对达戈斯蒂诺而言:体育规则需要构成性规则和规制性规则,后者包括惩罚规则。而且,"比赛风格"同样应当加以考虑,以便确定正式规则在特定情况下应如何适用。

(四)弗雷利(Fraleigh)的体育规则概念

弗雷利也没有提及塞尔的概念,但提到了休茨,他认为规则是一场优质比赛中的最重要因素。对他来说,构成性规则(CR)就是特定体育比赛的全部规则。它们也包括惩罚规则和规制性规则。

"构成性规则就是那些使特定体育运动如是的规章。具体而言,构成性规则提前界定了体育比赛的特别领域、期限,比赛者所要实现的特定事务状态或者说比赛的目标,以及用以实现那种目标的手段或者说比赛方法,所允许使用的装备和材料,打分规则或者评价制度,还有如果违反了这些规章会受到什么样的惩罚。"[16]"因此,构成性规则在任何一项比赛开始前就界定了这项运动项目,而且构成性规则也调整着比赛开始后的行动。"[17]

对弗雷利来说,体育规则"就是法律,它规定着体育参与者直

---

[15] D'Agostino, F. ,"The Ethos of Games", in Morgan, W. J. & Meier, K. V. (Eds.), *Philosophic Inquiry in Sport*, Champaign: Human Kinetics, 1995, p. 47.

[16] Fraleigh, W. P. , *Right Actions in Sport: Ethics for Contestants*, Champaign: Human Kinetics, 1984, p. 68.

[17] Fraleigh, W. P. , *Right Actions in Sport: Ethics for Contestants*, Champaign: Human Kinetics, 1984, p. 69.

接选择的规制效果,从而规范着他或者自己"[18]。基于这一概念,我们就会看到,弗雷利的构成性规则就是一套体育活动的完整规则,这套规则包括定义规则、惩罚性规定以及规制功能,理由就是规则制定者们就是要让那些规则成为构成性规则。因此,他的公式可以描述为:

$$SR = CR(DR + RR + PR) + Spirit$$

对弗雷利来说:体育规则就是构成性规则(它需要定义性规则、规制性规则以及惩罚性规则)。竞赛精神也应当加以考虑,因为它们代表了体育的不成文规则。

(五)雷迪福德(Reddiford)的体育规则概念

雷迪福德承认塞尔对构成性规则和规制性规则的区分。他虽然认同这一区分,但他同时也认为,塞尔的假设需要加以修正。雷迪福德说:"最后,针对塞尔以及对他的批评,我要主张的是,某些承诺——例如想要赢、某些价值以及某种满足感,虽都与所玩的游戏密切相关,但并不是也不可能是游戏的构成性规则。"[19]

雷迪福德认为,塞尔忽略了"踢足球"和"踢足球的游戏"之间的一个重要区别。这种区别被塞尔的假设排除了,因为他认为构成性规则,如游戏的构成性规则,规定了行为的规格和参数,构成了游戏的基础,没有此类规则,这种行为也就不复存在。然而,从雷迪福德的角度来看,前者(踢足球)虽然也含有构成性规则,但要比后者(踢足球的游戏)要少。雷迪福德继续他对塞尔区分 CR 和 RR 的批评:"构成性规则并不决定游戏者做什么,它们构成的是许可做什么,或者规定了要怎么做。足球规则规定了怎样才算作进球,进而规定了什么样的进球能够得分,这些规则并不要求玩家是在门柱间和横梁下踢进球得分还是头球得分。它所规定的是进球和

---

[18] Fraleigh, W. P., *Right Actions in Sport: Ethics for Contestants*, Champaign: Human Kinetics, 1984, p. 70.

[19] Reddiford, G., "Constitutions, Institutions, and Games", *Journal of the Philosophy of Sport*, XII (1985), p. 44.

得分的概念——就是什么算作进球。它以及其他游戏规则，创建了一个概念框架，在这个框架内，某些技术、程序、技巧、做法以及战术被以某些方式作出了说明：怎样算作进球、任意球、抢断犯规，等等。"[20] 从这一段落可以看出，雷迪福德的构成性规则可以被视为定义性规则（玩的这个游戏是什么），并不包括规制性规则（玩家应当做什么）。基于上述看法，雷迪福德的体育规则公式可以表述为（不同于塞尔）：[21]

$$SR = CR(DR) + other\ rules$$

对于雷迪福德而言：体育规则需要构成性规则（定义性规则）和其他规则。

（六）迈耶（Meier）的体育规则概念

迈耶的体育规则概念是以塞尔对构成性规则的解释为基础的，塞尔的构成性规则包括了定义性规则和规制性规则以及惩罚性规则。正如迈耶所说："除了界定当下的特定游戏，构成性规则还对可能的行为和程序施加严格限制，玩家可能会利用这些行为或程序来获得体育的目标。换句话说，构成性规则也通过具体规定什么是宽容的，什么是禁止的，或者更简单地说，什么会招致惩罚，什么不会招致惩罚等，来规定实现目标的有限手段。"[22]

不过，迈耶认为，制裁（或招致惩罚的规则）不仅应被认为是规制性规则，而且应被看作是构成性规则的扩展，或者作为它的一个子集。迈耶说："违反一个规则的行为只属于另一个划定固定惩罚

---

[20] Reddiford, G., "Constitutions, Institutions, and Games", *Journal of the Philosophy of Sport*, XII (1985).

[21] 雷迪福德还认为，塞尔塑造的是一种制度（an institution）的概念，作为一个构成性规则体系，是不完整的。尽管一个构成性规则体系单独就能定义一个特定的游戏（例如足球比赛），但这不足以解释一个游戏的制度（如足球、高尔夫球和网球）。一个游戏的结构不仅要通过构成性规则和规制性规则来建构，而且更需要运用速度和技能、战术获得优势，谋求胜利。此外，比赛的特征还有竞争性、忠诚和承诺，它们可能会在动机和态度上表达出来。

[22] Meier, K. V., "Restless Sport", *Journal of the Philosophy of Sport*, XII (1985), p. 69.

的规则，这种规则本身就是对以前就预期会发生的行为的特别处理规定；因此，这些规则或许最好被看作是构成性规则的扩展，或者作为它的一个子集，不是作为终止指标，而是玩这种游戏的'构成内在性'的暂时指标。"[23]

迈耶引入了另一类被称为辅助性规则（auxiliary rules）的规则，这种规则与技术规则（如眼要盯住球）或者战术规则（如为得分取胜欺骗对手）无关。确切地说，它们更与限制参赛者的条件有关。迈耶认为："这种类型的规则是规定和规范参赛者的资格、准入和接纳、训练和其他大赛前的要求的规则，是一种与构成性规则完全不同颜色或性质的规则，正因为如此，它无论如何都与体育的精髓没有任何关系。"[24]

通常，辅助规则涉及：①存在安全隐患或身体紧张；②对参赛者特别经验的限制，这些条件如年龄、性别或者体重；或者③种种社会或政治理由。如："（a）在温布尔登公开赛上禁止全黑或单片网球服装；（b）排斥职业运动员参加业余体育锦标赛；（c）在特定的国际体育比赛中限制任何一个国家不超过 3 名代表；（d）禁止所有南非共和国运动员参加奥运会比赛；（e）特别制定每个赛季运动员每周每天参与训练的时数；（f）禁止使用某些训练药物，如合成代谢类固醇，以提高运动成绩。"[25]

按照迈耶的看法，尽管这种规则可能确实揭示了一项特定体育运动所固有的特殊表现，大量体现了它的规制性的上层建筑，并因此表现出它的潜在价值，以及官僚结构的附加制度参数，但它们很少或没有揭示这项运动的真实性质，更不用说这项运动的整个本体论地位。显然，任何对体育运动的价值论指向，比如断言训练过程应该不会危及运动员的安全、健康或情感幸福，或提高其成绩的技

---

[23] Meier, K. V., "Restless Sport", *Journal of the Philosophy of Sport*, XII (1985), p. 69.

[24] Meier, K. V., "Restless Sport", *Journal of the Philosophy of Sport*, XII (1985), pp. 70~71.

[25] Meier, K. V., "Restless Sport", *Journal of the Philosophy of Sport*, XII (1985), p. 71.

术,如应禁止血液兴奋剂,都大大超出了构成性规则所具有的描述性和规定性功能。

关于迈耶对规范形式主义和比赛风格的立场,他旨在强调,一项运动的规则(构成性规则和规制性规则)以及围绕规则具体适用的具有解释性的比赛风格,也就是在整个比赛期间持续规制、指导和解释体育活动的具体实例。[26]因此,迈耶的体育规则概念可以公式化为:

$$SR = CR(DR + RR + PR) + (game\ ethos) - AR$$

体育规则=构成性规则(定义规则+规制性规则+惩罚规则)+(比赛风格)-辅助规则(因为辅助规则与体育的本质无关)。

(七)摩根(Morgan)的体育规则概念

尽管许多体育哲学家们在过去都讨论了规则形式主义,但摩根后来审查了许多反形式主义的文章,[27]再次提出了问题,主张规则形式主义是可持续的观点。他认为:

"(1)形式主义的标准解释,即是正式规则界定了游戏,这完全能够解决是什么构成了游戏、公正地玩游戏的问题;

(2)形式主义关于构成性规则与规制性规则的主要区别是站得住脚的,而且通过考虑这些规则就能实际上读懂决定游戏目的的东西是什么;

(3)要把分析比赛风格包含进对游戏和体育运动的分析中去,这只能通过形式主义所倡导的以规则为主导的理论方能实现。"[28]

关于构成性规则、规制性规则和惩罚规则的关系,摩根认为,构成性规则要与另一类前置或独立调整既有行为的规则区分开来,

---

[26] Meier, K. V., "Restless Sport", *Journal of the Philosophy of Sport*, XII (1985), p. 70.

[27] 诸如雷曼(Lehman)、利曼(Leaman)和阿戈斯蒂诺(D'Agostino)的作品。

[28] Morgan, W. J., "The Logical Incompatibility Thesis and Rules: A Reconsideration of Formalism as an Account of Games", in Morgan, W., & Meier, K. (Eds.), *Philosophic Inquiry in Sport*, Champaign, IL: Human Kinetics, 1995, p. 62.

与相应的惩罚规则区分开来。[29]根据这一解释，构成性规则不包括规制性规则和惩罚规则。同时，惩罚规则源于规制性规则。于是，摩根的体育规则概念就可公式化为：

$$SR = CR(DR) + RR(PR) \pm (\text{game ethos})$$

即体育规则包括构成性规则（定义规则）+ 规制性规则（惩罚规则），此外可能还有比赛风格。

（八）阿诺德（Arnold）的体育规则概念

阿诺德对体育概念的表述是最近的。他运用了罗森伯格比赛的欺诈（incontest forms of cheating）与非比赛的欺诈（noncontest forms of cheating）之间的区分，[30]前者是指发生在比赛期间的欺诈，后者是在比赛之前或赛后的欺诈。前者主要指运动员或裁判违反了构成性规则或者规制性规则；后者涉及违反辅助规则，如那些涉及参赛资格的规则。他说："人们一直都认为，体育运动是一种部分以规则为特征并受规则约束的人类实践。这些规则可以是构成性的（界定活动）、规制性的（引发惩罚）或者是辅助性的（规定参与资格）规则。没有这些规则，某个体育活动可能就不复存在。一项体育运动之所以存在，就是因为由规则来型塑并发展规则的结果。"[31]

从他的陈述来看，阿诺德提供了一种形式主义的游戏概念，而且增加了体育规则要素——参与资格规则。这一解释为之前的那些体育哲学家们提供了更多变数。他的体育规则概念可以用以下方式来表达：

$$SR = CR(DR) + RR(PR) \pm AR$$

---

[29] Morgan, W. J., "The Logical Incompatibility Thesis and Rules: A Reconsideration of Formalism as an Account of Games", in Morgan, W., & Meier, K. (Eds.), *Philosophic Inquiry in Sport*, Champaign, IL: Human Kinetics, 1995, p. 51.

[30] Rosenberg, D., "The Concept of Cheating in Sport", *International Journal of Physical Education*, 32 (2) 2nd quarter, 1995, pp. 6~8.

[31] Arnold, P., "Three Approaches Toward an Understanding of Sportspersonship", in *Sport, Ethics and Education*, London: Cassell, 1997, p. 24.

即体育规则＝构成性规则（定义规则）＋规制性规则（惩罚规则），可能还有辅助规则。

体育规则的不同概念

1. Searle: CR ＝ (DR ＋ RR) ± PR
2. Suits: CR ＋ SKR ＋ PR (extension of CR)
3. D'Agostino: [CR ＋ RR (including PR)] ＋ (game ethos)
4. Fraleigh: CR (DR ＋ RR ＋ PR) ＋ Spirit
5. Reddiford: CR (DR) ＋ Other Rules
6. Meier: CR (DR ＋ RR ＋ PR) ＋ (game ethos) － AR
7. Morgan: CR (DR) ＋ RR (PR) ± (game ethos)
8. Arnold: CR (DR) ＋ RR (PR) ± AR

到目前为止，我已经仔细探讨了由不同的学者所支持的对"体育规则"概念的各种解释。正如前面的讨论所展示的，他们每个人都有自己的看法。虽然塞尔创造了 CR 和 RR 之间的区别，但就所有体育规则是否必须是 CR 这一问题而言，他的立场是不明确的。塞尔的立场并不是唯一有问题的立场，因为其他人对体育规则的阐释也带来了某些混乱。虽然大部分的定义采纳了最初塞尔 CR 和 RR 的观念，但他们也开发了不同的体育规则概念。一直最受指责的概念是"构成性规则"，因为它被赋予了诸多不同定义。因此，下一节我试图澄清体育规则的概念，从而为该概念提供一个更好的解释。

二、体育规则就是构成性规则和准规制性规则

前面审查的学者所提出的体育规则有四类：构成性规则、规制性规则、惩罚性规则和辅助性规则。起初，人们可以评鉴这些区别，对这些使用不同概念的学者来说似乎无法达成共识。如此，这里就需要对概念赋予更多的精确性。虽然在这些学者之间没有共识，但这并不意味着我们就不能取得任何进展。因此，需要进一步寻找这些学者之间的核心解释来统一他们的辩论。这一任务背后的原理，我们已经在第一章中谈到，就通过区分概念（concept）和观念

(conceptions)来解决,因为人们可以自然地认为体育规则的概念与体育规则的各种观念是截然不同的。显然,从对体育规则的那些各种不同的解释来看,对构成性规则还是有隐含的共识的。换句话说,他们在构成性规则就是定义规则这一点上分歧较少,即定义规则创建或定义了新形式的行为。我想提出更加清晰的看法,我主张某体育比赛的主体部分是由构成性规则"构成"或者"重构"的。据此,我的意思是,我的构成性规则与塞尔的"构成性规则"略有不同,但类似弗雷利的构成性规则。也就是说,当且仅当 X 是在由公认的相关官方规则制定者(如足球协会)构建或重构的情况下,X 才是一项构成性规则,而且要以书面形式写进规则手册中作为竞赛规则(如由英足总批准的官方足球规则手册)。

虽然每一个特定的体育比赛会包含不同形式的构成性规则,但应当注意的是,所有这些规则都有一种普遍的适用方式。正如麦克纳米所认为的:"共性就是特定种类的共性。"[32]这种观念源于贝克(Baker)和黑克(Hacker):"一项规则的普遍性在于它的适用上,而不在于(或者不一定在于)它的形式。我们依据规则来指导我们的行动:我们援引调整这一行动的规则来教会和解释受规则调整的行动。当我们对如何进行这项活动产生疑问时,我们就要查询规则……但一项规则指导我们的形式有太多变化了。"[33]

虽然体育规则会指涉许多不同类型的活动和兴趣,但我认为,每个特定的体育比赛的构成性规则是核心规则,因为他们"定义"和"创造"着新的行为方式。然而,他们的工作不仅于此。构成性规则可能基于历史的或那个特定体育比赛的社会背景来重构或者维持既有的行为形式。一项特定体育运动的原初正式规则也可能会受到影响,因球员、赞助商、广告商、媒体、观众、技术进步或者在更广阔的背景中被改变或者废除。例如,橄榄球最初从足球中衍生而来,然后一直以两种类型的橄榄球比赛在英格兰发展,即橄榄球

---

[32] McNamee, M., "Celebrating Trust: Virtues and Rules in the Ethical Conduct of Sports Coaches", in McNamee, M. and Parry, J. (eds) *Ethics and Sport*, 1998, p. 156.

[33] Baker, G. P. and Hacker, P. M. S., *Wittgenstein: Rules, Grammar and Necessity*, Oxford: Blackwell, 1985, p. 45.

联盟（rugby league）和橄榄球联合（rugby union）。

而且，构成性规则也"规定着"（specify）惩罚。为了更清楚地说明这一点，克雷奇马尔的"惩罚与游戏"[34]观念在这里是有益的。他提出，所有游戏都可以理解为有 A 和 B 版本或者说变数。A 版本是由构成性规则所界定的，违反规则和惩罚排除在外；在乌托邦情景下，可能没有故意或过失违反规则的情况，如此 A 游戏规则可能就足够了。不过，在非乌托邦情景下，运动员就要求有 B 版本的规则。换言之，当 A 版本的构成性规则没有得到遵守时，当这威胁到传统的正直诚实和结果的公正时，B 游戏规则就要被临时援引了。这样，惩罚产生了游戏的 B 版本，它们可能是构成性规则的组成部分，因为它们也被视为新的行为形式。例如，在篮球游戏中，正如克雷奇马尔指出的："……什么情况下算数取决于构成性规则的存在。在法定的犯规罚球的情况下一次罚球命中应该算 1 分，每一投都尽可能按惯例算，这与大家所理解的合法投篮命中的情况下算 2 分同理。"[35]

另外，还可以认为在体育中有两种惩罚。一种被称为"明示惩罚"（explicit penalty），另一种被称为"默示惩罚"（implicit penalty）。明示惩罚显然是特定体育项目规则中公开规定的惩罚，其表达式是"如果球员 A 做了 X，那么 A 将会受到 Y 惩罚"。例如，《水球规则》第 23 条就规定："犯规，如持球、拉人、阻挡等等，从规范上说要受到罚球的处罚（适当情况下可豁免）"[《欧洲水球联盟官方比赛规则》（1996 版）]。如果防守方在 4 米区内犯规就成为"惩罚性犯规"（penalty fouls），如果投中的话还会被另外计分。体育中的明示惩罚，例如，如果没有构成性规则，罚球或惩罚性犯规也就不存在，因为它们是由构成性规则规定或者创造为新行为形式的。

相反，一个默示惩罚是指规则中并未规定但仍具惩罚功能的情形。它是在初级意义上规定的。例如，在棒球比赛中，虽然规则并

---

[34] Kretchmar, R. S., "A Functionalist Analysis of Game Acts: Revisiting Searle", *Journal of the Philosophy of Sport*, XXVIII (2001).

[35] Kretchmar, R. S., "A Functionalist Analysis of Game Acts: Revisiting Searle", *Journal of the Philosophy of Sport*, XXVIII (2001), pp. 167~168.

未规定默示惩罚，但如果一边9人与另一边10人玩的话，对此比赛仍会有一个默示惩罚。我们可以说这是一种类似于"法定无效"的惩罚。法定无效的惩罚是指如果某人做了错事，那么游戏就是无效的。哈特就主张，我们应当看到"法定无效就是一种制裁"，[36]这种制裁与塞尔的观点是相悖的。塞尔认为："并不是所有的构成性规则都有惩罚功能，毕竟，违反了规则才会有惩罚在那儿，打棒球的规则就是一边9个人。"[37]

对于形式主义的解释，有些体育哲学家把构成性规则与其他类型的规则，如规制性规则、惩罚规则和辅助规则等，割裂开来。他们尤其表现为把构成性规则看成纯定义规则（defining rules），这类规则决定了比如什么是足球的问题，而规制性规则是当这种规则被违反时导致惩罚的规则。但进一步反思的话，这似乎并无意义。诚如基尤所说的："如果只有构成性规则是具有定义作用的，那么一项规制性规则，如足球中的手球，就并不构成足球的独特性和可识别特性了（这一规则在橄榄球中就不适用）。吉登斯认为，规则只有两个方面或者两种意义而不是两个变种。因此，用他的例子来说，一个规则——如在象棋中定义何为将死的规则——肯定是象棋游戏之构成性规则的一部分，但很显然这条规则也具有规制性。"[38]

在此意义上，或许提出如下看法是有意义的：所有规则都有规制性，存在两种规制性规则。

一类是"依赖性规制规则"或者"准规制性规则"（"Dependant RR"or"Quasi‐RR"），这种规则可能只依赖构成性规则而存在，因此，对体育规则更好的解释是要看到构成性规则具有规制性规则的意义，甚至在某些情况下也是一项体育游戏开始的规则。

另一类规制性规则就是"一般规制性规则"（General RR），这类规则调整先在的行为或活动形式，如礼仪、垂钓策略、某些类型

---

[36] Hart, H. L. A., *The Concept of Law*, Oxford: Oxford University Press, 1961, p. 33.

[37] Searle, J., *Speech Acts*, Cambridge: Cambridge University Press, 1969, p. 41.

[38] Kew, F. C., "Game‐Rules and Social Theory", *International Review of Sociology of Sport*, 27 (1992), p. 304.

的野蛮行为或伦理。它们可以是游戏创作者的指南或者参考,虽然不一定如此。克雷奇马尔曾指出了规制性规则的重要性,指出了它们如何知会和指导游戏创作者的制作过程,包括体育游戏。[39]

诚如克雷奇马尔所总结的:"简言之,规制性规则阐明了游戏创作者、游戏玩家以及裁判们置入的一系列先行条件。当游戏处于创造过程时,它们是有价值的;当需要改进时,当玩的时候,甚至是当游戏受到裁判时,任何时候都需要保护游戏的正直和诚信。"[40]

根据上面的讨论,有人提出,所有规则都具有规制性,构成性规则也可以被视为准规制性规则。这是在两个意义上来说的:一方面,构成性规则不仅"后"于一场体育比赛而开始,而且也可能"先"于体育竞赛而开始。大部分规则是在体育竞赛开始"前"来规制的,比如赛场大小、设备规格和参与者的条件等。例如,在国际游泳比赛中,根据官方游泳规则,泳池被定义为长度为50米。这条规则是因为它是由国际泳联"定义和创建"的构成性规则。但它也具有规制作用,因为所有参加者都要首先接受这一标准才能获得参与同一场比赛的资格。如果任何一个人或者在49米或者在51米长的游泳池内进行正式比赛,这是不可接受的。另一方面,某些构成性规则只能调整游戏开始"后",如比赛的距离和持续时间、得分、越位和犯规等。例如,特定800米跑的一个规则规定,运动员可以在跑到200米处后移动到内侧跑道。此规则可以被视为构成性规则以及准调节规则。说它是构成性规则,是因为它在创建此规则以确定新的行为形式,而不是先在的行为。它还规定在了田径的官方规则手册上,是准规制性规则,因为所有规则都具有规制性质。

三、体育规则是可扩张的规则

一个重要问题是:构成性规则足以涵盖某一特定体育规则的全

---

[39] Kretchmar, R. S., "A Functionalist Analysis of Game Acts: Revisiting Searle", *Journal of the Philosophy of Sport*, XXVIII (2001), pp. 160~170.

[40] Kretchmar, R. S., "A Functionalist Analysis of Game Acts: Revisiting Searle", *Journal of the Philosophy of Sport*, XXVIII (2001), p. 170.

部概念吗？虽然可能存在赛内规则（适用于一种体育比赛过程的规则）和非比赛规则（适用于体育比赛之外规定的规则）的区别，但我宁愿认为构成性规则是一种赛内形式的规则，但其具有扩张性。也就是说，可能还会进一步需要新利益、伦理或者非伦理行为，如在体育比赛后发生的违反体育道德的行为，从而需要将新规则添加进构成性规则中。

这里引入约翰·罗尔斯的规则观念来支持我的论点可能是有益的。罗尔斯认为，一般来说，有两种规则观念，即"概括性规则观"（summary conception）和"实践性规则观"（practice conception）。一方面，在"概括性规则观"中，"规则被描绘成是对过去决定的总结，这些决定是把功利主义原则直接适用于特定情况而作出的"[41]。这些特定的行为情形在逻辑上是先于规则的。在这些情况下，同样的决定将要么由同一人在不同的时间作出，要么在同一时间由不同的人作出。如果一种情况能够反复出现，人们就会编制一条规则来涵盖那种情况。这种观念之所以被称为一种总结视角的观念，是因为这种规则被描绘成由功利原则直接适用于特殊情况而作出的决定加以概括总结的结果。另一方面，就"实践性规则观"而言，规则被描绘成就是"界定"一种做法。对于概括性规则观，"特殊情况下作出的决定在逻辑上先于规则"。对于实践性规则观，情况正好相反。这种规则被描绘成是用来定义某种做法的。罗尔斯认为，实践性规则观（如棒球比赛）在逻辑上是先于特定的情形的。正如他所指出的："这是因为一个特定的行为情形无法落入一个实践性规则，除非存在这种实践。这可以通过以下情形来更清楚地说明：在一种实践中，有设立办事处的规则，也有违反规则所确立的惩罚，等等。"[42]

不过，罗尔斯对这两种规则观念的区分（实践视角和概括视角）似乎过于简单化了，因为他的"概括性"观念也能适用于实践性知

---

[41] John Rawls, "Two Concepts of Rules", *The Philosophical Review* 64 (1955): 3-32, sec. III.

[42] John Rawls, "Two Concepts of Rules", *The Philosophical Review* 64 (1955): 3-32, sec. III.

识，正如在体育比赛这种实践中也可以被援引。例如，在某些体育项目如曲棍球和网球中的比赛，比赛行为（conduct of play）规范和着装规范（dressing code）都被解释为特定行为情形下的核心规则，它们是基于总结性观念所生成的。

另外，提出辅助规则有时被看成是体育游戏被建构以后，用来补充构成性规则的规则，这也是有道理的。辅助规则经常被看作是诸如"定性的规则"（qualifying rules）或者是规范比赛之前、比赛以后的运动员行为的规则。这类规则是辅助于让"赛内"规则变得更加丰富。通常这种类型的规则并不规定于官方的规则手册中，或者与某一特定体育活动的核心规则联系在一起作为一种新的行为形式。不过，它们也可能被添加进规则手册作为"附件"或者"戒条"，有时甚至是一种体育游戏核心规则的组成部分，如构成性规则，即使这可能并不必要。

总之，我认为核心的体育规则可以看成就是构成性规则，说它们是构成性规则，不只是因为它们是构建游戏的，而且是因为它们也可以被修正或者扩展，这种扩展可基于某一特定体育游戏的历史背景、游戏风格或其他理由，如参与者的兴趣、伦理或商业关注等。如果接受上面的观点的话，构成性规则就是体育规则的基础规则，在体育中实际上不需要区分构成性规则与定义规则和惩罚规则，因为它们都是构成性规则的组成部分。

在所有规则都具有规制性的前提下，构成性规则也可以被看成是准规制性规则。因为一旦构成性规则得以建构或重构，它们就不仅规制相关参与者在比赛期间的行为，而且也规制其在比赛以前或比赛以后的行为。

最后，如果塞尔和克雷奇马尔将规制性规则解释为游戏创作者（如体育游戏的规则制定者）的指南是可接受的话，那么一般的规制性规则就可以被认为是构成性规则的一种"指南"或者"规章"（或者说把一般规制性规则作为对构成性规则的一种指导或规制）。因此，我们可以认为，辅助规则以及那些不成文的规则，如比赛风格（ethos of games）之类，都能够具体化并转化为某类规制性规则，从而，更好的表达体育概念的公式将是：

$$\text{Game ethos} =\rangle \text{RR} =\rangle \text{SR} = \text{CR}（\text{Central Rules}）\pm \text{AR}$$

这就是说，一般规制性规则可以引申自比赛风格。它们是体育规则的指南，体育规则可以被看成是构成性规则（正式的书面赛内规则）。辅助规则可以被构造为体育核心规则的组成部分，但也不一定。

在研究和澄清了体育规则的概念后，"规则形式主义"的明确立场应当建立在构成性规则的基础上。构成性规则是体育游戏的核心和正式书面规则，因此，它们不同于一般规制性规则，如足球协会的指南。这也有助于我们理解和评价其他体育游戏要素的重要地位，如比赛风格，它有时可能也会影响赛内规则。那么我们就可以开始质疑规则形式主义是否足以证立了。为了回答这一问题，有必要首先澄清道德规范、法律和体育规则之间的关系。这便就是第三章的任务。

小 结

首先，在本章中，我谈到了众说纷纭的体育规则的概念，认为核心的体育规则就是构成性规则（CR），因为它构成了体育规则的独特内容，而且它们可以由正式规则制定者加以修改，并被写进规则手册。正如我所主张的，所有规则都具有规制属性，CR 当然也具有规制意义（因此是准规制规则）。一旦它们得以构建或重构，它们在体育比赛开始之前，甚至有时在比赛之后都可以调整参与者的行为。

其次，我也认为，体育规则是可扩展的规则。他们不只是"一套"写在规则手册中的规则，而且还需要其他规则，如"辅助规则"，来补充或者扩展，添加到体育比赛的核心规则中，以便使其变得更加充分。

最后，在探索和澄清体育规则概念的过程中，"规则形式主义"的立场很明确是建立在构成性规则的基础上的，这有助于我们理解和欣赏体育比赛的其他元素，如比赛风格，这将不时影响到赛内规则。

奥运会中作为软遗产的Integrity相关管制 *

[日] 山崎卓也** 著 张林芳*** 译

前 言

近年来在体育界，从确保体育赛事中 Integrity 的必要性的观点出发，对体育赛事活动施行了各种各样的管制。比如管制威胁比赛结果不可预测性（unpredictability）的兴奋剂和假球事件，对比赛内容直接涉及限制典型的案例。近年来，如涉及不正当利益关系的竞技运动团体和运动员私生活丑闻等没有直接接触到比赛现场的事件，也有被划入"Integrity"的射程范围之中的趋势。因竞技运动团体的不正当交易与运动员私生活丑闻也的确威胁到体育运动事业的社会信任度及运营信任度，所以对其进行一定的控制还是非常有必要的，但是 Integrity 的内情以及法律保护上的含糊不清，导致"只有在社会中引起了很大的反响才会进行处罚"这样的情形发生，从法律的稳定性及罪刑法定主义的观点来看，这是有很大问题的。与比赛现

---

* 本文为山崎卓也律师在 2015 年亚洲体育法学会国际学术大会暨 2015 年日本体育法学年会（日本东京）上发表的论文——"奥运会中作为软遗产的 Integrity 相关管制应该是怎样的：被寻求罪刑法定主义的理念和明确规定的必要性"。

** 山崎卓也（やまざきたくや）（弁護士），男，日本 Field-R 法律事務所律师，国际足球联盟（FIFA）纷争解决室仲裁人，国际职业足球选手会（FIFPro）、亚洲·大洋洲支部副会长，日本体育仲裁机构·体育仲裁法研究启发活动委员会，日本体育法学会理事主要研究方向：体育法学。

*** 呼伦贝尔学院体育学院教授。

场有直接关联的假球事件,也是因为"在社会中引起很大反响"这样的理由出现后,才开始扩大相关管制,并且采取了相应的措施。从奥运会遗留下来的软遗产 Integrity 的观点出发,管制"人民裁决"事态的发展,彻底 Integrity 管制及与体育赛事处罚相关的罪刑法定主义的观点,让法务人员以比赛前制定好的相关规定为基准进行监督是非常有必要的。从这个意义上来讲,关于对软遗产 Integrity 保护法的正确共同认知,以及相关规定的明确化,作为 2018 年、2020 年将在亚洲持续举行奥运会的软遗产应该备受关注。

一、关于 Integrity 管制的两种类型

近年来,从体育界施行的 Integrity 确保观点来看的管制,主要以假球及兴奋剂事件的管制居多,除此之外,就像对体育竞赛团体的腐败行为、运动员及裁判与其他相关人员进行的反社会行为、不正当行为一样,社会对体育界从伦理角度上管制及处罚威胁体育竞技的不正当行为的 Integrity 呼声也很高。总之,在体育竞技中被呼吁的 Integrity 就是包含两种类型:①对比赛中的 Integrity 确保,以及②对赛场外的 Integrity 确保。[1]

《奥林匹克宪章》中对 Integrity 的规定,[2]主要是与前文内容设想的一样,曾经从 FIFA 的不正当行为中可以看出与竞赛团体运营相关联的腐败行为(不正当利益关系)、暴力事件、骚扰事件、未成年人身贩卖事件、歧视事件,都会在本文中进行叙述。

像这样在体育赛事中判断 Integrity 是否被威胁、伦理价值是否被威胁,往往都很容易被媒体左右,特定的某个人被当作替罪羊(运动员的情况比较多),为了以儆效尤采取重罚的情况也比较多。另

---

[1] 体育运动领域明确 Integrity 概念的文献未必不多,上述在澳大利亚体育佣金方面也记述了"The integrity of a sport will be judged by its participants, spectators, sponsors, the general public and more often than not, the media"的内容,http://www.ausport.gov.au/supporting/integrity_ in_ sport/about/what_ is_ sport_ integrity.

[2] 《奥林匹克宪章》(2014) 第 2 条第 8 项。

外，在这种"伦理价值"中，因为提倡者的观点不同，[3]对特定体育项目的比赛结果以及运营上的判断产生不满的人，出于政治的和感情的理由滥用 Integrity 的事例也非常使人担忧。

如果是那样的话，关于这两个类型，验证管制的必要性的保护法、确定需要管制和处罚的对象、贯彻处罚体育竞技中的罪刑法定主义[4]是非常重要的。

以下将对上述两种类型保护法和恰当的管制分别进行讨论。

二、类型 1——比赛中 Integrity 确保管制

比赛中 Integrity 确保的管制主要为：①兴奋剂管制；②假球管制。兴奋剂和假球危害了作为体育竞技最为核心价值的比赛结果的不可预测性，因此，充分说明它们伤害了体育竞技中的"Integrity"。[5]

确实，在体育和娱乐产业中，观众、赞助商、电视台等所谓为观看体育赛事支付金钱的"客户"，是在不知道比赛结果的前提和期待下的，如果他们在这个前提完全被破坏的情况下还支付着相应的金钱，那为了体育赛事支付金钱的行为将受到损害。因此，为了确保对比赛结果的不可预测性的管制，是守护体育产业基础的头等大事。

相反，无论运动员还是裁判在比赛中的行为多么符合伦理，只要比赛结果的不可预测性受到了威胁，那相关的管制就必须十分

---

[3] 前述澳大利亚体育佣金也记述了相关的内容，"The integrity of a sport will be judged by its participants, spectators, sponsors, the general public and more often than not, the media."

[4] CAS 判例对体育上提到了有关制裁罪刑法定原则（principle of legality）必要性。CAS 2008 / A / 1545 Andrea Anderson, LaTasha Colander Clark, Jearl Miles, CAS 2014 / A / 3536 Racing Club Asociación Civil v. FIFA 等。前者的事例，作为受到制裁者必须是"可预见的"的事情和法律所明确规定的事项。

[5] 巴黎大学微星科技亚太互联网络信息中心在 2014 年 5 月于 *Sport Security* (ICSS)上发表的报告书上记载的 "Guiding Principles for Protecting the Integrity of Sports Competitions" 的前文中，"Globally, sport is confronted with a phenomenon that destroys its very essence, that of its unpredictability." 不可预测性是运动的本质价值被认为也是存在的。

谨慎。

从这样的观点出发，比如在伦敦奥运会羽毛球比赛中出现的所谓"没精打采的比赛"案例[6]，是以最好的比赛结果为目的的行为，这与被管制的假赛＝威胁比赛结果的不可预测性是有明显区别的，所以这并不能被判定为损害Integrity的行为而受到处罚。这个事例充其量可以被理解为为了赢得最后的金牌、保存体力应对下一个比赛对手的战术而已，不能作为违反规定的情况而对运动员进行处罚。在这个事例中，运动员以失败为目的在比赛中没有发挥出真正的实力，从而引起了很大的反响，结果被裁判处罚，这从Integrity的角度上来讲，是没有必要用保护法来进行管制和处罚的典型案例。

另外，在1982年的足球世界杯中也出现过同样的事件。当时西德队和奥地利队的比赛的结果将决定阿尔及利亚队是否能够晋级小组赛，结果西德和奥地利两队操作了比赛结果，最终使阿尔及利亚被淘汰。为了避免这样的问题，现在，在足球世界杯中，所有的小组淘汰赛最后的比赛都在同一时间进行，但这还是没有解决根本问题。像这种情况，为了管制而处罚，从保护法的角度来讲，肯定是过分的。在这样的情况下，体育赛事团体为了平息事件带来的影响，往往都把运动员当作替罪羊，这是被近代刑法禁止的，用事后法进行的处罚是绝不能被允许的。

关于兴奋剂的管制，其处罚程度的恰当性也是存在问题的，无论如何，像WADA规定的那样只能对明确判定违反者进行处罚，这个观点（虽然有Strict Liability等问题）从罪刑法定主义的观点来看保证了一定的明确性（总之，假如WADA规定运动员摄入了不是禁止药物的药品，从结果上来讲增强了运动员的体能表现，也只能说是不被希望的行为，至少不会成为违反WADA规定的意思）。

与之相对，关于假球的相关管制，管制方法、范围、程度也在各国均有所不同，特别是，什么样的情况才能被认定是"假球"，应

---

[6] 在伦敦奥运会上，女子双打的1次同盟已经3场比赛中2胜决定了进入决赛淘汰赛4双8选手，在1次同盟最终战中决赛淘汰赛的对战中，为了自己的利益故意在比赛中输的事例。世界羽毛球联盟根据运动员行动规范进行了4双8选手资格的处分。

该怎么样进行处罚，关于这些的范围的明确化是很有必要的。[7]如果这个范围含糊不清，像前文所述的那样从比赛结果的不可预测性的角度来讲没有任何问题的"无精打采的比赛"也被视为需要处罚的话，管制范围将会过度扩大。

另外，与兴奋剂和假球事件有些不同，所谓欺瞒行为这种类型也是有必要值得注意的。虽然这种行为没有明确被规定严禁，但也是玷污 Integrity 的行为，是需要被处罚的行为类型。比如 2009 年在英国橄榄球比赛时成为重大问题的 Blood Gat 事件行为（运动员在可以替换的情况下，故意将装有假血的胶囊含在口中，装作受伤的行为）就是这样的类型。像这种欺瞒行为，与在足球运动的 PK 中故意装作摔倒而被处罚的情况特别相似，如果不是这样，从罪刑法定主义的原则（明确性的观点）来看，对其进行处罚需要判定上述比赛结果的不可预测性是否受到了威胁，从这个观点来讲有必要进行慎重的讨论。

三、类型 2——在比赛以外的情况中为确保 Integrity 的管制

这是属于比上述类型 1 更严重的、比较容易以含糊不清的证据来处罚和管制的类型。的确，体育竞技给人的印象是遵守规则、公平公开的。因此，运动员、裁判、竞赛团体等作为社会的楷模在伦理性方面被社会寄予很高的期望，但是越是强调这点，越是需要接受严格于一般人的规则的约束，以体育运动对社会的期待作出反馈的名义，在媒体和社会引起很大反响的情况下，有时需要对体育相关人员作出进行较重处罚的裁决，这种责任类似于人民法院。因此，体育相关人员作为具有高伦理性的人，假如进行了一定程度的妥协，都需要在既定规则的基础之上进行。

为此，首先从防止竞赛团体的非法行为的观点来看，防止团体

---

[7] Principle 7："Identify the Types of Conduct That Could Constitute an Offence". 巴黎大学微星科技亚太互联网络信息中心在 2014 年 5 月于 *Sport Security*（ICSS）上发表的报告书。

的腐败，为实现优秀的治理而确立的监督系统，整理、准备相关人员和运营者必须遵守的伦理规定（Code of conduct）和其他的规章制度是很重要的。另外，整理、准备相关人员必须遵守的防止暴力、骚扰、未成年人身贩卖、歧视的相关规章制度也是非常重要的。还有像这样的制度，往往都是很抽象的东西，比如关于与利益相反的广泛解释和容易产生余地的事项，需要努力制定出具体的纲要和细则。

四、被期望的应对——作为奥运会的软遗产

从上文提到的妥当规定 Integrity 管制的范围、明确化这一点来看，Integrity 管制是体育界非常热门的话题，2018 年、2020 年东亚连续举办奥运会，是我东亚洲地区占有重新改正相关规定主导权的机会，2012 年伦敦奥运会在作为软遗产的"持续可能性"概念上比较计划性的产物，与现在东京奥运会的关系也是加强实现"持续可能性"，确定"持续可能性"结构作为软遗产的动向。

这是 2012 年被伦敦奥运会实施的与"持续可能性"相关联的古利管理机制（政改团——投诉和纠纷解决过程 CDRM——Complaints and Dispute Resolution Process），为东京奥运会设置、加之实现"持续可能性"的重要职责，详细的内容虽然还没有确定，但是今后，2015 年 6 月，作为关于行动遗产的专门委员会之一，设置东京 2020 组织委员会，预计设置"城市建设·可持续发展委员会"等委员会团体也是可以被预见的。

对于这一举措，在东亚洲地域的体育法专家、研究人员做出适当贡献，作为能被后代自豪的奥运会软遗产，实现留下具有明确性 Integrity 制度的体育法结构将被拭目以待。

国际体育仲裁中的强制仲裁合意评析

李 旺* 陶 玺**

随着 2016 年巴西里约热内卢奥运会的临近和举行,体育运动与体育竞技逐渐成为人们的热点话题,国际体育纠纷解决与体育仲裁也再次回到法律界的视野中。谈到国际体育仲裁的相关问题,其中引起过热烈讨论的是运动员在签署将体育组织管理和体育竞赛中产生的纠纷提交国际体育仲裁院(Court of Arbitration for Sport,以下简称"CAS")[1]进行仲裁的仲裁协议时的强制合意问题。早在 1995 年,美国的考夫曼(Stephen A. Kaufman)教授就曾在"Issuesin International Sports Arbitration"一文中讨论过通过强制合意订立的体育仲裁协议的效力问题,虽然没有给出确定答案,但是他对仲裁协议的效力、CAS 的中立性以及仲裁裁决是否能适用《承认及执行外国仲裁裁决公约》(以下简称《纽约公约》)承认与执行提出了质疑。[2]在我国学者讨论建立我国的体育仲裁制度时,也有过许多关于体育仲裁协议强制性或自愿性的争论。2014 年,德国慕尼黑地方法院在一起德国速滑运动员佩克斯坦(Pechstein)与国际滑冰联盟(ISU)之间的损害赔偿纠纷中,判定该运动员在报名参加 ISU 组织的比赛

---

* 清华大学法学院研究生。
** 清华大学法学院教授,法学博士。
[1] 国际体育仲裁院(CAS)是 1984 年由国际奥委会成立的一个专门解决体育纠纷的国际性仲裁机构,总部位于瑞士洛桑。如今,奥运会和几乎所有的国际体育协会内部的管理型纠纷以及国际体育赛事中产生的纠纷均提交 CAS 仲裁。就这类典型的体育纠纷而言,国际体育仲裁在一定程度上可以说就是 CAS 仲裁。
[2] See Stephen A. Kaufman, "Issues in International Sports Arbitration", *Boston University International Law Journal*, 1995.

时不得不签订的 CAS 仲裁协议无效，因为该运动员没有能力拒绝这项仲裁协议，也就意味着这不是他真实意愿的表达。[3]慕尼黑地方法院的这一判决在体育仲裁界又一次引起了对于该问题的争论。

如果像大多数学者主张的那样将国际体育仲裁定性为一般意义上的仲裁，那么强制仲裁合意不仅涉及体育仲裁协议的效力、仲裁庭管辖权的合法性问题，还与体育仲裁裁决的承认与执行息息相关。本文在中国法、瑞士法与《纽约公约》的基础上，从合同法与仲裁法两个视角对国际体育仲裁中的强制仲裁合意进行评析，最后在宏观的层面，结合强制仲裁合意提出应对横向体育纠纷仲裁与纵向体育纠纷仲裁区别对待，形成纵向体育纠纷仲裁独立的规则体系。

一、国际体育仲裁合意的强制性

众所周知，一般意义上的商事仲裁的根基是基于当事人意思自治而产生的仲裁协议，这也是仲裁庭对当事人以及案件本身的管辖权的唯一来源和法院拒绝管辖的根据。但是在体育仲裁领域，这一原则和根基在事实上受到了挑战。根据相关学者的概括，体育纠纷可以被划分为竞争型体育纠纷、合同型体育纠纷、管理型体育纠纷和保障型体育纠纷。[4]其中具有体育仲裁独特性的纠纷是运动员与体育协会或体育组织之间的纠纷，大部分是纵向的管理型体育纠纷。为应对这类管理型体育纠纷，CAS 在普通仲裁处之外还设立了一个上诉仲裁处，专门受理一切因不服体育组织所作出的决定、裁决而提起的上诉案件。[5]这类体育纠纷由于争议当事人之间不存在直接明确的法律关系或者事实上的地位并不平等，其解决纠纷的仲裁条

---

[3] Judgment of the Regional Court of Munich I, Case Number 37 O 28331/12. 在该案中，慕尼黑地方法院虽然认定仲裁协议无效，但以佩克斯坦没有在仲裁程序中提出管辖权异议为由而驳回了他的请求。在上诉程序中，慕尼黑高等法院支持了佩克斯坦的请求。

[4] 张芳芳：《我国体育仲裁法律制度研究》，人民出版社 2009 年版，第 11 页。

[5] 如无特别说明，下文提到的国际体育仲裁、CAS 仲裁均指 CAS 上诉仲裁处处理的管理型体育纠纷仲裁。

款呈现出高度的格式化、强制化特征，这些仲裁条款基本上都指向CAS，成为CAS管辖权的重要来源。如2015年8月生效的现行《奥林匹克宪章》第61条规定，在奥运会上发生的或与奥运会有关的任何争端都应当根据《与体育相关的仲裁法典》（即CAS组织、运行以及审理程序的基本规则，以下简称《体育仲裁法典》）提请CAS仲裁，〔6〕宪章关于奥运会报名表的相关规定也要求报名表中必须包含服从宪章第61条体育仲裁管辖的声明。〔7〕此外，各国际单项体育协会也在其章程中纷纷接受CAS的排他管辖，迄今为止，所有奥林匹克单项体育协会都接受了CAS的管辖。〔8〕如《国际田联（IAAF）章程》第15条规定在该章程和其他规则之下产生的纠纷均提交CAS仲裁。〔9〕除此之外，2016年1月生效的现行《体育仲裁法典》第46条规定："双方当事人在瑞士均无住所、惯常居所或营业机构的，在仲裁开始时签订的协议，已明示排除所有撤销程序时，不得通过撤销之诉对裁决提出异议。"这一规定体现在《国际足联（FIFA）章程》第68条，"除非国际足联规程特别规定，任何事务不得求助于普通法庭，禁止向民事法庭寻求任何形式的处理（包括临时措施）"。这些由奥组委和体育组织单方面提供的报名文件、注册合同和章程，从表面上看均限制了运动员选择纠纷解决方式的权利，实际上迫使运动员做了放弃诉权的声明而接受仲裁。然而，由于运动员与奥组委、各体育组织之间协商能力天然的不对等性，体育赛事对运动员职业生涯的重要性，尤其是奥运会等国际赛事事实

---

〔6〕 第61条第2款："Any dispute arising on the occasion of, or in connection with, the Olympic Games shall be submitted exclusively to the Court of Arbitration for Sport, in accordance with the Code of Sports – Related Arbitration."

〔7〕 第44条规则附则第6款："All participants in the Olympic Games in whatever capacity must comply with the entryprocess as prescribed by the IOC Executive Board, including the signing of the entryform, which includes an obligation to (i) comply with the Olympic Charter and theWorld Anti – Doping Code and (ii) submit disputes to CAS jurisdiction."

〔8〕 刘想树主编：《国际体育仲裁研究》，法律出版社2010年版，第46页。

〔9〕 第15条第1款："All disputes arising under this Constitution shall, in accordance with itsprovisions, be subject to an appeal to the Court of Arbitration for Sport inLausanne (CAS)."

上在国际体育领域的垄断性，运动员只能在要么以签署协议为条件参加比赛或加入体育组织、要么拒签协议而放弃比赛或入会机会之间选择其一。这种现象被我国学者称为体育仲裁协议的"反仲裁性"。[10]

事实上，CAS 体育仲裁对运动员而言并不一定就不利，理论上仅仅以格式化、强制性以及排除撤销程序的仲裁条款来否定 CAS 体育仲裁的效力也是不足以论证的。然而，如果在这种情况下仍然像大多数学者所主张的那样，坚持体育仲裁仍然属于一般意义上的仲裁范畴，仍然承认可以运用《纽约公约》来承认与执行 CAS 的仲裁裁决，在理论上就可能产生一定的冲突。很难想象，对于一个仲裁协议在当事人被强迫的状态下签订、并且当事人无权选择仲裁机构、排除任何司法干预包括撤销程序的仲裁裁决，还能够被视为一般意义上的仲裁裁决并且堂而皇之地运用《纽约公约》来承认和执行。

二、强制体育仲裁合意的合同法分析

仲裁协议或仲裁条款在本质上是一份合同，对强制合意订立的体育仲裁条款的分析，也首先从合同法的角度开始。以上文提到的考夫曼教授为代表，许多学者多从强制合意订立的体育仲裁条款缺乏实质性合意、违背仲裁制度的根基出发质疑这类仲裁条款的效力。如一位前任 CAS 仲裁员保尔松（Jan Paulsson）认为，运动员与体育组织在解决纠纷的经验、磋商能力上的不平等使得这种仲裁合意完全是虚构出来的，是体育组织对"语言的滥用"。[11]一些学者虽然指出了强制仲裁合意违背意思自治原则的问题，但倾向于从附意合同推定有效理论、利益赠与理论、仲裁公正性的正当性补充以及仲

---

[10] 张春良："强制性体育仲裁协议的合法性论证——CAS 仲裁条款的效力考察兼及对中国的启示"，载《体育与科学》2011 年第 2 期，第 24 页。

[11] Jan Paulsson, "Arbitration of International Sport Disputes", in Ian S. Blackshaw, Robert C. R. Siekmann and Jan willem Soek (eds), *The Court of Arbitration for Sport* 1984 ~ 2004, *TMC* Asser Press, 2006, pp. 41~42.

裁协议的有效解释规则来肯定强制仲裁合意的合仲裁性、合理性。[12]

在体育赛事报名表、体育组织章程中出现的仲裁条款，实质上构成了格式仲裁条款，因此从格式条款出发分析强制体育仲裁合意比较合适。格式条款是当事人为了重复使用而预先拟定、并在订立合同时未与对方当事人协商的合同条款，格式仲裁条款即由一方当事人提供另一方当事人选择同意与否的仲裁条款。格式仲裁条款不具有传统意义上的双方当事人协商拟定的"合意"，有学者称之为"同意"模式。[13]格式合同条款并非一律无效，我国法律对其规制是加重提供方的举证责任、要求提供方履行适当说明义务以及在当事人对格式条款的意义产生分歧时做不利于提供方的解释。从CAS仲裁条款的准据法来看，由于CAS仲裁条款并没有阐明该条款的准据法，而运动员几乎不可能与体育组织就该问题达成合意，根据《体育仲裁法典》第28条，CAS仲裁的仲裁地均为瑞士洛桑，因而CAS仲裁条款的准据法为瑞士法。《瑞士债法典》第20条规定含有不能履行、违反法律或者违反公序良俗的合同无效，第21条规定显失公平的合同受损害的一方可以请求撤销。至于通过强制合意签订的格式仲裁条款是否符合这两条规定的情形，瑞士联邦法院在案例中给出了否定的答复，认为体育纠纷解决的效率性、及时性，以及CAS独立性、中立性的保证还有撤销仲裁裁决的救济能够成为这种强制合意正当化的理由。[14]同时，《瑞士联邦国际私法法典》第187

---

[12] 参见张春良："强制性体育仲裁协议的合法性论证——CAS仲裁条款的效力考察兼及对中国的启示"，载《体育与科学》2011年第2期，第24页；宋鑫："国际体育仲裁院强制性仲裁条款的合理性分析"，载《旅游纵览（行业版）》2011年第11期，第26～27页；Antonio Rigozzi and Fabrice Robert-Tissot, "'Consent' in Sports Arbitration: Its Multiple Aspects - Lessons from the Cañas Decision, in Particular with regard to Provisional Measures", in Elliott Geisinger and Elena Trabaldo - de Mestral (eds), *Sports Arbitration: A Coach for Other Players?*, Juris Net, 2015, p. 67.

[13] 林一："国际商事仲裁意思自治原则论纲——基于现代商业社会的考察"，华东政法大学2015年博士学位论文，第244页。

[14] Pashorina–Nichols, Viktoriya, "Is the Court of Arbitration for Sport Really Arbitration?", *LLM Research Paper*, *Faculty of Law*, Victoria University of Wellington, 2015, pp. 2～27.

条实际上采取了"使仲裁协议有效"的原则,规定只要当事人选择的准据法、调整合同纠纷的实体法或瑞士法律其中任一法律认为仲裁协议有效的,该仲裁协议即有效,体现了瑞士法律尽可能承认仲裁协议效力的倾向。

格式仲裁条款并非一律无效,这明确体现在海上运输提单中的仲裁条款对货方的效力以及双边国际投资条约(BIT)中的投资者－东道国仲裁条款对投资者和东道国的效力当中。以投资者－东道国仲裁条款为例,该仲裁条款为投资者所在国与东道国之间签订,约定外国投资者有权根据东道国在投资条约或国内法中做出的单方承诺将有关投资争议提交国际仲裁。而真正的仲裁当事人即投资者和东道国之间是不存在严格意义的仲裁合意的,该仲裁条款对所有缔约国的投资者都有效,因而无论是对投资者而言还是对东道国而言,该仲裁条款实际上都是格式仲裁条款,在国际投资法中被称为无默契仲裁或单边仲裁(ArbitrationWithoutPrivity)。对此,我国学者林爱民也将其定性为一种"强制性仲裁",认为这种无须特定仲裁协议即可由投资者直接提起的投资仲裁是对国际商事仲裁自愿性的一种挑战。[15]然而,如今大多数理论以及国际投资仲裁的实践都不再认为投资者－东道国仲裁存在理论上的漏洞,如戈德曼(Fouchard Gaillard Goldman)教授认为,在投资者－东道国仲裁中,虽然没有传统形式上的仲裁协议,东道国同意仲裁的意思表示在先,投资者选择仲裁即视为接受东道国仲裁的意思表示,这种合意虽然在时空上分离,但仍然能够形成仲裁庭管辖权的基础。[16]我国学者杨彩霞、秦泉也认为,在这一阶段,对投资者－东道国法律关系的考察,不再着眼于东道国在投资协议中所做的合同法意义上的承诺,而是看重其在有关保护投资的条约中所作出的国际法意义上的承诺,强调国

---

[15] 林爱民:"论国际投资争议的'强制性仲裁'",载《行政与法》2008年第1期,第113页。

[16] Emannuel Gaillard, John Savage (eds), *Fouchard Gaillard Goldman on International Commercial Arbitration*, Kluwer Law International, 1999, p. 30.

家在保护外国投资方面应承担的国际责任。[17]

从表面上看，投资者－东道国仲裁比起本文讨论的强制合意的体育仲裁更欠缺合意性，因为在体育仲裁中至少仲裁协议的当事人就是运动员与体育组织双方，运动员已经明确地在报名表或者注册合同上签字，也就代表着对仲裁条款的认可。既然投资者－东道国仲裁不存在违背意思自治原则的问题，那么体育仲裁更不会有这样的问题。然而，这两类仲裁有一些本质上的区别，其中最重要的是双边投资条约并没有强制投资者必须提起仲裁，即便是提起仲裁，投资者也可以选择国际投资争端解决中心（ICSID）的仲裁、一般国际商事仲裁机构的仲裁和以联合国国际贸易法委员会仲裁规则为基础的临时仲裁，因而理论上认为投资者选择提起仲裁即表达了其对仲裁协议的认可和同意。而在本文讨论的情形下，运动员对于是否选择仲裁、选择哪一仲裁机构、仲裁规则与仲裁地都是没有任何自主权的。不排除多数学者主张的附意合同理论、预期利益赠与理论成立的可能性，但正如我国学者李永军提出的，自愿本身就分为两种：一是在没有任何压力下做出的决定，即真正的自愿；二是在无形的压力下不得已做出的决定，即无奈的自愿，表面上看是自愿的，但是否是其真正的意思表示就值得商榷了。[18]

因此，这类强制仲裁合意实际上带来一个无法在一般意义上给出绝对答案的问题，即当事人是有真实的仲裁意思表示，还是基于无奈而签上自己的名字是无从知晓的。在无法探求当事人真正的内心意思、无法判断参加体育赛事或加入体育组织对运动员而言是否属于利益赠与的情况下，本文认为根据客观解释主义和表见主义理论，原则上不应认定强制合意订立的体育仲裁条款无效。但需要在以下几个方面平衡当事人之间的利益：第一，在报名表或者注册合同中要对仲裁条款有明确的提醒，尤其是仲裁条款在冗长的组织章程中的情形。以英国为例，在 Aughton Limited v. MF KentServices

---

[17] 杨彩霞、秦泉："国际投资争端解决中的无默契仲裁初探"，载《比较法研究》2011 年第 3 期，第 120 页。

[18] 李永军：《合同法》，中国人民大学出版社 2005 年版，第 216 页。

Limited（1991）[19]一案中，英国法院认为格式合同中的仲裁条款要与其他条款区别对待，仲裁条款所在的文件必须被明确地提示出来才能对当事人产生效力。虽然随着1996年《仲裁条例》的生效，[20]司法实践对此标准也有所松动，允许一般性地指向仲裁条款所在的文件而不要求指向具体的仲裁条款，[21]但是格式条款提供方的提醒义务是一直存在的。第二，保留运动员一方在有证据的情况下提出异议的权利，比如当运动员能够证明该仲裁条款是由于重大误解或者胁迫等原因而订立时，应当对该仲裁条款的效力做出否定性评价。第三，尊重仲裁裁决承认和执行地法院根据当地特殊情况与公共政策做出的效力判断。在本文开头提到的佩克斯坦与ISU纠纷案的上诉程序中，慕尼黑高等法院虽然确认该仲裁条款的准据法为瑞士法并援引了瑞士最高法院肯定这类仲裁条款效力的判决，但最终还是认定该仲裁条款无效，因为ISU作为举办国际滑冰赛事具有垄断地位的组织，要求运动员签订CAS仲裁条款作为参加比赛的前提条件，构成了滥用垄断地位的行为，违反了德国《反垄断法》的强制性规定。[22]由于格式仲裁条款的特殊性以及CAS仲裁协议的准据法近乎绝对地是瑞士法，因此，对于这种不以仲裁协议准据法为效力判断唯一标准的做法，应当予以支持。

由于我国尚未建立完全的体育仲裁制度，也就没有关于强制合意订立的体育仲裁条款的有效性的规定和实践。但在某些领域，一方当事人提供的强制仲裁条款是不被认可的。例如中国保监会《关

---

[19] Judgment of the Court of Appeal of England and Whales, Case Number 57 B. L. R. 1, 31 Con. L. R. 60.

[20] Section 6: "The reference in an agreement to a written form of arbitration clause or to a document containing an arbitration clause constitutes an arbitration agreement if the reference is such as to make that clause part of the agreement."

[21] See Sea Trade Maritime Corp v. Hellenic Mutual War Risks Association (Bermuda) Ltd (the Athena), [2006] EWHC 2530 (Comm).

[22] See Schellenberg Wittmer, "The Most Recent Decision in the Pechstein Saga: Red Flag for Sports Arbitration?", http://kluwerarbitrationblog.com/2015/01/22/the-most-recent-decision-in-the-pechstein-saga-red-flag-for-sports-arbitration/, last visit on June 1st, 2016.

于在保险条款中设立仲裁条款的通知》规定，保险公司在拟定保险合同的争议解决条款时，应当允许当事人（被保险人）从提交仲裁委员会仲裁和依法向人民法院起诉两种方式中选择一种。此时如果保险合同的仲裁条款规定当事人必须将保险争议提交仲裁，则可能被认定为无效，这也得到我国司法实践的证实。[23]如果这样的规定出现在体育仲裁条款的相关法律制度当中，那么强迫运动员放弃任何法院救济的仲裁条款就可能被认定为无效。

三、强制体育仲裁合意的仲裁法分析

从上文的合同法角度分析来看，实质上构成格式仲裁条款的强制仲裁合意本身并不一定因其强制性、格式化而无效。但是，这类仲裁条款所呈现的体育仲裁的程序性特征，包括唯一确定的仲裁机构、最大程度上排除法院的干预等，都与一般意义上的仲裁相违背。即便仲裁协议的效力没有瑕疵，最终的仲裁裁决也可能无法适用《纽约公约》而得到承认与执行。

（一）国际体育仲裁的中立性问题

我国绝大多数学者在论证强制仲裁合意的合理性时，都将体育争议的专业性、特殊性以及 CAS 的中立性作为理由之一。我国学者宋鑫认为，对于一个具有激烈甚至不可调和利益冲突的国际争端，某个国内法院不可能做出公正的裁决。体育仲裁庭的专业性也能够将当事方的注意力集中到纠纷的实质性问题上来，避免不恰当的拖延和不必要的费用。[24]学者张春良认为，CAS 纠纷解决机制的中立性和权威性是其强制性仲裁条款正当化、合理化的终极判断标准，

---

[23] 孔爱玲诉中国人寿保险股份有限公司漯河分公司、中国人寿保险股份有限公司临颍支公司保险合同纠纷案，河南省漯河市中级人民法院（2009）漯民二终字第147号民事判决书。

[24] 宋鑫："国际体育仲裁院强制性仲裁条款的合理性分析"，载《旅游纵览（行业版）》2011年第11期，第27页。

因为裁判者中立是基本正义的要求。[25]上文已提到,瑞士联邦法院认可这类强制仲裁协议的效力的理由之一也是 CAS 机构的独立性和中立性。

就纠纷解决的专业性而言,CAS 的确具有优势。然而,正因为它在这一领域近乎垄断的专业性,其中立无偏性也就更容易受到质疑,这一点从 CAS 仲裁员名册的来源以及仲裁庭的组成上可以明确体现出来。根据国际体育仲裁委员会(ICAS)2004 年颁布的《解决与体育有关的争议的工作机构规约》(Statutes of the Bodies Working for the Settlementof Sports - related Disputes, 现已成为《体育仲裁法典》的一部分)第 6 条第 3 款, ICAS 负责任命 CAS 仲裁员名册和调解员名册上的仲裁员和调解员。[26]根据该规约第 4 条, ICAS 由 20 位成员组成, 这些成员是由国际奥林匹克委员会、夏季奥运会单项协会、冬季奥运会单项协会以及国家奥林匹克委员会推荐的人员以及上述被推荐人员联合推荐的人员。换言之, 国际奥委会和其他单项运动协会作为潜在体育纠纷的一方当事人, 却能通过 ICAS 行使提前推荐仲裁员的权利。另一方面,《体育仲裁法典》第 33 条又规定, CAS 仲裁的仲裁员应当是仲裁员名册上的人员, 不允许当事人在名册之外选择仲裁员。[27]此外, CAS 仲裁庭的首席仲裁员直接由上诉仲裁处主席(也属于 ICAS 成员)指定,[28]并不像商事仲裁一般由两个当事人联合指定仲裁员, 这就进一步导致 CAS 在仲裁员的人选

---

[25] 张春良:"强制性体育仲裁协议的合法性论证——CAS 仲裁条款的效力考察及兼对中国的启示", 载《体育与科学》2011 年第 2 期, 第 27 页。

[26] 第 6 条第 3 款:"ICAS appoints the arbitrators who constitute the list of CAS arbitrators and themediators who constitute the list of CAS mediators; it can also remove themfrom those lists."

[27] 第 54 条第 2 段:"Every arbitrator shall appear on the list drawn up by the ICAS in accordance with the Statutes which are part of this Code, shall have a good command of the language ofthe arbitration and shall be available as required to complete the arbitrationexpeditiously."

[28] 第 33 条第 2 段:"If three arbitrators are to be appointed, the President of the Division shall appoint the President of the Panel following nomination of the arbitrator by the Respondent andafter having consulted the arbitrators." 此规定属于 CAS 上诉仲裁的特别规定, 不适用于 CAS 普通仲裁。

和任命方式上可能存在的不公正性。

从 CAS 的发展历程来看，CAS 在成立之初与国际奥委会在组织和经济上存在较大的依赖关系，如 CAS 的运转和经费均由国际奥委会全盘控制，国际奥委会确定 CAS 仲裁员的构成，CAS 的章程只能由国际奥委会提出议案并修改等。[29] 经过 1993 年"甘德尔案"[30] 后，国际奥委会联合国际单项体育联合会以及国家奥委会成立了 ICAS，负责 CAS 的运作。此举促进了 CAS 的公正独立性，但是在仲裁员名册的形成以及仲裁员的任命方面，ICAS 和 CAS 的关系仍然为 CAS 的独立性带来较大的质疑。同时，这次改革也并没有完全隔断国际奥委会等体育组织与 CAS 在经费、规章制度制定与修改方面的联系。有学者在对比 CAS 仲裁与中国足联内部仲裁时指出，中国足联内部仲裁是一种体育组织既是运动员又是裁判员的结构，而 CAS 则更具中立性和权威性。[31] 从上述分析可以看出，CAS 仲裁员名册的形成以及仲裁员的任命方式仍然是一种体育组织既是运动员又是裁判员的结构，只是这种关系稍微间接一些。如果运用《国际律师协会仲裁员利益冲突指南》（IBA Guidelines on Conflicts of Interest in International Arbitration）来分析，仲裁员与一方当事人存在金钱利益或个人利益联系的，属于必须回避（即 Non–Waivable Red List）的情形，[32] 虽然《体育仲裁法典》要求仲裁员保持独立中立性，但在客观上仍然有发生这种利益冲突的可能性。在佩克斯坦与 ISU 纠纷案中，慕尼黑高等法院也考虑了 CAS 仲裁庭的中立性问题，法院认为 ISU 对 CAS 仲裁员名册的形成和仲裁庭的组成的影响要远远强于佩克斯坦个人，再加上仲裁庭的首席仲裁员是由 CAS 上诉仲裁处主

---

[29] 李智：《体育争端解决法律与仲裁实务》，对外经济贸易大学出版社 2012 年版，第 17 页。

[30] Gundel v. International Equestrian Federation, (1993) 1 Digest of CAS Awards 561. 在该案中，瑞士联邦法院对国际奥委会与 CAS 之间的关系进行了调查并指出了 CAS 存在独立性的问题。

[31] 张春良：〈强制性体育仲裁协议的合法性论证——CAS 仲裁条款的效力考察兼及对中国的启示〉，载《体育与科学》2011 年第 2 期，第 27 页。

[32] Article 1.3 of Part II: The arbitrator has a significant financial or personal interest in one of the parties, or the outcome of the case.

席直接任命的,这种结构上的不平衡使得 CAS 仲裁庭的中立性受到质疑。[33] 正如有学者在分析目前 ICAS、CAS 与国际奥委会等组织的关系时说,从经费来源、规章制度修改、仲裁员任命过程和封闭的仲裁员名册来看,甘德尔案提出的质疑和问题并没有得到很好的解决。[34]

(二) 国际体育仲裁的司法监督问题

在仲裁程序的构造中,仲裁地法院对仲裁程序的协助与监督是程序正义的重要保障,这也是仲裁需要确定仲裁地的原因。法院对仲裁程序的协助与监督体现在管辖权异议的最终裁定、任命或去除仲裁员、裁定或执行临时措施、撤销仲裁裁决等方面。但在国际体育仲裁中,无论是作为一方当事人的体育组织,还是作为仲裁机构的 CAS,都倾向于最大限度地减少司法机关的干预。如《体育仲裁法典》第 37 条关于临时措施的条款包含"同意将争议按本程序规则通过上诉仲裁程序处理,则当事人明示放弃向有关国家机关请求此类措施的权利"这样的规定。《国际滑冰联盟(ISU)章程》第 25 条第 6 款规定,CAS 上诉仲裁裁决具有最终法律效力,排除任何民事法庭的管辖。[35] 更有甚者,是上文提到的《国际足联(FIFA)章程》第 68 条,即"除非国际足联规程特别规定,任何事务不得求助于普通法庭,禁止向民事法庭寻求任何形式的处理(包括临时措施)"。这些单方面的规定,实际上排除了法院对 CAS 仲裁的任何协助或监督,也剥夺了在一般商事仲裁程序下当事人所享有的程序性权利。这与瑞士联邦法院在肯定强制仲裁合意的效力时提出的当事人可以诉诸司法监督的正当化理由并不一致。

对于 CAS 仲裁排除司法监督的现象,多数学者以体育仲裁的专

---

[33] See Schellenberg Wittmer, "The Most Recent Decision in the Pechstein Saga: Red Flag for Sports Arbitration?", http://kluwerarbitrationblog.com/2015/01/22/the-most-recent-decision-in-the-pechstein-saga-red-flag-for-sports-arbitration/, last visit on June 1st, 2016.

[34] Pashorina-Nichols, Viktoriya, "Is the Court of Arbitration for Sport Really Arbitration?", *LLM Research Paper*, *Faculty of Law*, Victoria University of Wellington, 2015, p. 36.

[35] 第 25 条第 6 款:"Decisions of the CAS shall be final and binding to the exclusion of jurisdiction of any civil court."

业性、效率性以及防止司法权对体育仲裁这一自治过程的干扰为理由来进行正当性论证。学者宋鑫认为，体育纠纷对纠纷解决的时效性要求远远高于其他类型的社会纠纷，效率甚至高于公平，因为体育赛事、运动员的运动周期都相对较短，如果纠纷不能及时得到解决，对运动员来说，即便最终解决了纠纷也没有什么意义。[36] 学者刘想树、张春良认为，体育仲裁尤其是 CAS 上诉仲裁主要涉及体育组织的管理行为是否合法的问题，而不涉及太多金钱给付的问题，因而在客观上没有太多司法监督的必要。[37] 然而，司法监督，特别是当事人申请撤销仲裁裁决的权利，对于保证仲裁程序的程序公正性、保障弱势一方当事人获得救济的途径是非常重要的。尤其是在 CAS 仲裁员任命机制已经存在不公正风险的情况下，排除司法监督更进一步增加了 CAS 仲裁的不公正因素。无论仲裁裁决的结果是何种类型的救济，都不能排除一方当事人寻求司法救济的权利，因为违背程序公平如剥夺一方当事人陈述其主张的权利的现象，在任何类型的仲裁中都是可能出现的。上文提到 CAS 仲裁的仲裁地绝大多数都在瑞士洛桑，相应地，仲裁程序法为《瑞士联邦国际私法法典》。有学者以该法典第 192 条，即"双方当事人在瑞士均无住所、惯常居所或营业机构的，他们可以通过仲裁协议中的一项明示声明或事后的一个书面协议完全放弃撤销裁决的请求权"，来论证 CAS 仲裁规则以及体育组织章程中排除司法监督的条款的合法性问题。[38] 仲裁当事人确实可以合意排除某些仲裁程序的适用，但这应当是建立在双方当事人协商能力平等、意思表示完全真实的基础之上的。在本文讨论的情形下，运动员没有能力与体育组织协商是否仲裁以及选择哪一仲裁机构，更不用说与其协商是否放弃撤销仲裁裁决的请求权。这些条款均出现在体育组织章程中，根本没有任何协商空间，因此不能说是当事人合意的结果。此外，格式合同的一般理论认为，排除相对方主要权利的格式合同是无效的，如果说强制合意

---

[36] 宋鑫："国际体育仲裁院强制性仲裁条款的合理性分析"，载《旅游纵览（行业版）》2011 年第 11 期，第 27 页。

[37] 刘想树主编：《国际体育仲裁研究》，法律出版社 2010 年版，第 304 页。

[38] 刘想树主编：《国际体育仲裁研究》，法律出版社 2010 年版，第 307 页。

签订的体育仲裁条款还不能被视为排除运动员的主要权利,那么强制合意签订的放弃撤销仲裁裁决请求权的条款就很可能因被视为排除运动员的主要权利而无效。

印度学者迪帕克(Girish Deepak)还把这一现象上升到剥夺或限制运动员诉权的高度,以《欧洲人权公约》为依据来讨论该问题。根据《欧洲人权公约》第 6 条,每个人都有获得公平公正的司法救济的权利,而第 18 条规定对上诉人权的限制只有在目的合法而且手段与目的成比例的情况下才是被允许的。他认为,强制合意签订的仲裁条款以及放弃向司法机关寻求救济的条款已经构成对诉权的限制,而这种限制仅仅是为了所谓专业化、高效率地解决纠纷,其手段却违背了仲裁制度最基本的原则,尤其是基于体育组织与运动员本身不平等的协商能力和地位,这种限制是不符合比例原则的。[39]

(三)国际体育仲裁裁决的承认与执行

不可否认的是,鉴于国际体育纠纷的特殊性,体育仲裁裁决一般都能由当事人自动履行,很少有当事人诉诸法院强制执行体育仲裁裁决的案例,[40]尤其是对于本文所讨论的 CAS 上诉仲裁裁决,可能并不适合强制执行。但是在理论上谈及体育仲裁裁决的承认与执行时,国内外学者大多都认为应该根据《纽约公约》来承认和执行外国体育仲裁裁决。如美国学者纳弗齐格(JamesA. R. Nafziger)认为,国内法院一般应该主要根据有关仲裁裁决的《纽约公约》来承认和执行 CAS 的仲裁裁决。[41]我国学者石现明主张,《纽约公约》并未排除其对体育仲裁裁决的适用性。[42]根据我国学者黄世席的描

---

[39] Girish Deepak,"Compulsory consent in Sports Arbitration:Essential or Auxiliary", http://kluwerarbitrationblog. com/2016/04/12/compulsory – consent – in – sports – arbitration – essential – orauxiliary/? _ ga = 1. 223450011. 1259668800. 1453897250,last visit on June 1st,2016.

[40] 本文开头德国慕尼黑地方法院的案例是一起运动员重新就与 ISU 的争议起诉的案例,涉及 CAS 仲裁裁决的承认而不包括执行。

[41] James A. R. Nafziger,"International Sports Law:A Replay of Characteristics and Trends",*American Journal of International Law* 1992 (7),p. 507.

[42] 石现明:"承认与执行国际体育仲裁裁决相关法律问题研究",载《体育科学》2008 年第 6 期,第 68 页。

述,从 CAS 产生之初的仲裁规则和管辖范围来看,CAS 规则的起草者也是希望最大限度地使 CAS 仲裁适应仲裁领域的学理、规则和最前沿的理念,尤其是《纽约公约》所取得的成功。[43]

上文分析的仲裁协议的合同法问题、仲裁机构的中立性以及仲裁程序缺乏司法监督的问题,主要是在其实际的框架下讨论其是否正当合理。而从《纽约公约》的规定来看,既然仲裁条款在表面上已有当事人的签名,司法监督也是因当事人通过认可体育组织的章程而明确被放弃,那么当事人就不太可能援引《纽约公约》第 5 条第 1 款的事由来反对承认和执行 CAS 的仲裁裁决,因为仲裁协议在表面上是有效的,仲裁庭的组成、仲裁程序的进行也是在事实上符合当事人的约定以及仲裁规则的。然而,我们要关注的是这些规则背后是否真正合乎仲裁原理的问题,体现在体育仲裁裁决的承认和执行上面,与之最接近的就是《纽约公约》第 5 条第 2 款的公共政策问题。也就是说,强制合意签订的仲裁条款、CAS 仲裁庭的中立性以及排除任何司法监督的仲裁程序,有可能导致该仲裁裁决因违背执行地的公共政策而被拒绝承认和执行。在佩克斯坦与 ISU 纠纷案中,慕尼黑高等法院就以该案中 CAS 仲裁条款的订立违反德国《反垄断法》的核心原则而违背德国公共政策为由拒绝承认 CAS 仲裁裁决。[44]

从仲裁法程序的设计来看,仲裁地法院对在该地域内进行的仲裁拥有监督管辖权,并且仲裁程序法中的一些强制性规定是不允许当事人通过仲裁协议、仲裁规则来排除的。例如在英国,法院对仲裁的监督管辖是仲裁法中很重要的一部分,当事人可以就明显而重要的法律问题上诉到法院。[45]通过 Czarnikow v. Roth, Schmit & Co.

---

[43] 黄世席:《国际体育争议解决机制研究》,武汉大学出版社 2007 年版,第 98 页。

[44] See Schellenberg Wittmer, "The Most Recent Decision in the Pechstein Saga: Red Flag for Sports Arbitration?", http://kluwerarbitrationblog.com/2015/01/22/the-most-recent-decision-in-the-pechstein-saga-red-flag-for-sports-arbitration/, last visit on June 1st, 2016.

[45] Pippa Read, "Delocalization of International Commercial Arbitration: Its Relevance in the New Millennium", *The American Review of International Arbitration* (1999), p. 181.

[1922]一案,[46]确立了当事人不能通过合意排除法院这种监督管辖权的规则。在我国承认与执行外国仲裁裁决的实践中,唯一一件最高法院认可以公共政策为由拒绝执行的案件是 Hemofarm DD 等与济南永宁制药股份有限公司申请承认及执行国际商会仲裁院仲裁裁决一案,[47]理由是在中国法院针对该仲裁当事人一项位于中国境内的财产采取了临时保全措施的情况下,国际商会仲裁院再一次针对该财产做出临时措施决定,侵犯了中国的司法主权。在该案中虽然中国不是仲裁地,中国法院对该仲裁也不拥有监督管辖权,但中国法院拒绝执行的决定表明了中国法院对仲裁进行司法协助和监督的注重程度,还将其上升到了司法主权的高度。我国学者黄世席曾评论,《纽约公约》项下的公共政策取决于特定国家的法律、标准或解释,由于公共政策实际内容的不确定性和含糊性,用它来作为拒绝执行 CAS 仲裁裁决的理由也未尝不可。[48]实际上,仲裁程序正义问题可以算是一个国际公认的公共政策,如联合国国际贸易法委员会《国际商事仲裁示范法》第 18 条要求在仲裁程序中双方当事人被平等对待并给予充分的机会表达其主张和诉求,通常认为这是最基本的程序性正义,是不能通过合意被排除的。[49]在某种程度上说,获得司法监督与司法救济也是当事人不能被剥夺的程序性权利,违反了这一规则的仲裁也可以说是违反了最基本的公共政策。

---

[46] Judgment of the Court of Appeal of England and Whales, Case Number 12 Ll. L. Re. p. 195.

[47] Hemofarm DD、MAG 国际贸易公司、苏拉么媒体有限公司与被申请人济南永宁制药股份有限公司申请承认及执行国际商会仲裁院第 13464/MS/JB/JEM 号仲裁裁决一案,参见最高人民法院关于不予承认和执行国际商会仲裁院仲裁裁决的请示的复函,[2008] 民四他字第 11 号。

[48] 黄世席:《国际体育争议解决机制研究》,武汉大学出版社 2007 年版,第 128 页。

[49] Gary B. Born, *International Arbitration: Law and Practice*, Kluwer Law International, 2012, p. 152.

四、结论：纵向体育纠纷仲裁的独立体系

从 CAS 专门成立上诉仲裁处来管辖运动员与体育协会或体育组织之间的管理型纠纷以及《体育仲裁法典》对普通仲裁处和上诉仲裁处的仲裁程序规则分别规定来看，国际体育仲裁机构的初衷是要对管理型体育纠纷和其他类型的体育纠纷区别对待。为了说明的方便，笔者将运动员与体育组织之间的管理型纠纷称为纵向体育纠纷，将其他类型的体育纠纷（竞争型、合同型纠纷）称为横向体育纠纷。

通过上述对 CAS 仲裁中的强制仲裁合意进行的合同法与仲裁法分析，可以得出的结论是：本文所讨论的运动员与体育组织之间的 CAS 纵向体育纠纷仲裁，与投资者－东道国在双边投资协议下的仲裁相比，实际上已经远远超出了一般意义上的仲裁的特征。从仲裁协议来看，通过强制合意签订的仲裁条款，既然只有一个形式上的签名而无法判断是否为当事人真实意思表示，因而在实际上它更类似于体育组织单方面的规定。从仲裁程序上看，排除司法协助与司法监督使得 CAS 成为一个封闭独立的体系；仲裁员名册的封闭性和指定仲裁员的方式实际上剥夺了商事仲裁中当事人选择指定仲裁员的权利；CAS 仲裁的仲裁地在绝大多数情况下是瑞士洛桑，即便在允许当事人寻求司法监督时，当事人也必须诉诸瑞士法院。从仲裁裁决的承认与执行上看，CAS 纵向体育纠纷仲裁裁决承认和执行的方式也有特殊性，一些人身关系的裁决实际上只需要承认而无需执行。

本文无意批评 CAS 体育仲裁这种制度设计，从我国《体育法》的规定来看，我国要建立的也是这种专门机构负责的封闭性仲裁。但是，CAS 纵向体育纠纷仲裁机制和联合国国际贸易法委员会《国际商事仲裁示范法》以及《纽约公约》所搭建起来的一般国际商事仲裁的学理和规则都相去甚远，也就不应该再在一般仲裁理论之下进行讨论和运作，就像我国法定的劳动争议仲裁不能被视为《仲裁法》以及《纽约公约》的适用对象一样。此外，将 CAS 纵向体育纠纷融入一般意义仲裁的规则体系，不仅会使作为弱势主体的运动员

一方无法得到仲裁带来的优势，还可能会导致体育组织借仲裁的自治性、中立性、效率性之名来剥夺当事人正当程序权利的现象。与其花费太多的时间和精力讨论这些"反仲裁"的特征如何具有正当性、合理性，以及纵向体育纠纷仲裁如何能够融入一般意义上仲裁的规则体系，还不如在现有的规则制度基础上搭建新的纵向体育纠纷仲裁的国际规则体系。

在这一问题上，国际投资争端解决中心（ICSID）的投资仲裁是一个很好的典范，在该中心进行的仲裁与一般意义上的国际商事仲裁有很大的不同，固定的机构、排除法院介入、去国籍化、仲裁裁决的撤销、承认与执行均在《关于解决国家和他国国民之间投资争端公约》（即《华盛顿公约》）下进行是 ICSID 仲裁的特征。ICSID 仲裁是完全独立于一般意义国际商事仲裁的封闭的体系，并不与《国际商事仲裁示范法》、《纽约公约》等国际商事仲裁的规则体系发生交集。当然在国际投资仲裁领域，投资者也可以根据双边投资条约中的约定选择一般仲裁机构的仲裁，这类投资仲裁在实质意义上仍属于商事仲裁，也遵循一般意义上仲裁的规则，包括以《纽约公约》为基础来承认和执行。纵向体育纠纷和横向体育纠纷也可以形成这样并行但独立的规则体系。正如瑞士法院在 Cañas 与世界反兴奋剂组织（WADA）、佛兰芒网球联合会（FTF）纠纷一案中所说，运动员与体育组织之间的关系是一种非常典型的纵向关系，与其他以合同关系为代表的横向关系存在显著的不同，因而纵向体育纠纷仲裁实际上是一种没有多少法理基础的制度设计。[50] 当然，这一独立体系要有一个基本的前提，即要保证运动员获得公平合理的救济。

---

[50] Judgment of the Swiss First Civil Law Court, Case Number 4A_ 428/2011. 但是在该案中，瑞士法院仍然驳回了申请人以 CAS 缺乏管辖权为由而提起的撤销仲裁裁决申请。

俱乐部对球迷不当行为的严格责任
——从费内巴切足球俱乐部与欧足联一案说起

崔 咪*

世界各国体育组织制定的纪律处罚规定多对严重的犯规行为确立了严格责任条款,[1] 其中就包括在球迷违规时俱乐部相应的责任承担。严格责任不考量当事人的过错程度,即使已经尽到注意义务,只要事故发生,相应的责任承担就不可避免。俱乐部对球迷不当行为的严格责任则可具体概括为:不论主客场俱乐部是否已尽到相应的注意与安全保障义务,只要是支持其球队的球迷(supporters)在体育比赛前、比赛中、比赛刚结束后(at a match)实施了冒犯行为,都由俱乐部承担相应的责任。

一、费内巴切足球俱乐部与欧足联一案再现

2012年8月29日,费内巴切足球俱乐部在与莫斯科斯巴达克俱乐部进行比赛,其球迷(supporters)在联赛进行时发射近20枚蓝烟火花和照明弹,甚至向场内投掷不明物品,最终导致一名裁判助理、对方球队一名运动员受伤。2012年10月18日,欧足联纪律与监管委员会决定对费内巴切俱乐部接下来参与的欧洲联赛无观众进行的处罚处以三年观察期,此外,罚款85 000欧元。因为被处罚人没有

---

* 中国政法大学法学院研究生。

[1] Paul McCutcheon, "Sports Discipline, Natural Justice and Strict Liability", *Anglo-American Law Review*, 1 (1999), p. 37.

上诉，该决定为最终裁决并生效。2012年11月6日，欧足联联赛中，在费内巴切对阵门兴格拉德巴赫足球俱乐部时，费内巴切俱乐部球迷（home supporters）至少点燃37只烟火，堵塞通道与入口，管理人员也未正确引导观众看赛。2013年1月24日，欧足联纪律与管理委员会重启无观众比赛的处罚，此外，罚款40 000欧元。2013年2月14日，欧足联上诉机构维持了纪律与控制委员会于2013年1月24日做出的决定。

2013年2月21日，在欧洲联赛中，费内巴切俱乐部与贝特俱乐部进行无观众比赛。由费内巴切球迷在赛场外发射的烟火突然降落场内，导致比赛中断1分钟。同时，场上的5名费内巴切俱乐部运动员也收到裁判黄牌警告，另有一名运动员穿着有土耳其标志的比赛服。2013年2月27日，欧足联纪律与控制委员会作出如下决定：

（1）费内巴切俱乐部作为主场，与比尔森于2013年3月14日展开的欧足联联赛在无观众状态下进行；

（2）该俱乐部不得参与下场欧足联比赛，该项处罚设两年观察期；

（3）罚款60 000欧元；

（4）上述罚款须在得知处罚之日起30天内交至指定银行账户之内。

2013年3月11日，欧足联上诉机构基于没有引起争议的官方调查报告，对2013年2月17日的处罚作出维持决定。

2013年4月4日，俱乐部因不服欧足联上诉委员会的决定，基于如下理由，向国际体育仲裁院（CAS）申请仲裁：

（1）上诉委员会不仅事实认定错误，法律适用也不正确。

（2）肇事者不是欧足联《纪律处罚条例》（UEFA DR）第6条第1款[2]、第11条第2款[3]中所规定的球迷。欧足联并没有就

---

[2] 根据UEFA DR第6条第1款，联盟成员和俱乐部对其运动员、行政官员、组成人员以及其他在赛场上代表该联盟成员或俱乐部的人的行为负责（Member association and club are responsible for the conduct of their player, officials, members, supporters and any other persons exercising a function at a match on behalf of the member association or club）。

[3] 根据UEFA DR第11条第（2）项，当协会或俱乐部成员的球迷有以下不当行为时，协会或俱乐部将会受到条例第14条中规定的纪律处罚措施：投掷物品；c）燃放烟火或其他物品等。

肇事者的身份资格提供证据。

（3）欧足联上诉委员会不顾俱乐部没有任何过错的事实，只因球迷发生不当行为，便对俱乐部适用严格责任的做法侵犯了《欧洲人权公约》。公约赋予的基本权利不得被任何个人或裁判机构剥夺，该公约第 6 条对社团组织机构也适用。上诉决定根据《瑞士民法典》第 75 条的规定作出，但因建构在 UEFA DR 第 6 条第 1 款、第 11 条第 2 款之上的严格责任违反了《欧洲人权公约》第 6 条，所以不具有法律效力。

（4）根据《纪律处罚条例》第 17 条第 1 款规定的一般法律原则，上诉委员会作出的决定是不正确的，此外，俱乐部对一系列安保措施等注意义务的履行，是可减轻处罚的情节，在进行裁判时应当予以考虑。

本案事实清楚，对费内巴切俱乐部的责任认定过程，正是俱乐部对球迷不当行为承担严格责任的论证过程。对 CAS 判决的讨论，也正是对俱乐部严格责任适用的分析。

二、俱乐部对球迷不当行为承担严格责任的具体实践

（一）实施不当行为的球迷（supporters）的身份认定

不仅欧足联《纪律处罚条例》中没有对"球迷"一词的定义，而且包括国际足联（FIFA）在内的其他体育组织文件，虽对球迷不当行为规定了处罚措施，也未对该术语进行明确界定。[4] 只 CAS

---

〔4〕 FIFA Discipline Code (2011 edition)

Section 3. Offensive and discriminatory behavior, 58 Discrimination

1. a) Anyone who offends the dignity of a person or group of personsthrough contemptuous, discriminatory or denigratory words or actionsconcerning race, color, language, religion or origin shall be suspendedfor at least five matches. Furthermore, a stadium ban and a fine of at least CHF 20，000 shall be imposed. If the perpetrator is an official, the fine shall be at least CHF 30，000.

2. Where supporters of a team breach par. 1 –

a) at a match, a fine of atleast CHF 30，000 shall be imposed on the association or club concernedregardless of the question of culpable conduct or culpable oversight.

2007/A/1217号裁决[5]曾指出"确保俱乐部履行责任的唯一方法就是保持球迷（supporters）这一术语的开放性，如此，只要被独立观察员判定为属于俱乐部球迷个体的行为，因《纪律处罚条例》的适用，俱乐部将对该个体行为负责。判断特定个体是否为俱乐部球迷，应结合该个体的行为、在运动场上的位置、周边的环境等因素进行综合考虑"。依据遵循先例的原则，根据CAS 2007/A/1217号裁决，肇事者从体育场馆外围发射烟火、影响赛事顺利进行的行为，在观察员看来是否应被认定为费内巴切球迷的行为？

俱乐部坚持肇事者不是《纪律处罚条例》第6条第1款、第11条第2款规定中所称的球迷群体，客观来讲，肇事者没有支持其球队，甚至蓄谋破坏球队稳定。欧足联则认为俱乐部对"球迷"（supporters）一词的理解是错误的。"球迷"（supporters）一词旨在为欧足联纪律处罚提供一种更为全面且合理的自由裁量空间。CAS以往

---

b) Serious offences may be punished with additional sanctions, inparticular an order to play a match behind closed doors, the forfeit of amatch, a points deduction or disqualification from the competition.

3. Spectators who breach par. 1 a) of this article shall receive a stadium ban ofat least two years.

67 Liability for spectator conduct

1. The home association or home club is liable for improper conduct amongspectators, regardless of the question of culpable conduct or culpableoversight, and, depending on the situation, may be fined. Further sanctionsmay be imposed in the case of serious disturbances.

2. The visiting association or visiting club is liable for improper conductamong its own group of spectators, regardless of the question of culpableconduct or culpable oversight, and, depending on the situation, may befined. Further sanctions may be imposed in the case of serious disturbances. Supporters occupying the away sector of a stadium are regarded as the visitingassociation'ssupporters, unless proven to the contrary.

3. Improper conduct includes violence towards persons or objects, letting offincendiary devices, throwing missiles, displaying insulting or political slogans inany form, uttering insulting words or sounds, or invading the pitch.

4. The liability described in par. 1 and 2 also includes matches played on neutralground, especially during final competitions.

[5] 国际体育仲裁院（Court of Arbitration for Sport，简称CAS）官方网站，http://www.tas-cas.org/en/index.html，最后访问时间：2016年4月10日。

的案例表明其已然接受了联合会对"球迷"（supporters）一词的开放性解释，也只有这样，才能够对抗任何损害于欧足联目标与价值的个人不当行为。此外，结合事件的发生情形，该肇事者也应被认定为费内巴切俱乐部的球迷。

既然费内巴切俱乐部是欧足联的组成成员，自然要遵守欧足联的纪律与规则，包括纪律处罚程序中的证明规则。欧足联《纪律处罚条例》第 45 条规定："纪律处罚委员会基于官方报告，以概要的形式阐述案件事实，而官方报告的内容被推定为准确……"这就意味着证明官方报告内容有误的举证责任应由俱乐部承担。官方报告明确提到事件确为费内巴切俱乐部的球迷所为，俱乐部还曾通过自录音再现装置告诫球迷，不要用火，否则会伤害他人，球队只想听到球迷的声音。监控录像的内容也与官方报告的内容相印证。且 2013 年 3 月 11 日，在 UEFA 上诉委员会作出上诉决定前的听证会上，俱乐部提供了一份国内冠军争夺赛比赛监控录像，指认在台阶以及比赛场馆门口的几个人应为本次事件负责，并声称此次事件的组织者和相关成员臭名昭著，他们曾多次在相同场馆附近作案。为羞辱俱乐部主席，也曾为俱乐部进行的欧洲篮球联赛制造过麻烦。费内巴切俱乐部允许此类麻烦制造者在国内冠军争夺赛中进入场馆，表明其已经确认并使他们合理地成为该俱乐部球迷。也即，肇事者与费内巴切俱乐部具有事实上的联系，此次事件中，即使在无观众比赛期间，肇事者也在俱乐部周围活动，这些都表明这些肇事者是费内巴切俱乐部的支持者。也可以如申请人所说，正是因为肇事者反对当任主席而作出本案中的不当行为。俱乐部提交的配合有关机关对肇事者曾多次发布赛场令的事实材料也与这些细节相吻合。由此，仲裁庭认为，释放烟火影响赛事顺利进行的肇事者应被认定为俱乐部球迷。

概言之，肇事者是否属于特定俱乐部的球迷群体是本案在事实认定部分最重要的内容。然而，作为确定责任承担主体必要条件的认定过程、认定标准等在实践中确也存在一定困难。欧足联试图将"球迷"一词进行扩大解释，以使责任主体更加明朗。同时，我国作为国际足球联盟（FIFA）与亚足联（AFC）的组成成员，主要沿承上述机构的纪律规则，在《中国足球协会纪律准则》中对俱乐部、联合会的职责进行规定，并辅之以不履行或瑕疵履行后的责任处罚，具体又在第83条关于会员协会及俱乐部对观众行为负责一章中对主客场球队责任进行划分后作出规定。[6] 主场俱乐部要对"观众"的不当行为负责；客场俱乐部对其球迷（支持者）的不当行为负责，（支持者）球迷按照其座位进行身份推定。该条的笼统推定同样没有对"球迷"（supporters）概念进行准确界定，尽管其在适用于场外球迷的不当行为时，也明显力不能逮，但将"观众"、"球迷"、"支持者"等不同群体的行为后果进行打包处理，容易使责任主体明朗。

（二）俱乐部对球迷不当行为承担严格责任的法规范分析

1. 俱乐部对球迷不当行为承担严格责任的规范依据与现实需求。欧足联《纪律处罚条例》第6条第1款规定："联盟成员和俱乐部对其运动员、行政官员、组成人员以及其他在赛场上代表该联盟成员或俱乐部的人的行为负责。"第2款规定："主场协会或俱乐部确保比赛前、比赛中、比赛后的场馆内部及周边安全。任何事故的发生，主场协会及俱乐部应对其承担责任，包括纪律处罚。"第17条第1款规定："（……）根据现有规定第6条第1款，当被指控方没有过

---

[6]《中国足球协会纪律准则》第83条：①无论观众的不当行为是由于有意或疏忽，作为主办（或承办）方的会员协会及俱乐部（队）要对观众的不当行为负责，并根据实际情况，作为主办（或承办）方的会员协会可能被处以罚款。如果造成严重骚乱，还可能受到进一步的处罚。在中超联赛和中国足协杯赛中，该罚款一般不超过联赛对会员协会的分成及足协杯赛的补贴，但严重骚乱除外。在其他比赛中，该罚款视情况由纪律委员会确定；②无论观众的不当行为是由于有意或疏忽，来访的俱乐部（队）所属会员协会及其俱乐部（队）要对其支持者（球迷）的不当行为负责。并根据实际情况，可以对来访的俱乐部（队）所属会员协会及其俱乐部（队）做出罚款或其他处罚。坐在客队看台的观众将被认为是来访俱乐部（队）及其所属会员协会的支持者，除非经证明为主队支持者；③不当行为包括针对人或物的暴力行为，燃放能引起燃烧的装置，制造能干扰比赛的噪音和光照等，投掷杂物，以任何形式张挂侮辱性标语，或叫喊侮辱性口号，或闯入比赛场地，或围堵运动员、裁判员及工作人员以及其他影响比赛正常进行的行为等；④本条第1款和第2款规定的会员协会及其俱乐部（队）的责任也包括在中立场地举行的比赛。

错或失误时，不受纪律处罚。"[7]第6条对俱乐部责任作出规定，用来判断俱乐部对某项行为是否需要承担责任。第17条则是对纪律处罚措施的规定，用来强调俱乐部应负责任后，适用何种处罚措施。如此，当俱乐部虽然在纪律处罚规则下有责任但没有过错的情况下，便可能不被处以（警告、罚款、禁赛等）处罚措施。结合第17条第1款与UEFA DR第6条第1款可知，俱乐部对球迷在比赛中的不当行为所承担的责任是严格责任。此处，需要注意的是，欧足联《纪律处罚条例》第6条第1款也与该条第2款有明显不同。该条第2款对主场俱乐部关于在体育比赛之前、之中、之后维持体育场内及体育场周边安全秩序的责任规定，不是严格责任。

与此同时，依据欧足联《纪律处罚条例》第11条第2款，当协会成员或俱乐部成员的球迷有以下不当行为时，协会或俱乐部将会受到相应的纪律处罚：投掷物品；燃放烟火或其他物品；故意损害；在体育场馆内及场馆周边的其他违反规则及纪律条例的行为。同时，"在比赛中"这一术语并未将俱乐部的责任仅仅限制在运动场馆内的球迷不当行为，其实质包含了球迷可能影响赛事顺利进行的一切行为。例如，尽管肇事者在体育运动场馆之外发射烟火，但其中三支降落到场内，使得裁判中止比赛，影响到赛事的顺利进行。上述行为违反了欧足联《纪律处罚条例》第6条第1款的规定，而非该条第2款所规定的安全义务的不适当履行，也即应适用严格责任——无论肇事者的行为是否可预测，比赛场所所在地区是否难以控制，烟火发射装置是否在场馆800米开外，费内巴切俱乐部是否为确保赛事顺利举办派出796名安保人员，场馆内部、周边及入口处等是

---

[7] 为便于严格责任的结论得出，将原法条罗列如下：Article 6 of the UEFA DR: "1. Member association and club are responsible for the conduct of their player, officials, members, supporters and any other persons exercising a function at a match on behalf of the member association or club. 2. The host associations and clubs are responsible for order and security both inside and around the stadium before, during and after the match. They are liable for incidents of any kind, and may be rendered subject to discipline measures and directives." Article 17 (1) of UEFA DR: "(…) subject to Article 6 (1) of the present regulations, no discipline measures may be imposed in cases where the party charged bears no fault or negligence."

否有相应的安保设置,都不能成为责任承担的抗辩理由。

俱乐部对球迷不当行为承担严格责任的规定也有其现实必要性,UEFA等体育组织对俱乐部球迷并没有直接的纪律处罚权力,其仅对联盟成员和俱乐部有管辖权。联盟成员与俱乐部须遵循UEFA的规则及纪律精神,一旦允许俱乐部可以其已经采取尽可能的安保措施来防范不当行为的发生为抗辩理由而不承担责任,那么当球迷继续实施不当行为时,UEFA将无法阻止。如此,欧足联的规则将因为没有强制性,成为含糊不清的义务性规定。通过由俱乐部对其球迷不当行为承担责任,可以间接实现对球迷的控制,UEFA才有可能实现其设立目标。否则,UEFA在俱乐部拒绝承担责任后将对球迷不当行为无从下手。严格责任并不局限于对个人(俱乐部)权利与自由的保护,而是强调"社会利益"或"个人利益与社会利益的结合"以及"法的社会化"。[8]CAS2002/A/423和CAS2007/A/1217也曾对欧足联《纪律处罚条例》第6条第1款项下严格责任的规定有过详细论证:"该条项下联盟成员和俱乐部对其运动员、行政官员、组成人员以及其他在赛场上代表该联盟成员或俱乐部的人的行为负责。由此,联盟成员和俱乐部要对上述所有人员违反欧足联规则的行为负责,也即该规则之下联盟成员和俱乐部毫无疑问要对不确定的第三方承担严格责任。该规则没有自由裁量空间,即使联盟成员和俱乐部没有任何过错,只要球迷行为不当或有种族主义倾向等违反规则的行为,俱乐部将自动为此承担责任。该规则目的明确,旨在确保主场俱乐部为其球迷行为负责,俱乐部根据《纪律处罚条例》第6条第1款承担严格责任的设定主要起预防和威慑作用,其目标并不在于对俱乐部没有过错时进行如此处罚,而仅是为了让俱乐部意识到其应当对球迷不当行为有一定的责任。"

2. 俱乐部严格责任规范的正当性分析。《瑞士民法典》"组成成员的权利"一章项下第75条规定:"任何不同意联盟决议,认为某项决议违反法律规定或者联盟规章制度的成员,可在得知决议之日

---

[8] 周永坤:"论严格责任原则的合理性基础",载《安徽行政学院学报》2012年第2期,第90页。

起一个月内提出抗议。"CAS2008/A/1639号裁决也指出:"本条旨在保护特定领域组成成员不受该领域联盟组织的不法侵害。遵循该目的,《瑞士民法典》应在更广泛的意义上进行建构和解释。特别是'决议'一词,其不仅仅包括联盟大会通过的决议,还包括其他联盟机关作出的决定,而不注重该决定的性质内容与作出机关的组成。"因此,费内巴切俱乐部申请仲裁的上诉委员会的决定,根据《瑞士民法典》第75条应当被解释为UEFA的决议之一。也即,当欧足联《纪律处罚条例》第6条第1款、第11条第2款确立的俱乐部对球迷不当行为承担严格责任的根基违反法律法规或其他应遵循的上位法规定时,这两个条款便不再具有任何效力。申请人也曾指出严格责任的做法侵犯了《欧洲人权公约》。公约赋予的基本权利不得被任何个人或裁判机构剥夺。上诉决定根据《瑞士民法典》第75条的规定作出,但该严格责任的根基因违反《欧洲人权公约》第6条而不具有法律效力。

瑞士联邦法院大量的判例表明,ECHR可以适用于仲裁领域。尽管该法院2008年2月21日的判决否认了ECHR的直接适用,但其并不阻碍ECHR内含价值作为仲裁裁决的重要内容和组成部分。

UEFA是依瑞士法注册的合法实体,其拥有广泛的自主权来管理自身事务,[9]可以自行制定行为规范以规制其直接或间接成员的行为,有权在符合法律法规的基本原则,如听取意见、合比例性,等基础上对违反规则的成员予以纪律处罚。体育运动协会对其组成成员有纪律处罚的权力,但该项权力并不停留在公法或刑法层面,而存在于民法领域。ECHR第6条第2款规定了"无过错,无刑罚"的基本原则,该原则仅仅在追究犯罪行为时适用,根据瑞士法,协会成员对联盟施加的纪律处罚不服属民事争议,而非适用刑事程序,因此ECHR第6条第2款并不适用于本案。但该公约第6条第1款——对任何被赋予民事权利和义务、受到刑事指控的人,中立的审判机构应依法在合理期限内听取当事人的意见。审判结果应当公开,但

---

〔9〕 参见CAS/2005/C/976&986,参照瑞士法展开的第123段和第142段论述;CAS2007/A/1217,第11.1段论述。

当公开会破坏社会公德、公共利益、国家安全、侵犯个人隐私以及有其他特殊情形时可作为例外——在民刑案件中均适用。在CAS2011/A/2426一案中，仲裁庭指出："（……）瑞士联邦是ECHR的签署国之一，因此，必须保证他的裁判，无论在执行还是上诉阶段，双方当事人在合理的时间内被赋予平等的程序权利。程序公平成为瑞士法律中一项重要的公共政策，在体育运动纪律处罚中也要严格遵守。"同时参照CAS2011/A/2384和CAS2011/A/2386中的裁决内容——即使仲裁不受ECHR直接约束，也必须遵守公共程序政策——CAS的这一判断与瑞士联邦法院2008年2月21日的裁判精神一脉相承。

ECHR第6条第1款与严格责任原则有效性的评估并没有直接关系。然而，该条文却赋予俱乐部发表意见的权利。也即，以程序正义来评判俱乐部严格责任的适用是否正当。很明显，综合考虑听证公开、时间安排、仲裁庭中立、裁判公开等ECHR第6条第1款规定的各要素，严格责任原则的适用并没有妨害俱乐部意见的表达，更没有违反其他瑞士程序性公共政策的规定。同时，考虑到因俱乐部与球迷的直接关系，UEFA对球迷没有直接规制权，而且考虑到欧洲足球的组织结构等，严格责任的运用更具正当性。

三、俱乐部严格责任对我国球迷不当行为治理的参鉴意义

一般认为，对球迷身份的界定，可根据个体行为、站位以及比赛的即时环境等来确定。但本案CAS对球迷身份的开放态度，为我们提供了对肇事者身份认定的全新路径——即使是意图阻挠特定赛事举行的当事人，当其以往的行为表明其与该俱乐部的关系是支持与被支持关系时，该当事人也应当被认定为是俱乐部的球迷。

另一方面，球迷行为治理一直以来都是我国体育事业发展中的难题。大量学者从案例出发，结合球迷不当行为的产生原因，提出

不同意见和建议，如：内在控制与外在控制的共同作用；[10]实现社会公平，减少社会成员挫折感；完善体育运动竞赛法规；发挥习惯风俗、道德规范"软调控"及法律法规"硬调控"的综合功效等。[11]但这些意见的原则性、概括性导致其可操作性不强，在很长一段时间内并不能实现对球迷行为进行有效治理的目标。结合现实实践，笔者发现，确立并深入探究俱乐部严格责任，对我国球迷不当行为的治理具有重要意义。

通常，对扰乱大型群众性体育活动秩序的个人，我国多依照《治安管理处罚法》第24条的规定进行处罚。[12]但《治安管理处罚法》存在的弊端显而易见，如：管辖面狭小；相关条款注重的仍旧是对球迷在球场内行为的约束和制裁，而很多球场观众不当行为往往发生在比赛结束后或者球迷离开运动场后，对此类球迷不当行为的处罚往往存在法律规定上的空白；此外，毕竟《治安管理处罚法》是将权力授予行政机关，执法机关的权限会有较大幅度的扩张，如不加以有效制约，难免会导致以权谋私、滥用职权，使公民权利和公共利益遭受损害。如同被妖魔化的"城管"群体，一旦执法者有越权嫌疑，球迷便会怀疑自己的利益受到侵害，容易产生逆反心理，情绪失控，终导致矛盾激化，给赛场秩序和社会治安带来更大的负面影响。

此外，《全国足球赛区安全秩序规定》对赛区的安保义务作出了明确规定，赛区对赛事的正常运行负责，并对可能出现的观众暴力

---

〔10〕 周秀军、毛志晨："我国足球赛场球迷越轨行为分级及趋势探析"，载《体育科学》2011年第6期，第106页。

〔11〕 仇军、李恺宪、孙葆洁："运动竞赛中球迷行为越轨成因与防范对策"，载《体育科学》2004年第12期，第22页。

〔12〕《治安管理处罚法》第24条规定："有下列行为之一，扰乱文化、体育等大型群众性活动秩序的，处警告或者200元以下罚款；情节严重，处5日以上10日以下拘留，可以并处500元以下罚款：①强行进入场内的；②违反规定，在场内燃放烟花爆竹或者其他物品的；③展示侮辱性标语、条幅等物品的；④围攻裁判员、运动员或者其他工作人员的；⑤向场内投掷杂物，不听制止的；⑥扰乱大型群众性活动秩序的其他行为。因扰乱体育比赛秩序被处以拘留处罚的，可以同时责令其12个月内不得进入体育场馆观看同类比赛；违反规定进入体育场馆的，强行带离现场。"

行为负责。2016年5月11日，中国足球协会杯赛第45场，武汉市宏兴柏润足球俱乐部与江苏苏宁足球俱乐部苏宁易购队的比赛，在武汉汉口文化体育中心举行。武汉赛区在本场比赛中组织管理混乱，安保工作不力，出现球迷燃放冷焰火、向场内大量投掷水瓶的情形。中国足协《关于对武汉赛区（足协杯武汉宏兴柏润足球俱乐部主场）违规违纪的处罚决定》[13]对武汉赛区给予警告，并罚款100 000元。不久，中国足协《关于对河南赛区（河南建业足球俱乐部主场）违规违纪的处罚决定》也因少数观众的不当行为，对赛区发出警告通知。《全国足球赛区安全秩序规定》使得赛区有义务尽最大可能提供安全的比赛环境，但一直以来接连不断的冒犯行为也表明该制度在某种程度上的失效。

同时，俱乐部的责任与相关处罚措施在《中国足球协会纪律准则》第83条也进行了详细规定：①无论观众的不当行为是由于有意或疏忽，作为主办（或承办）方的会员协会及俱乐部（队）要对观众的不当行为负责，并根据实际情况，作为主办（或承办）方的会员协会可能被处以罚款。如果造成严重骚乱，还可能受到进一步的处罚。在中超联赛和中国足协杯赛中，该罚款一般不超过联赛对会员协会的分成及足协杯赛的补贴，但严重骚乱除外。在其他比赛中，该罚款视情况由纪律委员会确定。但在现实案例中，因观众不当行为而接受处罚的主体主要是赛区，而非主场俱乐部。如《关于对北京赛区（北京国安俱乐部国安乐视队主场）违规违纪的处罚决定》、《关于对河北石家庄赛区（石家庄永昌足球俱乐部主场）违规违纪的处罚决定》以及上文所列的其他处罚决定等。②无论观众的不当行为是由于有意或疏忽，来访的俱乐部（队）所属会员协会及其俱乐部（队）要对其支持者（球迷）的不当行为负责。并根据实际情况，可以对来访的俱乐部（队）所属会员协会及其俱乐部（队）做出罚款或其他处罚。坐在客队看台的观众将被认为是来访俱乐部（队）及其所属会员协会的支持者，除非经证明其为主队支持者。该

---

[13] 中国足协官网，http://www.fa.org.cn/bulletin/punish/2016-05-27/502930.html。

条与亚足联（AFC）[14]和国际足联（FIFA）的上述规定并不完全一致，其本身应该有着更多内在价值以及更大的探究与挖掘空间。

我们注意到，球迷与俱乐部存在实质上的利益关系。球迷作为足球比赛的消费者，不仅是俱乐部得以存在的市场基础，而且球迷在满足自身物质和精神文化需求的同时，也成为俱乐部发展壮大的重要支撑因素。球迷作为联赛的参与者之一，对联赛的发展有部分监督权，而俱乐部对球迷在联赛中的行为表现也应有一定的监管权力。概言之，俱乐部与球迷之间具有直接的相关性，俱乐部有足够的能力与条件与球迷群体达成"新型"合作关系。

以长春亚泰足球俱乐部为例，俱乐部足球营销中心负责赛事招商、赛事包装以及赛事营销，下设会员部主管球迷事务，同时设有商品部负责球迷产品的开发及销售，此外还设有策划部以及业务开发部等。在长春，与俱乐部有所关联的正式的球迷协会共有3个。俱乐部官方每年会在赛季前吸纳登记会员，重点面向三个球迷协会，并给予他们适当优惠。对于这三家协会的球迷，俱乐部制定专门管理规定。每场球赛之后，俱乐部都会给球迷协会打分，对打分成绩不合格的予以警告，在比赛现场喝倒彩、服装不整齐或煽动球迷闹事等，都是打分予以考量的因素。俱乐部还设有球迷开放日，每场比赛前后都及时举行新闻发布会，信息公开，交流畅通。专人负责网络舆论监察，及时发现不同声音，为可能会发生的危机事件做好防范的准备。而一旦有危机事件发生，以决不掩盖的成熟态度进行处理，迅速反应，力求将不良影响降到最低。[15]该俱乐部与球迷的互动与监管关系，确实对赛事的顺利运作提供了极大帮助。

可以说，俱乐部与球迷协会之间不应仅限于将门票优惠出售等低层次合作，俱乐部应发挥更大的引导与培养作用。长春亚泰的做

---

[14] ARTICLE 59 of AFC Discipline Code Discrimination The offence is aggravated where supporters of a team commit the offence Penalty: for a Club or Member Association an order to play two (2) future Matches without spectators; and fine of at least USD15,000. for a spectator Stadium ban of at least two (2) years.

[15] 邱馨平："职业足球俱乐部球迷公关策略研究——以长春亚泰足球俱乐部为例"，长春工业大学2012年硕士学位论文，第17页。

法并不完美，更多的方式、方法需要在俱乐部与球迷之间进一步展开。目前，球迷协会的地位不明确，与俱乐部的关系也若即若离。这时充分发挥"俱乐部对球迷不当行为承担严格责任"的制度功效，促使俱乐部通过内部治理改革，完成与球迷关系的"升级"，可为我们的球迷行为治理提供一条有效路径。此外，在国际足球的发展大背景下，在体育运动中，协会对其组成成员有纪律处罚的权力不停留在公法或刑法层面，而将其归拢于民事领域也是必然趋势。成员对协会所施加的纪律处罚不服的，属于民事争议，而非适用刑事、行政程序。如此，将俱乐部对球迷一般不当行为（构成刑事犯罪的行为不在此列）的责任承担容纳进民事范畴，并通过俱乐部对球迷的"追偿"，可有效减少"官民"纠纷，也能减少治安处罚队伍的执法压力。

结　语

我国对球迷不当行为的治理在某种程度上的失效，值得反思。重读 CAS 判决及 FIFA、AFC 的纪律规则，结合现实生活与实践案例，可知国内联赛俱乐部对球迷的引导和培养作用并没有引起足够的重视，俱乐部与球迷的关系需要重塑。通过俱乐部严格责任的确立，完善俱乐部与球迷的公关关系，打造球迷与俱乐部的实质性联系，是治理球迷不当行为的一条极具实操性的有效路径。

参考文献：

1. Paul McCutcheon, "Sports Discipline, Natural Justice and Strict Liability", *Anglo–American Law Review*, 1（1999）.
2. Robert C. R. Siekmann, "Lex Sportiva: What is Sports Law", *T. M. C. A SSER PRESS*, 2012.
3. Mark James and Guy Osborn, "Consuming the Olympics: the Fan, the Right Holder and the Law", *University of Westminster School of Law Research, Paper*, 2010.
4. CAS2013/A/3139、CAS/2005/C/976&986、CAS2007/A/1217，国际体

育仲裁院（Court of Arbitration for Sport，简称 CAS）官方网站：http://www.tas‐cas.org/en/index.html。

5. 仇军、李恺宪、孙葆洁："运动竞赛中球迷行为越轨成因与防范对策"，载《体育科学》2004 年第 12 期。
6. 韩勇："兴奋剂处罚的'严格责任'原则"，载《首都体育学院学报》2006 年第 5 期。
7. 周永坤："论严格责任原则的合理性基础"，载《安徽行政学院学报》2012 年第 2 期。
8. 邱馨平："职业足球俱乐部球迷公关策略研究——以长春亚泰足球俱乐部为例"，长春工业大学 2012 年硕士学位论文。
9. 《关于对武汉赛区（足协杯武汉宏兴柏润足球俱乐部主场）违规违纪的处罚决定》、《关于对河南赛区（河南建业足球俱乐部主场）违规违纪的处罚决定》，载中国足协官网，http://www.fa.org.cn/bulletin/punish/2016‐05‐27/502930.html。
10. 王冰、刘连发、杨鑫："世俗运动的宗教性：球迷狂热的动因与文化表达——以足球项目为例"，载《体育与科学》2014 年第 5 期。
11. 李玥："中国足球治理与发展策略研究"，天津大学 2008 年博士学位论文。
12. 周秀军、毛志晨："我国足球赛场球迷越轨行为分级及趋势探析"，载《体育科学》2011 年第 6 期。

华沙莱吉亚俱乐部诉欧足联纪律处罚案评述

赵 菁[*]

2015年4月28日,国际体育仲裁院发布裁决书,公布了华沙莱吉亚俱乐部诉欧洲足球协会联盟(以下简称"欧足联")纪律处罚不公一案的裁决结果,确认了纪律处罚决定的合法性与合理性,驳回了上诉人的其他诉讼请求。该案裁决书中集中探讨了禁赛球员的处罚适用、联合会规则解释、比例原则适用等问题,其重要意义不言而喻。本文就该案[1]涉及的这些关键性问题展开评述。

一、基本案情

（一）案件起因

在欧联赛上赛季华沙莱吉亚与塞浦路斯球队利马索尔的对战中,球员贝雷茨内斯基吃到红牌罚下。赛后欧足联控制与纪律机构做出了以下处罚决定:一是对球员贝雷茨内斯基处以接下来3场欧足联比赛的禁赛；二是俱乐部要确保球员知晓该决定。2014年2月13日,贝雷茨内斯基的申诉启动了纪律处罚程序。在2013/2014足球赛季季末,华沙莱吉亚足球俱乐部取得了参与欧洲杯联赛2014/2015赛季第二轮资格赛的资格。7月9日,华沙莱吉亚足球俱乐部向欧足

---

[*] 中国政法大学法学院研究生。

[1] Arbitration CAS 2014/A/3703 Legia Warszawa SA v. Union des Associations Européennes de Football (UEFA), award of 28 April 2015.

联提交了参加第二轮资格赛的球员名单,仅仅列了25个名额中的23人,留下2人空缺,而贝雷茨内斯基不在名单之内。7月16日至23日,在欧足联欧冠赛的第二轮资格赛中,华沙莱吉亚足球俱乐部主、客场对阵圣帕特里克俱乐部,而该球员并未参加这几场比赛。7月24日,华沙莱吉亚向欧足联递交了参加欧冠赛第三轮资格赛的球员名单。贝雷茨内斯基包含在名单之中。在7月30日的欧冠赛第三轮资格赛中,华沙莱吉亚足球俱乐部主场对阵凯尔特人俱乐部,而贝雷茨内斯基没有参加这场比赛。8月6日,华沙莱吉亚客场对阵凯尔特人,该球员并没有参赛,却在第86分钟时作为替补上场。8月7日,欧足联控制、道德与纪律机构针对贝雷茨内斯基在禁赛期仍参加第三轮资格赛的第二回合比赛的事实,启动了纪律处罚程序,认定该行为违反了《欧洲冠军联赛规则》第18条和《欧足联纪律处罚条例》第21条,并且于次日作出两项处罚决定:一是宣布8月6日凯尔特人对阵华沙莱吉亚的比赛成绩无效,华沙莱吉亚以0:3告负;二是处以贝雷茨内斯基额外一场欧足联联赛的禁赛,而在此之后其就有资格参赛。此项处罚决定将与2月13日的两场禁赛处罚决定合并执行。随后,华沙莱吉亚提出上诉,欧足联上诉机构于8月14日作出决定:认为纪律机构作出的处罚决定兼具合法性与合理性,故驳回华沙莱吉亚的上诉,支持欧足联控制、道德与纪律机构的决定。

(二) 申诉理由

2014年8月15日,根据《国际体育仲裁院规则》第48条,华沙莱吉亚针对临时性措施于上诉时提交了一份联合声明。该俱乐部选择欧足联和凯尔特人俱乐部作被上诉人。对于适用临时性措施,俱乐部提出:请欧足联允许其参加8月20日至26日的下一轮比赛;并且其比赛资格延续到国际体育仲裁院作出最终裁决前;欧足联应当承担临时性措施的费用,并补偿自己的律师费及其他相关花费。8月18日,国际体育仲裁院上诉仲裁机构副主席作出回复,驳回了华沙莱吉亚适用临时性措施的请求。

该俱乐部对上述决定不服,依据《国际体育仲裁院规则》第51条,于9月3日提交了上诉请求。在附信中,其向国际体育仲裁院办公室提出:"国际体育仲裁院指示采取的临时性措施,并未考虑目前欧洲冠军联赛的赛程情况，且本俱乐部的救济请求并不涉及凯尔特人俱乐部的利益。因此，上诉人仅仅撤回了针对凯尔特人俱乐部的上诉请求。"华沙莱吉亚质疑欧足联上诉机构于 8 月 14 日作出的决定，并提出了以下救济请求：撤销欧足联上诉机构于 8 月 14 日作出的决定；宣布取消比赛成绩的决定非法；宣布不对华沙莱吉亚俱乐部处罚；宣布不对贝雷茨内斯基处罚。或者要求仲裁庭宣布对俱乐部实施取消比赛成绩的处罚是不合比例的；且依据欧足联《纪律处罚条例》第 20 条，宣布中止对该俱乐部施行的所有处罚。该俱乐部提出必须满足的要求是：欧足联应赔偿 1 854 385 欧元，外加截至 2014 年 9 月 5 日前的 5% 的利息；以及由欧足联承担本次仲裁的全部费用、律师费以及其他的程序性费用。

上诉人的论证理由有以下几点：一是对俱乐部的指控仅仅是因为其没有将贝雷茨内斯基列在球员 A 名单上；二是对有关球员适用禁赛处罚，欧洲联赛的规定并不清楚，故对于该规则的解释要适用不利解释原则，即支持俱乐部的请求；三是认为欧足联规定上场球员需出现在 A 名单中的要求过于形式主义，对贝雷茨内斯基处以 3 场禁赛的处罚既不公平也不合理；四是认为处罚决定不合乎比例原则，决定作出机构并未适当权衡违规行为与所实施的处罚；五是俱乐部认为欧足联取消其进入第三轮比赛的资格，影响其潜在的奖金收益，故欧足联应合理赔偿俱乐部的损失。

（三）仲裁裁决

2014 年 9 月 29 日，欧足联提交了答辩意见，即依据《国际体育仲裁院规则》第 55 条，要求国际体育仲裁院驳回华沙莱吉亚俱乐部的上诉请求。

国际体育仲裁院最终并未采纳华沙莱吉亚俱乐部的意见，是基于以下两点理由：其一，关于纪律处罚决定的合法性问题。仲裁庭发现有关欧足联管理禁赛处罚的规章制度并不十分清晰，尽管"有资格"一词在《欧洲联赛规则》第 18 条的文本中代表不同含义，但是在欧足联 2014 年第 13 号通函中对该规则作了很明确的客观解释，即"只有按时在欧足联机构注册的球员才能适用欧足联的禁赛处罚"。因此，结合两份文本就可以对该条规则作清楚的解释，即在此不能适用不利解释原则作支持俱乐部请求的客观解释。也就是说，俱乐部有义务将球员姓名登记在 A 名单上，俱乐部违反该规定就应当受到欧足联的纪律处罚。其二，关于取消比赛成绩的合比例性问题。仲裁庭发现，即时事实上取消了华沙莱吉亚与凯尔特人的第二场比赛成绩，该俱乐部也没有资格与凯尔特人进行加时赛，尽管这是该俱乐部强有力的推论。而对于有欠缺资格的球员上场比赛，欧足联长期一贯的做法就是取消比赛成绩并判对方赢得比赛。仲裁庭认为，坚持这一做法很重要。因此，欧足联取消华沙莱吉亚的比赛成绩的处罚是符合比例原则的。

综上，国际体育仲裁院最终驳回了该俱乐部的上诉请求。

二、案件意义

（一）明确了不利解释原则的适用条件

在本案中，华沙莱吉亚俱乐部提出欧足联的《纪律处罚条例》并没有明确指出为了适用禁赛处罚，被禁赛球员的名字应当被列入 A 名单。而且《欧洲联赛规则》第 18 条第 1 款与第 4 款的内容可做语义相反的理解。在欠缺清晰表述的情况下，该俱乐部认为应当对第 18 条作不利于条款提供方的解释，即支持俱乐部的主张。欧足联在答辩中提出华沙莱吉亚作为一个富有经验的资深俱乐部，其在过去正确处理过一次类似事件。加之欧足联 2014 年的第 13 号通函中也明确解释了第 18 条之规定，故此处并不存在不利解释原则的适用空间。正是基于与欧足联相似的论证思路，仲裁庭在裁决的主要事实部分中认定，结合欧足联纪律处罚规则的文本与第 13 号通函可以对争议规则作清晰解释，故不能适用不利解释原则。

不利解释原则，又被称作疑义利益解释原则，本是通行于解决保险合同条款的争议领域，有着严格的适用规则。该原则之精神主旨是"有疑义应为表意者不利益之解释"[2]。该原则的具体适用方式是在格式合同的内容发生争议且出现了两种解释的情况下，应当

----

〔2〕 刘宗荣：《定型化契约论文专辑》，台湾三民书局 1988 年版，第 125 页。

做最不利于合同提供者的解释。因此，本案的仲裁庭通过否定适用不利解释原则，重申了必须出现两种文本解释的适用前提。

（二）提出了对联合会章程规则的解释方法

仲裁庭基于对案件基本事实的认定，概括出三个事实方面的争议点，而第一点就是俱乐部为了使球员适用禁赛处罚是否有义务登记球员。关于该问题的判定标准，可以依据《欧洲联赛规则》第18条的规定。第18条第1款规定，为了有资格参与欧足联俱乐部联赛，球员必须是欧足联的注册球员，且只有注册球员才能适用禁赛处罚。而该条第5款规定，俱乐部要为未出现在A、B名单上的球员上场比赛或者是本来就无资格比赛的行为承担法律后果。从文本内容上分析，一是规则并没有清晰明确地规定适用禁赛处罚的球员应当登记在A名单中；二是虽然《欧洲联赛规则》第18条第1款指出球员未在欧足联注册就欠缺资格，但第18条第5款指出即使球员在欧足联注册也可能仍然欠缺资格。因此，适用禁赛处罚规章制度本就不够清晰，那么在这种情况下就需要对规则文本作客观解释。

接下来确定对欧足联规则的解释方法就显得尤为重要。仲裁庭援引国际体育仲裁院最近的一项裁决写道：″瑞士法之下，存在关于某一联合会规则的解释方法之争议，即规则的解释是应当运用解释法条的方法还是解释合同的方法。然而，在实践中，解释合同与解释法条的方法大部分相同，并且这些方法本着字面解释是解释的起点这一立场″（CAS 2008/A/1502，§15-17）。[3]按照字面解释的方法，很明显可以发现″有资格″这一语词在第18条的文本中是代表不同含义的。幸运的是，仲裁庭发现在欧足联2014年第13号通函中，对该规则作了很明确的客观解释，其解释道：″只有按时在欧足联机构注册的球员才能适用欧足联的禁赛处罚。″鉴于，上文提到的第二文本也是出自欧足联的官方文件，具有一定的权威性与说服力。因此，仲裁庭认为，结合上述两项文本规定，就可以对规则文本作表意明确的解释。而且在无特殊规定的情况下，本案中所运用的解释方法可同理适用于解释某一联合会的章程规则。

---

[3] CAS arbitration NCAS OG 2007/A/1377.

(三) 强调了适度的形式主义

在本案中，上诉人认为其仅仅提交了参与欧冠第二轮资格赛的23人名单，没有到要求的25人，并未因没登记球员贝雷茨内斯基而获得任何收益。除此之外，该俱乐部认为贝雷茨内斯基已接受了3场禁赛，按照欧足联的要求，严格实行处罚是欠缺合法性与合理性的，故上诉人坚持认为欧足联要求球员必须登记在A名单上的做法是过度形式主义的。

众所周知，过度的形式主义对体育赛事的开展是弊大于利的，过分苛责于形式要求，看似尊重了程序价值，却往往以"正义之名"阻碍了正义的实现。被上诉人欧足联辩称，过度的形式主义仅仅存在于以下情形：无客观原因的严格形式化；或形式要求达到夸张的严格；或对当事人的请求规定了过度的先决条件，用来防止以不正当的手段获得正义。而欧足联要求受禁赛处罚的球员必须登记在A名单上，并非体现了过度的形式主义。国际体育仲裁院以前处理过类似无资格球员上场比赛的问题，并且不赞同对此类运动员严格处罚是过度形式主义导致的。最终，仲裁庭支持了欧足联的观点，即认为在分析欧足联要求禁赛球员登记的原因问题上，法律的确定性原则是考量基准，也就是说，适度的形式要求可以保证规则章程发挥提供预期与规范行为的作用，而非简单地将其认定为过度的形式主义。

(四) 肯定了体育比赛成绩的神圣性

在本案中，欧足联的《纪律处罚条例》第21条第2款仅仅规定了如果受禁赛处罚的球员仍参加比赛，该比赛成绩就会被取消。该规则没有区分受罚者是故意还是疏忽大意违反规定，也并未为决定作出者提供任何裁量空间。若严格适用本项规定，华沙莱吉亚受到取消成绩的处罚就是必然的。这便引发了第三项争议问题，即欧足联决定取消比赛成绩而判定华沙莱吉亚输掉资格赛的处罚是否是不合比例的，而仲裁庭在论证这一问题时就提出了比赛成绩不可轻易被修改的观点。本案的裁决载明，体育法中的一项基础性原则是体育比赛的成绩原则上不应被改变，即比赛成绩应当由运动员的场上表现来决定，而不宜在比赛结束后由法庭裁定。遵照这一原则，国际体育仲裁院一直以来对类似事件采取谦抑性的处理方式，即原则上尊重"比赛本身的规则"要求来依法裁决，只有在处罚决定可能会导致不良信用、恣意裁判甚至是违反了法律、社会规则及法律原则的情况下，仲裁庭才会修正处罚决定。因此，《欧足联纪律处罚条例》的第21条第2款就类似于一项"比赛本身的规则"——比赛结果神圣性的例外规定，即如果欠缺资格的球员上场比赛，比赛成绩将被修改。考虑到欧足联的处罚决定并不会导致不良的法律后果，故严格来说，国际体育仲裁院推翻这项"比赛本身的规则"是符合比例原则的。

三、案件启示

（一）重视对球员资格的审查

创造公平、公开的体育比赛环境，维护良好的竞赛秩序与保障运动员的合法权益一直是体育联合会制定规则章程的宗旨。作为参赛主体的俱乐部，就需要自觉遵守所在联合会的纪律规则，避免受到因工作疏忽所导致的严厉处罚。在此之外，本案裁决所揭示出的问题表明，体育联合会及俱乐部需要进一步关注球员的资格审查问题，特别是直接掌握球员信息的俱乐部一方。本案的上诉人华沙莱吉亚是总部设在华沙的资深职业足球俱乐部，曾经多次参加欧洲冠军联赛与欧洲足球锦标赛等大型赛事，对于欧足联的章程规则，可谓是熟记于心。然而，该俱乐部竟然因为自身工作人员的失误，对球员贝雷茨内斯基的禁赛期计算错误，导致派出未在A名单中登记却实际仍在禁赛期的球员上场比赛，最终受到欧足联的纪律处罚而失掉出线希望。在这个特殊案件中，华沙莱吉亚俱乐部的疏忽是显而易见的：首先，该俱乐部是欧足联认定的资质深厚的俱乐部，其本就明知处以禁赛处罚的球员所面临的情况；其次，在过去的赛季中，欧足联的规则文本一直未被修改；最后，欧足联已经通过不同渠道告知俱乐部关于被禁赛球员的资格问题，华沙莱吉亚俱乐部在庭审阶段也承认了此事实。

尽管实践中不乏出现此类失误，上诉人华沙莱吉亚作为管理经验丰富的俱乐部，有必要为自己工作人员的失职买单。其他俱乐部也应当以此为鉴，在平时管理活动中，做好对运动员资格的审查工作：一是熟悉掌握联合会章程及赛事规则。当出现争议条款解释不明的问题时，俱乐部需要求助于官方渠道，获得有权威性的解释版本。二是加强对俱乐部球员信息的收集汇总工作，及时掌握诸如球员的受罚情况等常规信息。如发现球员受到联合会的纪律处罚，就需要明确其被禁赛的具体时长，以及禁赛期的起算点问题。三是要加强与联合会组织的信息沟通，保证信息渠道的双向通畅。在不违反联合会章程规则的前提下，如果发现球员资格信息的纰漏，俱乐部要采取相应的补救措施，避免出现更加不利的法律后果。

（二）正确把握上诉请求的性质

国际体育仲裁机制为体育纠纷开辟了及时、有效的解决渠道，仲裁庭基于对事实认定和法律适用的判断，严格审查上诉人提交的诉讼请求，对不符合要求的上诉请求作驳回裁决。本案中，上诉人华沙莱吉亚俱乐部针对欧足联的纪律处罚提出了损害赔偿的请求，即赔偿其因处罚而未能继续比赛所遭受的奖金损失。随后，欧足联针对该请求提出两点答辩意见：一方面，因为俱乐部提出的损害赔偿请求并不是上诉决定争议的一部分，故该俱乐部的请求应不被考虑；另一方面，主张该俱乐部应在将来的程序中提出要求欧足联赔偿的问题。仲裁庭在裁决中部分支持了欧足联的观点，认为双方争议的是欧足联作出的纪律处罚决定，对无资格球员上场比赛进行处罚是一种纪律处罚，但是要求损害赔偿却不是。后者仅仅是该俱乐部与欧足联之间的民事纠纷。同时仲裁庭认可了俱乐部提出赔偿请求的可行性，认为即时欧足联会明确拒绝赔偿请求，也不能阻止俱乐部在后续程序中提出赔偿请求，更不能仅仅以穷尽可行的内部救济的目的要求该俱乐部在先提出。

因此，本案裁决过程反映出，上诉人在向国际体育仲裁院提交上诉请求时，需要仔细甄别上诉请求是否是围绕案件的争议点提出，并且要与主要争议事实保持同一法律性质。即使上诉人提出再多的诉求，如果不符合标准，也将会被仲裁庭依法驳回而达不到实现救济的目标。本案的这一教训也启示俱乐部要进一步完善自身法律机构的建设,加强对国际体育规则的学习和研究。

(三) 充分利用国际体育仲裁机制

作为具有公信力的体育纠纷解决机构,国际体育仲裁院已被所有的国际奥林匹克体育组织和许多非奥运体育组织认可为解决体育纠纷的最终的、具有约束力的上诉机构。各国法院也多次裁定确认了国际体育仲裁院裁决的可靠性及裁决程序的正当性。[4]像赛事主体之一的俱乐部,如果想要充分利用国际体育仲裁机制捍卫自己的权利,就必须对体育规则有充分的了解。本案中的上诉人华沙莱吉亚经过艰苦的上诉程序,经过欧足联内部的上诉机构再到国际体育仲裁院的上诉机构,尽管最终被驳回诉讼请求,但其通过法定程序使仲裁庭在一定程度上认可了其提出赔偿请求的合理性,为诉诸民事侵权赔偿打下了基础。另一方面,该案再次体现了体育仲裁所具有的及时性、公正性与专业性的优势。[5]在现有制度设计下,利用国际体育仲裁机制解决体育纠纷是维护俱乐部及运动员权益的有力途径。国际体育仲裁作为一个公正的纠纷解决机制,在尊重程序正义的前提下,也体现了对实体正义的重视与追求。本案的裁决结果力求反映案件的真相,使有责任主体受到处罚,且处罚内容与其应承担的责任相当。总之,受本案裁决过程的启发,国内的体育组织及其他参赛主体也应当主动跟上国际步伐,加强与国外体育界的交流与合作,充分利用好国际体育仲裁机制,及时、有效、便捷而经济地争取合法权益。

参考文献:

1. 郭树理:《体育纠纷的多元化救济机制探讨——比较法与国际法的视野》,法律出版社2004年版。
2. 韩勇:《体育与法律——体育纠纷案例评析》,人民体育出版社2006

---

〔4〕 宋彬龄:"中国运动员国际体育仲裁胜诉第一案述评——兴奋剂处罚的程序正义问题",载《天津体育学院学报》2011年第2期,第112页。

〔5〕 郭树理:《体育纠纷的多元化救济机制探讨——比较法与国际法的视野》,法律出版社2004年版,第322页。

年版。
3. ［英］米歇尔·贝洛夫、蒂姆·克尔、玛丽·德米特里:《体育法》,郭树理译,武汉大学出版社 2008 年版。
4. 梁慧星主编:《民商法论丛》(第 35 卷),法律出版社 2006 年版。
5. Despina Mavromati & Matthieu Reeb, *The Court of Sports Arbitration for Sports: Comments, Cases and Materials*, Kluwer Law International, 2015.

体/育/法/前/沿 ▶▶▶ **冬奥会专题**

2022年冬奥会立法的路径选择：
京冀地方联合立法

张于杰圣[*]

由于奥运会的申办与承办主体是城市，而非国家或者其他政治地区，因此，地方立法实际成为奥运立法的主轴。与奥运会相关的交通、安保、卫生、基础设施建设、知识产权保护等各方面都应在承办城市的地方立法中予以体现。但是，随着现代社会的发展，举办奥运会的城市不再局限于一个，各城市的奥运地方立法如何协调一致，便成为新的奥运法治问题。北京冬奥会的举办将面临同样棘手的奥运立法问题。

一、京冀奥运地方立法面临的现实困境

京冀的奥运地方立法不同于一般性的地方立法，因为举办奥运会的特殊性，奥运地方立法与一般地方立法所强调的立法的地域特殊性不同，更加要求立法的协调性和一致性，即京冀双方的地方性法规和地方规章中涉及冬奥会相关事项的规范应当协调一致。与此同时，立法本身又是各方意志此消彼长、利益激烈冲突又致平衡的过程。尤其是地方立法的历史沿革以及地方利益、部门利益错综复杂的交织，使得京冀冬奥会的地方立法工作充斥着各种现实困境。

（一）地方立法冲突之困境

首先，地方立法本身固有的困境。地方立法是根据各地方的自

---

[*] 中国政法大学法学院研究生。

身情况而进行的,地方之间具有差异和冲突是必然且无法改变的。京冀奥运立法同样也是地方立法,应当根据地方实际情况制定,具有地域的特殊性。但是,与此同时,其又需要将重心置于奥运会举办所要求的协调一致性上,立法冲突与困境便随之而来。

其次,地方利益之争的龃龉和我国行政区划中历来所固有的地方中心主义使得地方立法冲突的局面更加恶劣。一方面,"地方立法是一种以行政区为单位的分割式立法模式,地域性很强。在制定地方性法规时,各地只考虑本地的实际情况,而没有从整个区域的角度来立法,相互间的冲突现象是不可避免的,并形成了以地域为中心的法制的'碎片化'、'地方化'现象。"[1]另一方面,各地方本身不尽相同的地方实际情况中必然夹杂着强烈的地方利益、不同区域内的各种利益集团之意志以及地方区域之间本身具有的竞争关系所造成的浓厚的地方保护主义色彩,这些地方利益之间的竞争与冲突以及利益集团意志的不平衡,造成现今地方立法之间的冲突基本无法避免。而如果奥运地方立法按照现行地方立法的模式进行,则必然陷入立法冲突的困境与僵局,地方立法间的协调一致将遥遥无期。

再次,由于过分追求与信仰唯 GDP 发展论,各地方对于各自区域发展的前景画地为牢,故步自封,只重视眼前利益与需求,而难以从全局出发,以长远打算为基础。相应地,地方立法也随之参差不齐,难以顾及全局性和对未来的长远适用规划,使得冲突在所难免。再加上各地方长期以来在立法工作方面沟通不足,更加剧相对应的立法方面的区别与矛盾,继而在地方立法方面难以形成真正的协调一致性。而这样一种从思维到实际的立法工作的巨大沟壑,也是奥运地方立法所必将面临的现实困境。

最后,还应当注意到,张家口市与北京市是两个相互之间没有任何隶属关系的行政区域,因此,北京市的地方立法无法直接应用于张家口市,即必须另行制定能够适用于张家口市的奥运地方立法。

---

[1] 王春业:"区域合作背景下地方联合制定地方性法规初论",载《学习论坛》2012 年第 6 期,第 68 页。

根据最新修订的《立法法》的授权，张家口市具有一定的地方立法权，但是，仅限于"城乡建设与管理、环境保护、历史文化保护等方面"，而关于奥运会的相关立法是否属于这一范围，则必须提请全国人大常委会进行立法解释，以确定是由张家口市自行立法，还是通过河北省出台相关奥运地方法。如不能尽快确定张家口市的奥运地方立法权限，则必然会影响到整个奥运立法工作的进程。同时，即使张家口市确定获得奥运地方立法权限，其所制定的地方性法规还需报请河北省人大常委会审批，而北京市的则只需本级人大及其常委会通过即可，这样一层差异也将会为京冀两地的奥运地方立法工作带来一定障碍。

(二) 不适宜进行中央立法之困境

一般说来，与地方立法相比，中央立法更能保证法律的统一适用性，那么，对于要求一致性的奥运立法来说，不进行地方立法，而由中央就相关事宜进行统一立法自然成为更加吸引人的选择。但是，对于京冀的奥运立法工作来说，这并不可取。

1. 地方性事务无需中央立法。尽管申办与举办奥运会可能需要举国的通力协作，尤其是对于我国这样一个极具代表性的举国体制国家，但是这也无法改变奥运会毕竟总体上仍是具体申办与承办城市的地方事宜，是典型的地方事务。其相关立法工作仍旧是地方性立法。假若进行中央立法，不仅会浪费立法资源，更可能会造成中央立法权与地方立法权的冲突，毕竟"我国在中央和地方的关系上，尽管以民主集中制为原则，实行中央集权，但并不意味着抹煞地方的特殊性和相对独立性，而将一切社会生活领域都交由中央统筹管理，相反在现行的宪政架构中甚至已包含了地方自治、地方分权、权力下放等结构性安排"[2]。京冀的奥运立法逃脱不开地方性立法的本质。

同时，奥运立法在全国范围内确实需要一定的中央立法，然而这些涉及中央立法层面的问题在之前北京夏季奥运会时基本已经完

---

〔2〕 陈丹："我国区域法制协调发展的若干宪法问题思考"，载《云南大学学报（法学版）》2008 年第 4 期，第 13 页。

成,如今只需对其进行补正使其满足时代发展变化的需求即可,而对于京冀的冬奥会立法工作,地方性立法才是重点。

2. 奥运立法不是法典化立法。中央统一立法,除却规章以外,包括行政法规在内的立法,尽管不是严格意义上的法典,但是由于其通行于全国且涉及各种利益的平衡,其法典化程度可想而知。相比之下,奥运立法更多的作用不是调整社会关系与平衡各方利益,而是保证奥运会的顺利举办,使得奥运会可以更加全面无缝地融入到主办国之中。可以说,奥运立法实际上就是一种突击立法、短时立法。这也即意味着无论从立法技术上,还是从立法需要上,法典式立法都不是奥运立法的备选项。因此,进行相对应的地方立法才是京冀奥运立法工作的最优选项。

3. 全球发展趋势不提倡对奥运会进行中央专门立法。从全世界范围内的案例来看,罕有承办奥运的国家对奥运会进行中央专门立法,这就说明各国在奥运立法方面并不追求中央专门立法,仍是按部就班地进行奥运立法,那么我国在进行奥运立法时,也应当重视各国的立法经验与国际的立法趋势,不能过分强调中国特色,而应当海纳百川,善于利用别国的经验为自身服务。京冀奥运立法工作更应如此。

(三)国外经验的借鉴意义有限之困境

毋庸置疑,近现代的法治源于西方,而我国在立法过程中也充分吸收国外优秀的、先进的法制经验,并且在一些领域对国外的先进制度、思想进行了引进。同样,京冀奥运地方立法工作所要求的协调一致的地方立法,在国外也有着较为成熟的经验。最具有代表性的就是美国的统一立法、州际协议(契约)、州际法律统一以及欧盟模式。

美国的统一立法模式是指由美国国会出台一部专门法律,例如《阿巴拉契亚区域开发法》和《田纳西河流域管理局法》,通过中央立法对某一跨行政区域的共同事项成立统一管理组织进行对应管理。同样,美国的州际契约是为了促进美国区域协调发展而生。"州际契约是两个或多个州之间的协议,缔约州受契约条款约束,同时州际契约也受契约法的实质条款的限制,受宪法的禁止违反契约义务的法律约束（《联邦宪法》第1条第10项）。"[3]美国州际法律统一则是通过例如美国律师协会、美国法学会或者各州法律统一事务委员会等各种社会团体、私法人的推动而形成的。

但是，我国对于这些域外经验的借鉴是有限的，即更多的时候我国只能从立法思维或者立法理论角度的层面对这些经验进行一定意义的借鉴，但是，对于具体的立法事务，难以直接吸收与引进。其根本原因在于，我国与西方国家（尤其是美国）的国家体制与政治制度有着根本性的不同。以美国联邦制为代表，中央与地方是分权治之，中央的权力来源于地方的让渡，未让渡的权力仍旧保存于地方自身，这即是美国立法经验成立的土壤。而我国则是非常典型的单一制国家，所有权力都归于中央，而地方的权力是中央授权于地方，一言以蔽之，中央未授权于地方的权力都归于中央自身。由此，对于美国的区域合作立法经验，我国缺少必要的生存土壤，而从根本上无法直接吸收引进，仅能有限地进行一定理论与思维上的借鉴。

同样，尽管"放眼全球，在区域经济一体化驱动的区域一体化发展中，欧洲联盟（简称'欧盟'）的一体化发展规模空前，颇为壮观，深具影响，堪称典范"[4]，但是欧盟模式的根基在于较为紧密的邦联模式——主权国家出于现实发展考虑而进行的联合，其地方联合立法的经验固然非常先进成熟，很值得我国借鉴与研究，但是对于京冀奥运立法的具体工作而言，其借鉴意义就极其有限了。京冀奥运立法问题毕竟仍旧是国内问题，是单一制国家国内跨行政区域的立法问题，与欧盟模式具有先天上的重大差异，也造就了其在具体事务操作方面借鉴意义的局限性，当然，在理论思维层面，欧盟模式的启迪对于我国来说仍旧具有重大意义。

---

[3] 王腊生：“地方立法协作重大问题探讨”，载《法治论丛（上海政法学院学报）》2008年第3期，第71页。

[4] 陈俊：《区域一体化进程中的地方立法协调机制研究》，法律出版社2013年版，第63页。

二、地方联合立法是京冀奥运地方立法的必然选择

京冀关于冬奥会的立法工作假若一成不变地按照目前的地方立法模式展开，将不可避免地面临重重现实困境的包围与阻碍。由此，必须跳出旧有的思维定式，找寻新的立法模式，而能够实现立法协调一致的地方联合立法模式自然成为最佳路径与必然选择。

（一）地方联合立法是对现实困境的突围

首先，地方联合立法的本质并非是中央立法的变形，而是地方立法的变通，其立法主体仍旧是地方有立法权限的机关，包括地方人大及其常委会和地方政府。尽管其思维方式和理论指导充分借鉴了西方经验，但是其本身根植于我国的政治体制，完全按照政治制度的运行而展开具体工作，继而也就不会出现"水土不服"的现象，这是其成为最优选择的基本优势。

其次，地方联合立法本身具有的沟通与协商机制使得地方的地域特殊性可以和立法一致性进行完美结合。地方联合立法的沟通机制有利于打破现存地方立法中的"地方割据"现象，使被割裂开的各地方加强相互间立法信息的交流互通，搭建畅通的立法信息交流平台，结束地方立法的纯粹"地方化"，将原本相互独立的、"碎片化"的地方立法工作推进至合作立法的轨道之上，连点成线，编织出地方立法工作的联系网与信息网，为实现立法的协调一致夯下基石。同时，地方联合立法的协商机制则可以对各地方之间的不同立法诉求予以正面回应，正视地方间的立法差异。在协商中，通过相互之间的妥协与让步、沟通与交流，在最大程度上照顾到具有冲突可能倾向的不同地方法治需要，从而跳出由恶性竞争造成地方保护主义的怪圈，做到真正平衡地方利益的冲突。最终使之能够在尊重地方实际间的合理区别的基础之上，实现期待中的地方立法的协调一致。

最后，地方联合立法能够成行的一个基本要求是地方之间不具有相互隶属关系，换句话说，即无论张家口市最后是否能够拥有奥运的地方立法权，都不会影响联合立法的开展，进而对于北京市来

说，是河北省还是张家口市，都可进行联合立法，而京冀在政治地位、经济实力等方面的不对等，仅仅只是增加需要平衡的分歧点，而不会妨碍联合立法的具体开展，反而会使得地方联合立法在京冀奥运立法中更具说服力。

（二）地方联合立法是未来发展的趋势

一体化成为社会经济发展的重要推动力已是不争的事实，其在国际社会中表现为全球化，而在国内社会则表现为区域合作与经济一体化。这样一种未来很长一段时间的社会发展特征将会产生各种各样的新型社会关系以及难以调和与平衡的利益分歧。并且更为棘手与紧迫的是，伴随一体化进程的不断推进，大量的公共事务不再局限于单纯一地之内，而成为跨域公共事务。这些"公共事务往往高度复杂且跨越了既有的行政区域，不是单个行政区域内的地方政府所能单独解决的，很多时候具体行政执法涉及的相关管理事项可能分属不同区域的政府或同一行政区域的多个政府部门主管甚至可能跨越多级政府"[5]。而这些无一不都需要立法尤其是地方立法予以回应。但是，如果仍旧按照目前这样割裂开的地方立法模式，势必只会成为发展的阻碍。这便需要立法模式进行创新与转变，地方联合立法便是为应对这样的未来发展趋势而顺应时代产生的。

冬奥会能够由北京与张家口共同举办，便是由京津冀区域一体化合作向前推动发展而来的，是时代发展趋势的体现。作为跨域合作的一个典范，京冀奥运的地方立法工作同样也是为了能够调整未来伴随冬奥会而产生的大量跨域公共事务，地方联合立法也就自然成为其必然的选择。同时，从发展的角度出发，冬奥会的京冀联合地方立法便不能仅从当下的国情出发，只关注到目前的立法需求，而更应具有长远的眼光，将可以预期的未来也纳入到立法的根据中，从而可以把握未来时代发展趋势的脉搏，使得奥运地方立法不只是顺应着时代，更是站在时代发展的潮头，踏浪前行。

---

[5] 焦凤君、廖伟伟："地方政府联合立法及其法律属性分析"，载《安徽大学法律评论》2014年第1期，第141页。

（三）地方联合立法的合法性

立法是被要求符合严格法定主义的活动，直接关系到公民的基本权利义务关系和国家权力的配置与运行，因此，必须严守法定主义以保障立法的规范性和严肃性。而在地方联合立法的具体制定过程中，存在着超出本地方立法地域与事项权限范围的情形，并且地方联合立法的确未有法律上的明确规定与授权，从而使得其合法性存在模糊地带而受到质疑。但是这种仅从外观形式上来审视地方联合立法并对其合法性进行质疑与否定的做法，是过于教条与片面的。

1. 地方联合立法中立法权的来源。立法权是指"一切立法主体依法行使制定、认可、修改、废止法，以调整相应社会关系的综合性权力体系"。[6]对于"依法"的理解，却不能只局限于明示性的立法权，即由宪法或者法律明确规定的立法权，还应当注意到与明示立法权相对应的默示立法权——"宪法和法律没有直接规定，但是从宪法、法律的立法精神和宪法、法律的条文中可以引申出立法权的内容"[7]。

同时，立法具有滞后性，相对于时代的飞速发展，立法不可能对所有事物尤其是新生事物都予以明确的回应与规制，同时又不能因为没有明确规定而排除立法对其的规制，那么就需要通过从更深层次上理解立法的精神或者进行立法解释，来保持立法的旺盛的生命力。亨利·萨姆奈·梅因也曾言道："社会的需要和社会的观念或多或少地领先于法律。或许我们可以使它们之间的缺口变小，但重新拉开这个缺口却是永远的趋势。法律是稳定的；而我们所谈到的社会是发展进步的。人们获得幸福的多少，取决于这个缺口缩小的快慢程度。"[8]

而且，尽管地方联合立法未有宪法和法律直接明确的规定，但

---

[6] 胡建淼主编：《公权力研究——立法权·行政权·司法权》，浙江大学出版社2005年版，第23页。

[7] 胡建淼主编：《公权力研究——立法权·行政权·司法权》，浙江大学出版社2005年版，第25页。

[8] [英]亨利·萨姆奈·梅因：《古代法》，高敏、瞿慧虹译，江西教育出版社2014年版，第13页。

是这并不代表其被认为是违背宪法和法律而改变了现有的立法结构与立法权体系，即在中央立法权与地方立法权之间诞生了一个新的立法权，而是在现有的政治制度和立法体制的框架下的一种立法模式的创新性变通。进一步说，地方联合立法的"联合"不在于最终决定立法通过与否的表决权或审议权的行使，而在于立法草案的制定。一方面，根据宪法和法律规定，各级人大代表有针对本级人大职权范围内的事项提出议案的权利，而且实际上在草案制定的过程中，公民都可参与讨论而使其具有高度的开放性和参与性，因此，立法草案的联合制定不仅没有与法律之精神相冲突，反而是现实社会发展需要与立法精神相契合的体现。地方规章草案的联合制定亦是如此。另一方面，地方联合立法的主体仍旧是有地方立法权的各地方政府和地方人大及其常委会，并依然由他们来表决或者审议决定立法最终是否能够通过，即地方联合立法中的立法权在本质上还是宪法与法律授予的地方立法权。

但是，应当注意到，即便地方联合立法具有默示立法权，是顺应时代发展和符合立法精神的，但其毕竟未有宪法与法律的明确授权，有着立法权上的瑕疵。换言之，我国是一个以行政权为主导的国家，在高速发展的同时，必然伴随着国家权力规制的失衡，而未有法律明确规定的权力在行使时就更加具有滥用之虞。同时，我国是崇尚制定法的国家，更倾向于明示立法权，这不仅是立法传统的体现，还是由于我国还在法治建设的过程之中，明确的法律授权更加适合我国的国情。所以，出于面向未来的发展的需求与考虑，最好提请全国人大常委会对地方联合立法事宜做出决议或者立法解释，同时进行立法或者对现行法律进行修改，以确认地方联合立法的合法性，继而树立其绝对的立法权威，并在最大程度上迎合法治中国建设之需要。

2. 地方联合立法中的地域权限。在联合立法中，一方确实会涉及超越己方立法地域权限范围的事项，其究竟是否构成真正的越权而进而造成对联合立法的合法性存疑，还需进一步分情况、分阶段考察：

（1）在立法草案的制定过程中。联合立法的联合性，必然会导致在草案的制定过程中一方会涉及超越其立法地域权限的事项，这实际上也是无法避免的。但是，这并不会造成实质意义上的越权。讨论"越权"事项的出发点是己方的相关事项，实际上是己方事项的延伸。联合立法的目的在于解决地方立法之间的冲突，并使地方立法之间达成协调一致。这类似于在国际条约的缔结过程中，不仅会涉及本国事项，更重要的是出于本国利益且平衡各国利益冲突的需要而必然涉及别国内部事项，但并不会构成对他国内政的干涉。由此，这样的"越权"是为实现地方立法的协调一致所必需的，并非违反法律意义上的越权，仅仅具有越权的外观而已，其存在是合法且合理的。

（2）在立法通过时。通过的地方立法涉及非本地域范围的事项，毋庸置疑会造成真正的越权。反之，则不然。这实际上便是一个立法技术的问题。联合立法的精神在于保持地方立法的协调一致，而并不一定要求具体的法律条文完全一致。具体来说，各地方将具有分歧性事项所达成的一致性意见与各自地域内具体情形分别结合，来实际设计自身的条文，最终使得地方立法之间既可以保持协调一致，又不会涉及其他地方地域内的事项，以避免出现立法越权的行为与现象，从而维护地方联合立法的合法性与正当性。

3. 地方联合立法不是统一立法。虽然地方联合立法的目的是使地方立法之间能够消散立法冲突，实现协调一致，但这并不意味着不关注各地方之间特别的立法需求和地域实际情形的差异。统一立法对于一致性来说是最好的选择，但对于地方特殊性要求则很难予以令人满意的回应，尤其是对于奥运地方立法来说，从地方特殊实际出发同样也是相当重要的。况且，统一立法如果按照目前的立法制度进行表决或审议通过，即是地方立法权的地域越权，必然会造成立法权体系的混乱。同样，如果不按照目前的体制进行，那么应当由全国人大立法设立或者授权一个新的立法权，这将带来我国整个国家权力配置的大调整，形成新的制度与体制。然而，从我国国情出发，这并不适合我国目前以及可预期未来的发展需要。因此，地方联合立法仍旧是各地方出台己方的立法，同时在应当具有一致性的问题上，不会出现立法冲突。

三、京冀奥运地方联合立法的初步设想

京冀的奥运地方立法主要是地方性法规与地方政府规章的制定，而两者如何具体进行联合制定，则需要分别予以讨论。

（一）地方性法规的联合制定

联合制定地方性法规总体存在三种模型：分别制定草案，有分歧再沟通，分别表决通过；联合制定草案，联合表决通过；联合制定草案，分别表决通过。第一种实质上仍是目前的地方立法模式，其沟通机制易形式化，无法实际化解立法冲突；第二种更趋近于中央统一立法模式，有着极强的立法统一性，但需要全国人大单独立法并引起我国现有制度与体制的根本性调整，与我国现实国情不符，不具有实际操作性；第三种则不仅可以保证地方立法之间的协调一致，更重要的是不会突破现有的制度与体制，是根据现行的宪法与法律而对地方立法模式进行的创新性变通，自然是京冀奥运地方联合立法的最佳选择。

1. 联合制定草案。纯粹从起草的角度出发，联合起草的方式有许多，例如：可以由各方抽调法制部门的工作人员成立专职负责的联合起草小组；也可以由各方先行起草，再集中协调，形成具有模板性质的草案；或者交由第三方诸如数名法学专家或独立法律科研机构进行起草工作。这些方式的联合性不足，更多的是一种协同，并且无论是人员构成，还是所能支配的资源，都难以令人信服。最为重要的是，其所具有的权限不足，只能对争议不大或者重要程度不高的事项发挥作用。一旦各方在涉及各自核心利益的事项上有严重的分歧与矛盾，其权限立即就会显得极为有限，能够决定的事项不多，回旋的余地空间不大，导致其在此情形之下，只能逐级上报并由有权机关或机构做出决定，而自身却无法做出及时有效的妥协方案，进而要实现协调一致的立法目标也就无从谈起。

由此，要实现地方立法的真正协调一致，联合起草就需要具有足够权限的、具有更强的组织性和法律认可性的形式。从现行制度与体制出发，人大关于特别问题的调查委员会制度与联合制定地方

法规草案所需求的组织形式最为匹配和务实,即由各地方人大分别组织的关于特别问题的调查委员会进行联合起草工作,以实现地方性法规的联合制定。

首先,适用调查委员会制度可以解决联合起草的"师出无名"问题。地方性法规由地方人大及其常委会表决通过,需要遵循严格的立法程序。调查委员会制度则是法律明确规定的人大制度的一种,具有比一般起草组织更多且更大的权限,由其进行草案的联合制定,足以解决起草组织权限不足的问题,并使联合起草工作更具严谨性、严肃性和程序性,使地方联合立法的绝对立法权威能够在更大程度上被确立。

其次,对于"特别问题"应当更加灵活地理解与认识。实际上,如何进行地方联合立法未有法律明确规定,而现实发展则迫切需要地方之间开展地方联合立法,并且地方立法之间的冲突会影响到各地方的发展已是不争事实,这些都是地方亟待解决的问题。因而,联合制定地方法规草案适用人大关于特别问题的调查委员会制度也并无不可,没有大碍。

再次,联合起草工作适用调查委员会制度具有相当多的优点:①其成员必然都由地方人大代表构成,可以在草案制定中不至于为过分追求立法一致性而将各地应合理存在的地方性抹杀,使得草案在人大会议中更具说服力,同时,调查委员会还可以加入法制委员会成员,以更好地解决立法的专业性与技术性问题;②其是由人大直接组织形成,对于地方之间的冲突化解与利益平衡,有着更多谈判妥协的权限,同时,其背后有着庞大的资源可供其调用,更易达成一致的立法意见;③其可以就已达成一致的重大问题形成调查报告,先行提交人大会议或人大常委决议,既是一种事前审查,对草案的通过进行提前试水,以保证草案制定的总体脉络和方向性,又可以提高立法效率,减少分歧,并使最终草案被表决通过的可能性大为提升;④无需另行成立新的机构或组织,从而节约立法资源,并且不会造成对现行制度与体制的挑战,实际操作性得以保障;⑤人大关于特别问题的调查委员会制度在现实中是一项"沉睡的条款",联合起草工作对其的适用,不仅可以焕发其生命力,而且还赋予了其新的制度价值。

最后，需要明确的是，调查委员会制度仅仅只适用于联合起草工作，因为其本身具有的制度与人员优势对于草案的制定有着难以替代的积极作用。然而，根据法律规定，议案的提出则绝对不能由其进行。这并不影响从草案到议案的转换，即使其本身并无提出议案的权力，但是其毕竟是由人大代表组成的，因而并不会影响从草案到议案的转换以及议案的提出。同时，出于对各地方立法权的尊重以及各地方不同的实际需要，联合起草工作并非制定统一的草案，而是对有分歧与冲突的事项达成一致的立法意见，分别形成各自的草案，实现一致性与地方性的有机统一。

2. 表决通过。通过联合起草而形成的各地方的地方性法规草案应当分别提交各自的人大表决通过。如果都未通过，则应当倒回到联合起草阶段继续相关工作。难题则出在有的地方的草案已经通过时，有的地方的草案却未通过，造成联合立法的"难产"，陷入新的立法困境。对此如何解决，需要针对草案未通过的原因，具体问题具体分析：

草案未通过不涉及一致性条款。此时，既然与一致性问题无关，则只需由未通过草案的一方继续对草案进行修改，最终使草案得以通过。

草案未通过会涉及个别的一致性条款。一致性条款会影响到联合立法中各方的利益，是联合立法的目标所在，因而无法回避。那么，在此情形下，因为涉及的条款与问题较少而他方已通过的草案无法再行修改，可以先从草案中将其删除，而由地方政府通过规范性行政文件的形式进行规定，以保证与他方已通过草案的一致性，并在之后时机更加成熟时，将相关问题提交地方人大及其常委会决议，或者通过其他立法形式将其再由规范性文件提升为法律。

草案未通过会涉及大量的一致性条款。在此情形下，所涉及的一致性问题数量过多，再由规范性文件规定就不合时宜，也无法保证立法级别的一致性，那么可以考虑暂时放弃草案，而由地方规章替代。地方规章的制定权属于地方政府，相较于地方性法规，更易进行协调沟通并达成一致，并且其仍是立法级别，因此可以保证其稳定性和权威性。但是，毕竟地方规章与地方性法规的立法级别不同，还是可能产生一定的适用冲突的。因此，在适当时机也应将其提升为地方性法规，使得地方立法能够实现完全一致。

3. 张家口市的地方立法级别。一旦通过全国人大常委的立法解释，张家口市获得奥运的地方立法权，其即可以直接与北京市进行联合立法，而无需由河北省代为立法。但是，需要注意的问题是，张家口市所制定的地方性法规须报河北省人民代表大会常务委员会批准后施行，这使得张家口市的地方立法权与北京市的地方立法权并非完全对等，可能会为双方的联合立法工作带来一定困难。但是，更多的时候，这只是一个技术性难题。河北省人民代表大会常务委员会对报请批准的地方性法规的合法性审查，主要在于其是否同宪法、法律、行政法规和本省的地方性法规与政府规章想抵触。因此，只需在两地联合立法过程中，对河北省的地方立法条文予以格外注意和重视，即可避免抵触情形的发生，从而化解这一困难和问题。

（二）地方政府规章的联合制定

联合制定地方政府规章与联合制定地方性法规，在形式上基本没有太大区别，两者的主要区别在于：在具体制定的难易程度上，联合制定地方政府规章更胜一筹。

一方面，我国的发展是以政府为主导的发展，政府实行行政首长负责制，使得地方之间的沟通协调工作极易展开。因此，进行联合起草时，无需像地方性法规的联合制定一般，需要一个具有一定权限的联合起草组织，只需成立符合地方实际需求的一般联合起草小组，可以是专门的立法协调小组，也可以是直接由各地方政府的法制办负责联合起草，主要针对一般性问题进行协调。而重大问题就直接由行政首长出面进行沟通协调，既灵活快捷，又具有事项的决定权限，使立法工作尤其是草案的制定可以相当顺利、平稳、有效率地进行。

另一方面，地方政府规章由政府常务会议或者全体会议审议决定。与地方人法会议及其常委会会议相比，政府常务会议或者全体会议人数少，意见能够更为集中，也更易达成一致，提高草案通过的可能性，从而在最大程度上避免草案无法同时通过的尴尬局面与困境。同时，地方政府规章的制定权完全属于地方政府，任何级别的地方政府规章都无需报请上级机关或者同级和上级人大常委会批准通过，仅需履行备案义务即可。由此，尽管张家口市与北京市的行政级别不对等，但在地方政府规章的制定权上则是对等的，这降低了两地联合立法的门槛。

但是，成也萧何败也萧何。由于行政权在我国国家权力中的突出地位，地方政府之间关于联合制定地方政府规章的沟通协调工作易于进行。然而，也正是因为如此，一旦地方政府之间对一些事项出现根本性的分歧与冲突，这种单纯矛盾双方之间的协调就不会再起任何作用，联合立法工作也会随之陷入死循环与停顿。在此情形下，可以考虑由联合立法参与各方的共同上级政府参与协调，但其不直接参与整个联合立法，而是仅对形成僵局的具体事项进行协调，当冲突各方达成一致时即为结束。其具体原因在于：

第一，我国是最典型的单一制国家，中央实行垂直式管理，行政权具有上命下达的特征，即地方服从中央，下级服从上级，使得上级政府对于其下级来说，具有绝对的权威性。

第二，联合立法的各方与其共同上级都具有隶属关系，都是其共同上级的下级，地位并无太大差异，因而对于问题的解决，共同上级政府具有中立性。

第三，上级政府有权改变或撤销下级政府不适当的地方政府规章。当联合立法的各方彻底陷入僵局而无任何办法推动达成一致时，共同上级政府有权就此问题进行决定性判断，以结束僵局，推动联合立法工作的继续进行。

第四，共同上级政府不能参与联合立法的实质性工作，否则，联合立法中将出现上级的意志，造成立法权的对抗，而上级意志往往会占据上风，从而使得地方立法尤其是地方联合立法失去意义。

（三）地方联合立法的修改

时代发展是瞬息万变的，立法环境必然也会产生巨大改变。联合立法中原本需要一致立法的事项可能由此不再需要一致性，同样，本来具有地方特性的事项也会因涉及他方利益而需要一致性，联合立法随之也需要进行修改。

1. 修改告知义务。在联合立法中，沟通不畅、无法达成一致并不会产生太多的负面影响，最有负面影响的却是单方擅自行动。因此，应当在联合立法中确定修改告知义务，即任何一方在修改任何条文时需要告知他方，并应具体规定在法律条文中。修改告知义务的确定，既可以防止联合立法的协调一致的立法精神在修法时被打破，也有利于各方的信息互通有无，方便判断自身利益是否被涉及，从而确定是否需要采取进一步的行动。

2. 涉及无需立法一致性的条款的修改。各方根据现实的发展变化确定需要修改的条文不需要达成一致性立法意见的，只需提出修改方根据自身的实际需要，按照既定立法修改程序单独完成修改即可。其中包括原本需要平衡各方利益、达成一致的事项变迁为不再需要一致性而需各方根据自身实际重新规定的情形。

3. 涉及一致性条款的修改。各方一旦确定需要修改的条款涉及自身的利益并与之冲突，需要进一步达成一致性的立法意见，以维护立法的一致性精神和自身的权益，就应当由提出修改方会同冲突各方比照联合立法模式进行相关修法工作。

（四）地方联合立法的法律位阶与效力

地方联合立法在本质上仍是地方立法确凿无疑，而奥运立法所涉及的法律位阶主要为地方性法规与地方政府规章。在形式上，地方联合立法与同形式的地方立法具有同样的效力，即立法、修法等程序性的要求完全一样，联合立法并无自己专门的程序要求。但是，从实质产生的法律效力来看，地方联合立法应当高于一般性的地方立法。地方联合立法与一般地方立法的区别主要体现在其独有的立法精神——协调一致性上，而这种立法精神是各方都接受与同意的，那么在涉及相关问题的立法时，必然要尊重这种立法精神，在涉及具体相关事项时不与之相抵触。因此，从实然的法律效力的角度出发，其拥有了更高的法律效力。同时根据新法优于旧法的原则，原本与之相抵触的地方立法自然也就不应再适用，进而从另一个侧面巩固了地方联合立法在实然状态下，涉及某些具体问题时，例如奥运会的相关事项，比一般地方立法具有更高法律效力的事实。

四、契机

无论是从国际还是从国内的社会经济发展中观察,区域一体化的趋势越来越明显,其推动国家与社会向前发展的力量也随之越来越大。这必然将带来在交通规划、环境保护、社会福利保险等公共领域的立法实现一定区域内的协调一致,以适应区域一体化的不断发展,从而必然使得地方联合立法成为未来地方立法的重要组成部分。但是,在未来将扮演重要角色的地方联合立法模式却在我国地方实际立法中鲜有存在。京冀奥运的地方联合立法一旦成行,必将成为实现地方联合立法由虚入实的重要契机,推动整个地方联合立法工作的大发展,加速公共资源在一定区域内的更加公平与效率的配置,并将法治化建设的进程融入到区域一体化的潮流之中,以使得我国在不同于以往任何时候的未来发展竞争中位于优势地位。

参考文献:

1. 周旺生:《立法学》(第 2 版),法律出版社 2009 年版。
2. 陈俊:《区域一体化进程中的地方立法协调机制研究》,法律出版社 2013 年版。
3. 陈光:《区域立法协调机制的理论建构》,人民出版社 2014 年版。
4. 胡建淼主编:《公权力研究——立法权·行政权·司法权》,浙江大学出版社 2005 年版。
5. 蒋碧昆、向群雄:"地方性法规适用冲突原因初探",载《河北法学》1992 年第 6 期。
6. 肖辉:"关于京津冀协同发展联合立法的构想",载《河北学刊》2015 年第 6 期。
7. 焦洪昌、席志文:"京津冀人大协同立法的路径",载《法学》2016 年第 3 期。
8. 王春业:"论地方联合制定行政规章",载《中国行政管理》2011 年第 4 期。
9. 石佑启、潘高峰:"论区域经济一体化中政府合作的立法协调",载

《广东社会科学》2014 年第 3 期。
10. 张瑞萍:"区域协调发展促进法的立法基础与原则",载《经济体制改革》2010 年第 2 期。

2022年冬奥会突发事件应对的法制思考

卢 毅[*]

在奥运会一百多年的发展过程中，其意义已经远远超越一项体育赛事，而演变成为全人类共同的盛会，其倡导的团结、和平的基本理念业已深入人心。但是不可否认的是，奥运会的发展历程也伴随着一些"阴暗面"即一些突发事件[1]的发生，这些事件的发生不仅影响了赛事的顺利进行，而且也阻碍着人类对更高价值的追求，如何预防此类事件的发生以及一旦发生如何高效地应对，将危害降到最低，是各举办国必须要解决好的问题。

一、梳理总结与奥运相关的重大突发事件类型及特点

（一）奥运历史上重大突发事件的类型

根据《中华人民共和国突发事件应对法》（以下简称《突发事件应对法》）第2条，将突发事件区分为自然灾害、事故灾难、公共卫生事件和社会安全事件。在奥运会百余年的历程中，上述四种突发事件均有发生，并且造成了极其严重的后果。

1. 自然灾害。自然灾害给奥运会的举办造成过很大的障碍，比

---

[*] 中国政法大学法学院研究生。
[1] "突发事件"：此处突发事件的定义采用《中华人民共和国突发事件应对法》中对于突发事件的定义，即突然发生，造成或者可能造成严重社会危害，需要采取应急处置措施予以应对的自然灾害、事故灾难、公共卫生事件和社会安全事件。下文中出现的"突发事件"均采用此定义。

如1908年伦敦奥运会,在原本的1904年国际奥委会第七次全会上决定由罗马承办第四届奥运会,但意大利因国内出现多次地震和火山爆发,经济蒙受重大损失,遂在1906年的雅典届间奥运会上,以财政困难、无力兴建多种竞赛场馆为由,宣布放弃主办权。罗马的临时弃权,使伦敦在举办奥运会的时间只剩下两年的情况下承办了此次奥运会。虽然伦敦完成了举办奥运会的重任,但是从中可以看到自然灾害可能成为奥运会举办过程的重大障碍。〔2〕

2. 事故灾难。奥运会的举办会造成短时间内人员大量涌入或出行增加,同时会给一个城市的交通等基础设施造成很大的压力。比如2000年,澳大利亚悉尼奥运会前夕,飞机场发电机发生故障停电1小时20分钟,致使飞机不能正常起降。同时一些偶发性的事故也会在一定程度上影响奥运会的举办,1992年西班牙巴塞罗那奥运会开幕前夕,国际奥委会主席萨马兰奇下榻的宾馆发生火灾,开幕当天会场50公里外煤气管道爆炸引起火灾。此类突发事故也均不同程度地对奥运会的顺利举办造成了障碍。〔3〕

3. 公共卫生事件。公共卫生事件也曾给奥运会的正常进行带来过不小的影响。比如悉尼奥运会开幕前两天,清洁工人不慎将清洗剂混入机场空调系统,致使国际机场至少50人吸入有毒气体,其中27人住院治疗。〔4〕盐湖城冬奥会举办之时,美国的炭疽热正在流行,虽然美国库存的炭疽热特效药"西普洛"足以应付大规模炭疽热爆发,加拿大代表团还是自己订购了大批"西普洛"。澳大利亚代表团准备得更加细致,考虑到炭疽热病菌可能有抗药性,他们采购

---

〔2〕 http://baike.baidu.com/link?url=rz6VDaYuzBhkKlguNrLVPoiShR-SsLnIvrS00FX3gX3Fss3x3lXHSaDhXkDMbRX0CrzivoZoO9jzeBWQrUV0x69I0Ou3xObwgyiuA3sOgFsikLt2uuGFDvlgiC42M3UFnxNYd2idEGk2YDq7FhUiWOLQXWTj90s8TIeB4QibjMZ0hP-7156bkGFdBOyg6_Ob,最后访问时间:2016年4月25日。

〔3〕 http://www.legaldaily.com.cn/bm/content/2007-01/21/content_520329.htm,最后访问时间:2016年4月25日。

〔4〕 http://www.legaldaily.com.cn/bm/content/2007-01/21/content_520329.htm,最后访问时间:2016年4月25日。

了两种不同性质的抗生素。[5]这些都在一定范围内在一定程度上给奥运会的正常举办造成了障碍。

4. 社会安全事件。作为一项全世界人民共同关注的盛会，考虑到全球恐怖主义的威胁等因素的影响，奥运会的成功举办离不开对社会安全的保护，历史上发生过的针对奥运会的恐怖主义袭击事件也使我们付出过惨痛的代价。比如众所周知的慕尼黑惨案（Munich massacre），1972 年 9 月 5 日，第 20 届慕尼黑夏季奥运会正在进行，巴勒斯坦恐怖分子持枪袭击了运动员村，当场杀害了 2 名以色列运动员，劫持了 9 名人质，导致比赛停止，奥运村一片混乱。整个事件以全部人质的死亡、5 名恐怖分子和 1 名德国警察的死亡而告终，给整个慕尼黑奥运会留下了难以磨灭的阴影。

（二）与奥运相关的突发事件的特点

与奥运相关的突发事件与一般意义上的突发事件相比，在带有突发事件的一般共性的同时又有其自身的特点，综合分析可以得出与奥运相关的突发事件的特点为：

1. 事件发生的不可预见性。与一般突发事件所具有的特征基本相同，与奥运有关的突发事件同样具有突然发生即不可预见的特征。虽然有些更具有人为因素的突发事件在发生之前会有或多或少的征兆，但突发事件具体发生的时间、地点、方式都很难在事发之前进行完全预测，更何况一些自然灾害事件其本身更加具有不可预测性，几乎很难在事件发生之前有任何的征兆被人捕捉。而且有限的人为因素的加入也无法从整体上改变突发事件的不可预测性特征。这就要求在突发事件发生之后，有关部门要迅速作出反应，果断实施措施，防止危害进一步扩大。

2. 可以减少或避免损失。虽然与奥运有关的突发事件具有不可预见性，但是仔细分析各类突发事件后我们发现，在突发事件发生之后并不是无能为力的，甚至当突发事件的应对合法合理时可以避免相当一部分突发事件的损失。以对奥运会危害巨大的慕尼黑惨案

---

[5] http://news.sohu.com/10/20/news147862010.shtml，最后访问时间：2016 年 4 月 25 日。

为例，如果当时德国在举办前期能够更加重视赛会的安保工作，对奥运安全环境进行全面的评估，根据奥运会的特征制定相应的突发事件应对法律法规及相关制度的话，也许尽管不能完全避免恐怖袭击的发生，但是在袭击发生后完全有能力做到不造成像现实发生的那种悲惨的结果。

3. 后果影响程度更深远。举办奥运会的城市与国家会得到全世界的关注，奥运会给举办国与举办城市提供了一个广阔的展示自身魅力的平台。同时也由于极高的关注度、世界各地媒体的报道，与奥运相关的突发事件可能会相对于一般时期的突发事件具有更大的影响力、更广泛的连锁效应与更深远的危害性。这使得一部分极端组织袭击或群众游行示威会选在奥运时期，以期获得更高的关注，使奥运会时期所面临的应对突发事件的压力不断增大。所以有必要在现有的法律框架下，更加重视对奥运期间突发事件的应对，尽可能作出完善的制度安排。

二、2022年冬奥会应对重大突发事件过程的特殊性

聚焦到我国将要举办的2022年冬奥会，其在应对突发事件过程中可能由于冬奥会与夏奥会的不同以及北京与张家口联合举办等因素，具有一定的特殊性。

（一）冬奥会相对于夏奥会可能面临突发事件的特殊性

冬奥会除面临奥运会所共有的突发事件的危险性外，还具有一定的特殊性。首先，在冬奥会的18个冬奥项目中，[6]有大约10个项目需要在户外进行，这些项目大多依托自然环境的天然特征，受自然环境影响较大，同时这些项目也大多以速度或空中翻腾为竞赛方式，危险性高，高度危险性项目相对于夏奥会所占比例大。所以在冬奥会的比赛中应更加重视对自然灾害与场馆事故灾难的预防、风险评估及事发后的应对工作。

---

[6] http://www.olympic.cn/sports/sort/winterolympic/，最后访问时间：2016年4月25日。

（二）两地联合举办对于突发事件应对的特殊性

由于我国此次是由北京与张家口两地联合举办2022年冬奥会，所以在应对突发事件的过程中就会涉及两地协同合作的问题，对于突发事件两地协同合作应对来讲，目前还面临着如下的障碍：首先，两地政治地位不对等，北京作为中华人民共和国首都，属于直辖市，而张家口为地级市，在应对突发事件协同合作的过程中，难以实现平等的地位。其次，两地协同应对突发事件，无论是协同修改应对突发事件的地方性法规还是两地政府共同应对突发事件均无明确法律依据为支撑。[7]

三、规制冬奥会突发事件的法律法规探究

根据上文所提到的2022年举办冬奥会需要应对的可能出现的突发事件的特点，考察我国现行的可以为2022年冬奥会应对突发事件提供依据的法律法规，主要由《国家突发事件应对法》、《北京市实施〈中华人民共和国突发事件应对法〉办法》（以下简称《北京市实施办法》）和《河北省突发事件应对条例》（以下简称《河北省应对条例》）组成。以一个整体的视角考察这三部法律法规可以发现，《突发事件应对法》是我国应对突发事件的宏观整体的指导方针，《北京市实施办法》与《河北省应对条例》均为根据《突发事件应对法》制定的地方性法规，其中《北京市实施办法》是在经济社会全面快速发展的重要时期，特别是将要举办2008年北京奥运会的背景下，于2008年北京奥运会开幕前颁布实施的，该办法的颁布与实施为保障2008年北京奥运会的顺利进行起到了重要作用。

由于此次冬奥会为联合举办，所以在应对突发事件的过程中需要北京与河北两地协同，《突发事件应对法》第7条规定：县级人民政府对本行政区域内突发事件的应对工作负责；涉及两个以上行政区域的，由有关行政区域共同的上一级人民政府负责，或者由各有

---

[7] 焦洪昌、席志文："京津冀人大协同立法的路径"，载《法学》2016年第3期，第42页。

关行政区域的上一级人民政府共同负责。此规定为两地共同应对冬奥会期间可能发生的突发事件提供了法律依据。在此，以《突发事件应对法》为指导，结合《北京市实施办法》的经验教训，通过与《河北省应对条例》的对比，对两地需要明确的或协同的与冬奥会相关的应对突发事件的法律制度，以《突发事件应对法》确立的事前、事中、事后的顺序进行梳理，重点在于预防与应急准备。

（一）矛盾纠纷排查制度

由于冬奥会受到的关注度较高，一些矛盾纠纷容易借冬奥会举办的档期，迅速扩大并升级为社会安全事件，影响冬奥会的正常举办。《北京市实施办法》第22条规定："本市建立矛盾纠纷排查调处制度，对排查出的可能引发社会安全事件的矛盾纠纷，所在地人民政府和有关部门应采取措施及时予以化解。"这有助于在源头上控制社会安全事件的发生，《河北省应对条例》中并未有对矛盾排查制度的相关规定，应及时以适当的方式填补此项空白。

（二）公共安全形势分析会议制度

《北京市实施办法》第23条规定：市和区、县人民政府应当建立公共安全形势分析会议制度，定期研判突发事件应对的总体形势，部署相关工作。针对冬奥会期间突发事件发生几率较大这一客观事实，建立公共安全形式分析会议制度十分必要，在相关法律法规中应对此制度作出安排，为两地在冬奥会筹备期以及举办期都建立定期与不定期相结合的安全形式分析会议制度提供法律上的支撑，使得两地可以信息共享、协同配合。

（三）应急预案管理制度

应急预案是指由承担应急管理职能的国家机关所制定的关于应对突发事件的工作计划，不但包括预防准备、监测预警、处置救援及恢复重建等工作的内容，还包括应急管理的组织、指挥、保障等工作的计划跟安排。[8]应急预案制定得是否科学合理有效，直接关系着2022年冬奥会突发事件应对的最终效果。实践中京冀两地目前

---

[8] 汪永清主编：《中华人民共和国突发事件应对法解读》，中国法制出版社2007年版，第45页。

都没有制定全面的政府规章来对应急预案进行管理，只是在某一领域制定了应急预案管理规章，如：《北京市突发公共事件应急预案管理暂行办法》（京应急办发〔2006〕10号）、《北京市生产安全事故应急预案管理办法》（京安监办发〔2012〕8号）、《河北省突发事件卫生应急预案管理办法》（冀卫办应急〔2013〕1号）。

（四）风险评估管理制度

风险评估管理是指通过识别和分析风险发生的可能性及其后果，并结合对法律、政治、社会等环境因素进行综合考虑后，评估风险等级并对风险处置的优先顺序进行排序，从而决定应采取的风险控制措施。[9]通过对风险的提前评估与预判可以降低突发事件发生的概率以及及时有效地将突发事件的损失降到最低，同时风险评估管理要做到客观全面，需要各级政府部门及多元社会主体的共同努力。因此，有必要制定政府规章来规制风险评估，明确各部门的责任义务、第三方专业评估组织的产生及评估结果与应急预案的结合。[10]对于2022年冬奥会来讲，风险评估应格外重视与雪上项目相关的自然灾害与事故灾害。

（五）资金保障机制

通过对比发现，北京与河北均对应对突发事件规定了专项准备金制度，这有助于缓解应急准备资金不足与各阶段资金分配不均的问题。但落实到具体工作中，这一专项准备资金应当如何设立，是否应针对冬奥会设立特别的应对突发事件的准备资金，应对工作各阶段的资金应当如何合理分布，应当通过怎样的方式和程序进行资金的申请、审核、拨付、使用和监督等，都需要以政府规章的形式加以明确规范。

（六）财产征用补偿制度

政府为应对突发事件，有时会对人民群众的财产造成损害，这就涉及对财产征用的补偿问题。《北京市实施办法》对财产征用制度

---

[9] 薛澜、周玲：“风险管理：'关口再前移'的有力保障”，载《中国应急管理》2007年第11期，第12页。

[10] 马怀德等：“突发事件应对的地方立法创新：对北京范本的解读”，载《国家行政学院学报》2008年第4期，第60页。

作了原则性规定，《河北省应对条例》对于征用的程序作了更详细的规定，规定对向有关单位征用的财产应及时向被征用人出具相关凭证并登记造册。但对于补偿金的标准以及领取补偿金的程序问题，两地均未作出更详细的规定，有必要以政府规章或者地方性法规的形式予以规定。

（七）突发事件应对档案管理制度

《北京市实施办法》规定了突发事件应对档案管理制度作为其亮点之一。建立此项制度有利于在实践中总结应对冬奥会这种大型体育赛事突发事件的经验教训，对相关责任人进行追究，同时也有利于学术界对突发事件应对进行进一步的研究与学习。

四、京冀两地应对冬奥会突发事件协同立法的必要性及路径分析

有学者认为，包括冬奥会在内的大型活动，应对突发事件主要靠行政执法的方式，诚然行政执法在突发事件的应对上有着极其重要的价值，但是这也不能否认立法的独特价值。首先，突发事件立法可以有效地规制和引导人们应对、处置突发事件的行为，因为处置突发事件需要高效的应对，很容易造成行政权力的滥用，侵犯公民的合法权益。其次，突发事件立法可以明确各方主体在应对突发事件中的地位，因为发生突发事件时有些主体会面临角色的转变，会使得其权利义务的行使有别于日常，这也需要法律的规制。最后，突发事件立法可以确保各类应急资源的准备和及时调用。应对、处置突发事件往往需要大量的物质资料投入，这些资料的前期准备以及及时的投入，对于保障突发事件发生时将损失降到最低能起到很大的作用。如果没有法律的规制，应急资料的保障会变得十分脆弱。[11]

以上需要进一步明确与协同的制度如何落实为具体法律法规的

---

[11] 林鸿潮："公共应急管理的法治化及其重点"，载《中国机构改革与管理》2011年第3期，第45页。

规定，应通过以下路径实现：

（一）协同的主体为北京市与河北省

虽然此次2022年冬奥会联合举办的城市是北京与张家口，但是由于两地的政治地位不对等，北京作为我国首都是省级行政单位，而张家口市是地级市，这种较大的政治地位差距不利于双方在协同过程中以平等的地位协商合作。首先，虽然在现实中河北省与北京市的政治地位也存在着事实上的不对等，但相较于北京与张家口来讲，能够更好地保证协同过程中的平等性。其次，张家口市政府及其人大由于经验不足等原因，其立法能力是否能够承担突发事件应对过程中的诸多问题还有疑问。最后，虽然冬奥会由北京与张家口联合举办，但是我国法律明确规定政府是突发事件应对的行政管理机关，所以由河北省与北京市协同合作应对突发事件不会限缩北京、张家口两地对于2022年冬奥会的举办权。

（二）两地协同修改相关法律法规应采用协商合作模式

在我国现有的法律框架下，并没有法律直接规定两地协同修改相关法律法规的制度性规定与安排。在此不宜提请全国人大创设关于两地协同立法的相关制度与规则，过大的修改会在实际操作中遇到很多的困难。因此，选择以两地通过平等沟通的方式，遵循互相一致的原则，协同修改完善两地应对冬奥会突发事件的法规规章及相应制度。由两地人大常委会及政府沟通，确定相关制度的修改方式。两地人大及政府互相及时通报相关制度的修改情况，并通过法律规定的形式在公开的渠道上将修改情况予以公布。[12]

---

[12] 焦洪昌、席志文："京津冀人大协同立法的路径"，载《法学》2016年第3期，第45页。

体/育/法/前/沿 ▶▶▶ **学术动态**

从国际体育法到中国体育争端解决机制

——《体育争端解决模式研究》品鉴

肖江涛[*]

伴随着全球体育市场化程度的加深,体育相关主体融合愈演愈烈,体育赛场内外纠纷案例俯拾皆是。相关主体维权意识空前高涨,以体育纠纷解决机制为对象的体育法研究也应运而生。国内外关于体育纠纷解决机制研究的著作并不鲜见。武汉大学法学院院长、国家高端智库武汉大学国际法研究所所长、长江学者肖永平教授,与湘潭大学法学院郭树理教授,福建阳光城女排俱乐部法律顾问、福州大学法学院李智教授,中国足球协会仲裁委员会委员、山东大学法学院黄世席教授等合作编写的《体育争端解决模式研究》,以国际体育法的视野,在构建国际体育争端解决机制宏观框架的基础上,精选了近年来国际体育纠纷的典型案例,通过参编本书的资深体育法研究专家对案例的解读,全面阐述了体育纠纷解决机制的主要内容和具体途径,是一部兼具理论价值和实务指导意义的上佳之作。

一、教义法学与社科法学方法论的相辅相成

传统大陆法系与英美法系学者在写作体育法著作时,存在两种截然不同的模式:前者以成文规范为中心,重体系架构;后者以松

---

[*] 武汉大学法学院体育法博士研究生。

散的问题为中心,通过案例、判决辑要展开论述。[1]前者与德国学者罗伯特·阿列克西总结的经验、分析和实践的法教义学特点不谋而合,后者则是一种典型的后果式思维,[2]具有社科法学方法论的特点。本书的篇章结构包括11章,从基础理论篇(第1~7章)到实证分析篇(第8~11章),最后是完善建议篇(第12章),结构清晰,兼具传统理论的释义,同时辅之以对最新案例的分析解读。

本书第1~2章探讨解决体育争端的基本理论问题。主要分析、概括、提炼了体育争端的概念、要素、特征、分类及其原因;同时分析了体育争端的解决方式,以及内部仲裁、外部仲裁、体育调解、体育诉讼之间的相互关系,总结了解决体育争端机构及解决模式的现状和发展趋势。这是全书的理论支撑,乃传统教义法学方法论的体现。第3~7章分别阐述了体育行会内部争端解决机制、体育争端调解解决模式、国内仲裁解决模式、国际体育仲裁院仲裁解决模式以及诉讼解决模式。对每种模式的研究均基于对典型案例的深入分析,体现了一定的社会价值取向,与社科法学方法论相契合。

二、兼顾案例的典型性、覆盖面与可读性

本书选取的案例尽可能涉及体育纠纷解决的所有热点例如,选取对麦克斯案、韦伯斯特案和穆图案的处理来揭示体育组织内部纠纷解决机制的方式;用迪克森和福克斯诉浙江广厦案来解释国际篮联管辖权,用雅典AEK的案例来说明国际篮联管辖权不仅涉及国际性争议,还包括纯国内篮球争议;援引英足总对阿森纳俱乐部总经理对裁判的挑衅案来说明英国体育纠纷调解制度在涉及公共伦理时的局限;引用佩雷兹(Perez)案来说明一般法律原则在国际体育仲裁中的适用;用斯普雷威尔案和拉杜坎案来说明体育争端的诉讼解决方式对公共秩序的考量。实证篇第8章对北京冬奥会、温哥华冬

---

[1] 赵毅:"晚近的体育法教材写作与体育法方法论变革——兼评刘举科、陈华荣主编《体育法学》",载《体育成人教育学刊》2015年第6期,第44~45页。

[2] 熊秉元:"论社科法学与教义法学之争",载《华东政法大学学报》2014年第6期,第142页。

奥会和伦敦奥运会的体育仲裁实践进行了全面系统的总结，逐一评价了奥运会特别仲裁庭裁决的每个案子，探讨了这些仲裁实践对于体育法，特别是国际体育法的发展和贡献；第9章以欧足联仲裁解决足球争议为特别研究对象，在参赛资格争议中选取了直布罗陀足协诉欧足联案，在足球运动员转会争议中选取了凯尔特人俱乐部和摩纳哥俱乐部转会费争议案，在足球运动的伦理道德争议中选取了安德莱赫特贿赂裁判案，揭示了欧足联接受体育仲裁院的管辖的经验与做法；第10章研究国际上著名的体育诉讼案件，如库里顿案、奈特案、布朗案以及博斯曼案，分别对体育领域的种族歧视问题、侵权问题、劳动法问题和反垄断诉讼涉及的主要法律问题和确立的法律原则进行了评析。虽然囿于篇幅不能穷尽所有体育纠纷案例，但本书尽可能地做到了对每一类型典型案例的广泛覆盖。

值得一提的是，本书对案件的选取特别注重体育领域中耳熟能详的"明星"。如前英超豪门"切尔西足球俱乐部"著名球星"穆图"案、"阿森纳足球俱乐部"挑衅裁判案、前美国职业男篮（NBA）"金州勇士篮球俱乐部"著名球星"斯普雷威尔"案、前"印第安纳步行者篮球俱乐部"著名球星"小奥尼尔"案以及足球界的绝对名人"博斯曼"案等。通过对这些"明星"引发的体育纠纷的解决机制的法理分析，极大地增强了本书的可读性。

三、立足中国的理论创新

本书利用国内外最新资料和最新实践，系统深入地研究了国际社会解决体育争端的四种不同模式：体育行会内部解决、体育调解、体育仲裁和体育诉讼，同时揭示了这些模式之间的差别及联系，至少在以下方面实现了创新：其一，从理论高度系统概括了解决体育争端的不同模式之间的相互关系，准确提炼了国际社会解决体育争端的发展趋势；其二，在我国法学领域第一次系统地总结了国际足联和国际篮联的内部争端解决机构和程序，并对它们进行了比较研究；其三，在我国学术界首次对北京奥运会和伦敦奥运会的仲裁案例进行了系统深入的评析，特别总结了两次最新的仲裁实践对体育法发扬的贡献；其四，通过考量体育自治价值与司法介入的功能，在我国学术界第一次提出了诉讼解决体育争端的标准方式，即正当程序考量标准和公共秩序考量标准。

在以上创新的基础上，本书在完善建议篇中重点探讨了中国应如何完善体育争端解决机制。以中国足球协会的内部纠纷解决机制为例，分析了其存在的问题，提出明确足协法律地位、明确纠纷处理权限、健全审级设置、注重运动员在纠纷解决程序中的作用等一系列完善方案；通过分析中国体育调解和体育诉讼的现状，对中国体育调解和体育诉讼提出了充分利用各种形式的外部调解介入体育纠纷、在体育行会设立调解委员会、在体育仲裁机构设立专门的体育调解制度等完善建议；通过深入研究中国《体育法》第33条的规定和中国的实践，设计了一套通过仲裁解决体育纠纷的机制，主张中国应当建立独立的体育仲裁机构，负责与仲裁相关的体育争端，提出了详细的《中国体育仲裁委员会章程》（专家提议案）、《中国体育仲裁委员会体育仲裁规则》（专家提议案）。以上立足国情提出的完善建议，必将很好地服务于我国体育纠纷解决机制的建立。

北京-张家口冬奥会的法律前瞻与探索：
"第五届环渤海体育法学论坛"综述

朱文英[*]

2015年7月31日，北京携手张家口获得2022年第24届冬季奥林匹克运动会举办权。北京携手张家口承办冬奥会，将会快速推进京冀两地特别是京张两市的战略合作，进而使张家口融入首都发展经济圈，对北京、河北的经济发展必定会起到进一步的推动作用。

在此背景下，2015年5月14日~15日，"第五届环渤海体育法学论坛"在河北石家庄举行，主题为"举办冬奥会的法律前瞻与探索"。本届论坛由北京、天津、河北、辽宁、山东五省市体育法学学术团体和河北省体育局联合主办，得到中国法学会体育法学研究会的大力支持和具体指导。国家体育总局政法司和北京、天津、辽宁、山东、河北、山西、内蒙古、上海、江苏、浙江、湖北等地的体育法学学者、律师、司法和行政机关工作者80余人参加论坛，为北京冬奥会法律工作建言献策。

14日上午的开幕式由中国政法大学的王小平教授主持。河北省体育局党组书记、局长何江海代表河北省体育局致辞，他指出：环渤海体育法学论坛凝聚了环渤海高端人才，对体育法律问题的关注对推进依法治体具有积极影响；在介绍了河北省体育事业取得的成绩的同时，提出京津冀一体化是冬奥会的发展机遇，在体育产业发展过程中，需要体育法学的支持；如何使地方体育立法更好地服务

---

[*] 潍坊学院法学院教授，民商法学硕士，中国人民大学访问学者（受山东省教育厅资助）。

于冬奥会，需要提供更多智慧、意见与建议，并期待论坛提出具有建设性的建议。河北省法学会体育法学研究会会长、河北体育学院院长张绰庵教授代表环渤海体育法学会致辞，他指出：体育法学在冬奥会和体育产业大发展的背景下，如何平衡体育发展中各方主体的利益，如何完善体育法治体系，如何用法治思维实施改革、完善行政执法、健全体育纠纷机制，需要体育法学研究给予回答。体育法学研究会常务副会长、天津体育学院于善旭教授介绍了环渤海体育法学论坛的形成过程及每次论坛的研讨主题，认为环渤海已成为民间体育法治研究的品牌。刘岩司长随后发表了讲话，介绍了本次论坛的主题背景。2015年底，北京携手张家口赢得了2022年冬奥会和冬残奥会的举办权与承办权，这是两个一百年中全面建设小康社会的第一个目标的实现时间点，是京津冀协同发展的重要战略。体育法学界应当为冬奥会的举办贡献力量。以中国法律为基础，以《申办合同》等法律文件为基石，探讨奥运会的法律问题。

论坛分为"奥运会与北京奥运及冬奥的法治考察"、"奥运规则与法治的冲突及解决"、"北京冬奥会的法律实践"、"奥运立法与地方法治建设"、"奥运合同与市场开发的法律问题"五个板块，围绕北京奥运会及冬奥会的法律问题展开论述和研讨。

一、专题一：奥运会与北京奥运——冬奥的法治考察

本专题的主持人为中国政法大学的马宏俊教授。国家体育总局政策法规司司长、第29届奥运会组织委员会法律事务部副部长刘岩就《北京奥运会法律工作成果与北京冬奥会法治保障建议》作了大会主题报告。第一，他从介绍奥林匹克家庭的范围（严格意义的和广义的）和IOC的性质（属于非政府、非营利的国际组织，不具有国际法主体资格）入手，分析了奥林匹克法律事务的最重要的基石，包括各国（或地区）的法律法规、《奥林匹克宪章》和奥林匹克大家庭内部的法律文件。第二，介绍了北京奥组委在中国全面开创的奥林匹克法律实践。北京奥组委的业务特点、北京奥组委法律工作的类型（最大量的业务是合同业务和保护知识产权，最重要的业务

是对策研究、风险防范;最敏感、最富有挑战性、最具有创造性的业务是针对国际惯例、国际奥委会规则与中国法律法规之间的矛盾、冲突,分析风险,提出对策,维护权益,请求并协助政府机关、司法机关依法处理问题)。第三,北京奥运会的立法情况。他从新闻媒体对奥运立法的关注入手,介绍了北京奥运会立法的总体考虑,并从涉及北京奥运会的行政法规(2件)、国务院文件(9件)、国务院部门规章(3件)、国务院部门规范性文件(29件)、北京市人大常委会、市政府、市属机关颁布或印发的地方性法规规章(324件)中,选择了几个最重要的成果进行了举例说明。第四,奥运组委会的法律服务。鉴于不在《法律援助条例》规定的法律援助范围内,北京奥组委以购买服务的方式,选聘和使用了两家国内外十分著名的律师事务所,并且尊重律师界的行业规则、语言习惯,按照国际惯例(计时付费)和律师事务所给予的单价优惠支付法律服务费用,得到了律师行业主管机关的高度评价和国际奥委会的充分认可。第五,对北京冬奥会筹备与组织工作的建议。他认为,北京奥运会暨奥组委的立法工作经验、法律工作经验,都是可借鉴、可复制的:一是进一步提高对法治冬奥的重视程度,加强法治冬奥的宣传与教育,加强对奥林匹克规则的介绍,重视媒体宣传的规范性;二是遵守国际规则,履行对外承诺,维护中国法制统一;三是高质量地完成事关2022年冬奥会的立法任务,包括需要国务院颁布或修改行政法规、地方立法解决的事项,需要借鉴北京奥运会立法工作经验,对于跨省市的地方立法安排,应顾全大局、彼此协调、相互衔接;四是严格行政执法,为北京冬奥会营造良好的法治、市场、治安、社会、大气环境;五是建立健全北京冬奥会重大决策的前置性法律咨询论证和审核机制;六是调集奥运法律人才,承办冬奥会法律业务,推动学术研究。

自此主题发言之后,金杜律师事务所的王悦律师以《奥运之路——从夏奥到冬奥》为题进行了主题发言。首先,他介绍了金杜律所为北京奥运会提供的服务情况。在2002~2008年的法律服务过程中,金杜协助北京奥组委(特别是其法律部)履行了九大工作职责。其次,对我国奥林匹克法律事务进行了系统论述。他介绍了我国的奥林匹克法律体系；梳理了北京奥组委的性质及其与各方的关系；认为奥运法律服务需求分为"人"、"财"、"物"几类，并分别对其进行了论述。最后，对于后奥运之路，他认为，从夏奥会的经验展望冬奥会，应当着重做好立法完善、执法保障，进一步加强海关、出入境等机构的服务效率，进一步加强电视转播等几个方面的法律服务工作。北京炜衡律师事务所高级合伙人肖军律师在《中国法下的奥运法律问题》中就冬奥会的立法问题发表了自己的观点。他从分析奥运立法的意义入手，介绍了自申办奥运成功以来，北京制定和修订了与奥运相关的16项法规和规章，并提出奥运会需要多方面的法律合作来完成如知识产权保护、奥运安保、反兴奋剂、体育项目立项、环境保护、食品安全、交通管制、新闻采访等各个领域的任务。再次，他分析了河北省（张家口）承办冬奥会所面临的问题及原因（国家法律法规和政策不够完善、一些法规和政策严重滞后、地方立法权问题）。最后，他提出冬奥会期间可能涉及的重点立法领域应当包括公共设施、运动员的人身安全、腐败现象、知识产权保护等方面。潍坊学院的朱文英教授从公平的角度对冬奥会进行了考察，认为奥运会的理想与实践从理论上说存在悖论。这个悖论表现在：第一，国家之间的不平等，主办国的负担较重，导致不公平；第二，地域的不公平，冬奥会对自然环境的要求较高，一些地域不具备开展冬季体育项目的自然条件；第三，运动员的不公平，对温热带的运动员不公平；第四，与体育本体的悖论；第五，体育的目的和追求相背离。苏州大学的赵毅博士就"廉洁办奥运、节俭办奥运"的古罗马经验进行了比较法分析。他提出，"廉洁办奥运、节俭办奥运"是自2001年12月13日北京奥组委成立以来，党中央、国务院提出的有关奥运会筹办工作的重要方针。但事实上，2008年北京奥运会是迄今为止奥运史上最昂贵的一届奥运会，而未来的北京－张家口冬奥会是复制2008年的超高投入，还是办一届真正节俭的奥运会？值得期待。然后，他从比较法的角度，通过对原始文献的梳理，指出在古罗马帝国就留下了有关廉洁办会、节俭办会的法律规定，并指出，我们应以史为鉴，大力推进依法治体工程，用法治的手段在北京－张家口冬奥会的筹办过程中更深入地贯彻"廉洁办奥运、节俭办奥运"的精神,以更好地在体育领域贯彻中央提出的"八项规定"的要求。

二、专题二:奥运规章与法治的冲突及解决

主持人为沈阳体育学院的罗嘉司教授。原南京青奥组委法律事务部的曹琼女士就奥林匹克规则与中国法律的冲突问题进行了阐述。她认为,不论是北京奥运会、南京青奥会,还是北京冬奥会,奥林匹克规则与中国法律的冲突都是组委会法律事务工作必须面对和解决的重大课题。这些冲突包括重大涉外合同工商机关备案、防范"隐性市场"、著作权中人身权的转让等多个具体的冲突问题,绝大部分的冲突是以有关政府职能部门灵活变通的处理方式来解决的。随后,她选取了其中具有代表性的赛事转播中的市场准入及外国法人的身份与我国相关规定的冲突、市场开发中赞助商的独家供货权与《政府采购法》的冲突,其处理办法主要是由执法来做出让步,即"特事特办"。最后,她探讨了奥林匹克规则中的反隐性市场问题,认为现有的《奥林匹克标志保护条例》难以满足现实需求,建议对此做相应修改,包括扩大奥林匹克标志权利人的范围、对侵犯奥林匹克标志专有权的行为外延做适当延展等。

山东大学的黄世席教授就《国际体育仲裁的合理性》发表了自己的观点。他从德国慕尼黑上诉法院对 Pechstein 案件作出了 CAS 裁决不能执行的判决出发,提出了国际体育仲裁因为单方同意和强制性而在近些年受到相关运动员和法院的质疑,国际体育仲裁的合理性受到了质疑。然后他就国际体育仲裁的强制性进行了分析,包括公正裁判的目的性和仲裁条款的强制性。而对于 CAS 仲裁制度的改革,他认为除了需要国际体育仲裁院自己规则的修改以不断完善仲裁规则的合理性外,可以借鉴国际篮联仲裁(仲裁员的任命、相关文书的审阅、庭审规则)和国际投资仲裁(强制性、裁决公开)的经验。就 CAS 仲裁改革的建议,他提出:应当确保仲裁员的独立性;在透明度方面,透明度应包括仲裁员信息的公开、CAS 裁决的公开、行政管理文件的公开;降低体育仲裁的费用。

河北地质大学的师晓丹老师就 CAS 奥运特别仲裁实务问题发表了观点，她首先以索契冬奥会 OG 14/03 号案为例，对 CAS 特别仲裁的范围进行了界定——只能管辖法定有效期内的奥运案件。其次，她提出，CAS 特别仲裁的排他管辖需以内部救济用尽为前提，具体判断包括是否存在内部救济且已用尽、是否放弃内部救济以及内部救济的时间是否超出了 CAS 特别仲裁的有效期。再次，对于申请人在奥运选拔过程中受到歧视和不公正待遇的证明标准，她对索契冬奥会 OG 14/01 号案中仲裁庭的观点进行了梳理，此外，对国际单项体育联合会的积分标准不适用于奥运参赛选手名额的再分配的主张无效、CAS 适用奥委会和国际体育管理机构的规则与协议而排除国内法、我国在《纽约公约》所做的商事保留不妨碍 CAS 特别仲裁庭裁决的承认和执行问题都进行了分析和论证。最后提出，我国需以 2022 年冬奥会为契机，尽快建立与 CAS 仲裁接轨的法律制度和运行机制，在依法治体方面尽快与国际接轨。

对于国际体育仲裁裁决书规范欠缺问题，杨蕾认为存在两方面的问题：一是国际体育仲裁院仲裁裁决书的程序法与实体法的适用逻辑混乱，主要包括"法律适用"的内容混乱、《体育仲裁规则》中的法律适用规定存在定性矛盾问题和法律适用部分存在不区分程序法与实体法的问题；二是法律适用依据的不当省略与援引错误。她提出，为了有利于体育仲裁机制的有效运作和长远发展，这些逻辑混乱、不当省略和错误援引的不规范现象应得到纠正，仲裁庭可以通过完善法律适用说理，从法律适用依据、具体适用的法律、可适用法律之间的关系以及仲裁庭裁量的理由这四个基本方面来规范裁决书的表述，并在裁决书中将法律适用部分固定下来，对程序法和实体法作出必要区分。

三、专题三：北京冬奥会的法律实践

主持人为中南财经大学的张杰教授。于善旭在《新办奥周期更需依法推进"全民健身与冬奥同行"的探讨》一文中认为，全民健身与奥运同行并推动全民健身立法是北京奥运的宝贵遗产，而新办奥周期对依法推进"全民健身与冬奥同行"的需求更为凸显。对于依法推进"全民健身与冬奥同行"需要开展的若干工作，他认为主要包括：适时提出"全民健身与冬奥同行"，及早进行制度安排；贯彻国家体育各项规划，实现体育全面协调发展；完善全民健身法规建设，推进相关立法工作进程；推进全民健身法规实施，加大执法检查监督力度；落实滑雪项目高危管理，健全冰雪运动普及的安全保障；开展北京冬奥法治宣传，广泛营造法治舆论氛围。

中国政法大学研究生卢毅就《2022年突发事件的法律应对》提出了建议。他首先梳理了与奥运相关的重大突发事件类型，包括自然灾害、事故灾害、公共卫生事件、社会安全事件，并分析了与奥运相关的突发事件的特点：事件发生不可预见性、可以减少或避免损失、后果影响程度更深远，然后论证了2022年冬奥会应对重大突发事件过程的特殊性：冬奥会相对于夏奥会可能面临突发事件的特殊性、两地联合举办对于突发事件应对的特殊性。通过对比，综合分析相关立法和地方性法规，理出七项可需要进一步明确或协同的制度：矛盾纠纷排查制度、公共安全形势分析会议制度、应急预案管理制度、风险评估管理制度、财产征用补偿制度、资金保障机制、突发事件应对档案管理制度。就京冀两地应对冬奥会突发事件协同立法的路径，他认为，协同的主体为北京市与河北省，协同修改相关法律法规应采用协商合作模式。

天津财经大学李先燕老师就《我国奥运场馆赛后利益的相关法律问题研究》进行了发言。她首先以北京奥运会场馆为例分析了奥运场馆的所有权与使用权问题，北京奥运会场馆除了高校外，其余都采用BOT模式进行融资建设。对于社会资本和政府合作投资大型体育场馆，需要进行立法规制，明确各相关主体的权利与义务。对于奥运场馆的规划，她认为奥运场馆的赛后利用程度高低与赛前建设规划有很大的关系，与奥运场馆的布局规划和城市发展息息相关，在规划时要综合考虑举办城市的特点，均衡发展建设。特别是在京津冀一体化的战略背景下，需要加强北京南部体育场馆设施的规划布局，从立法上加强对奥运场馆的规划建设，并且明确奥运场馆的多重功能，降低场馆闲置的风险，提高土地的使用价值。

中国政法大学研究生崔咪就《冬奥会高危体育项目背后的法哲学反思》发表了自己的观点。她从高危项目的界定出发，以具体数据列举了冬奥会项目的危险性，并提出体育运动的天然危险性很难避免不发生任何损害，而自甘冒险制度则有一定的保障作用。她从体育文化权利 VS 生命权价值和个人自主 VS 国家干预边界两方面，从法哲学的角度对冬奥会高危体育运动背后的法律价值进行了探索。最后，她就体育运动项目的开展如何保障生命权价值提出了建议，包括对冬奥会运动项目危险系数的考量与公示、完善保险制度、确保冬奥会场馆的安全性保障。

上海体育学院的陈书睿老师对《冬奥会背景下学校体育保险推行的必要性》进行了研究。首先，她认为学生是实现冬奥会3亿人上冰雪的重点人群，理由包括：冬奥会要求3亿人上冰雪，冰雪项目将扩大范围；东北地区因气候原因必将成为实现目标的重要区域，东北在校学生也必将成为实现目标的重点人群。同时，通过对东北某中学体育伤害基本情况的调查和冰雪项目学生伤害纠纷案例的分析，她提出东北学校体育伤害事故的高发率是推广冰雪项目的事实障碍，而法律法规使学校承担过多责任及保险缺失使学校经济负担过重，使得体育伤害事故事后救济缺失成为推广冰雪项目的制度障碍。就学校体育保险为学校体育活动提供救济保障而言，她介绍了上海和北京已经开始推行的学校体育伤害保险的基本情况，并提出可以借鉴此经验并推行全国。

四、专题四："奥运立法与地方法治建设"

主持人是河北体育学院的魏汉芹教授。浙江财经大学的唐勇博士就《奥林匹克标志保护条例》（以下简称《条例》）的修改问题发表了演讲。他首先基于全面推进依法治国战略的要求、国务院立法工作计划的要求和北京冬奥会配套规范的要求三个方面，提出了《条例》修改的必要性问题。对于《条例》修改的基本思路，他认为，应当把握和遵循《立法法》的规定、整合理论与实践的成果、借鉴外国相关立法。最后，他认为，现行《条例》具体到条款层面有下述内容应当考虑修改：奥林匹克标志的范围、奥林匹克标志的保护期限、奥林匹克标志的征集问题、奥林匹克域名的保护。

中国政法大学研究生张于杰圣的发言主题是《京冀奥运地方立法的必然选择：地方联合立法》。他首先对京冀奥运地方立法所面临的现实困境进行了分析，包括地方立法冲突之困境、不适宜进行中央立法之困境、国外经验的借鉴意义有限之困境，提出地方联合立法是京冀奥运地方立法的不二选择，理由是地方联合立法是对现实困境的突围、是未来发展的趋势，并对地方联合立法的合法性进行了分析，从地方性法规的联合制定（草案的制定与表决、张家口地方立法权问题）和地方政府规章的联合制定两个方面提出了京冀奥运地方联合立法的初步设想。最后，他就地方联合立法的后续修改、地方联合立法的法律位阶与效力、推动地方联合立法的契机等问题进行了论证。

中国政法大学研究生赵菁就《冬奥会下京张两地立法项目的协同路径》一题进行了发言。她首先分析了京张两地立法项目的现实背景——现有立法规制体系和立法需求，对2008年北京奥运会的立法成果和评估建议进行了介绍，认为值得未来冬奥会借鉴的经验有以下两点：提升规范位阶，坚持有效措施；修订相关法规，督促制定配套规章。接下来，他分析了该论题的理论基础——区域一体化下地方立法协调机制理论，并对两地协同立法的路径选择，从两地立法权限和两地立法项目之协调两个方面进行了阐述。他认为，北京联合张家口承办冬季奥运会，两地需要就立法项目进行充分协商，分别起草规划并统一备案审查，拓展现有立法体制下的互动合作空间，为实现京张联合办奥提供良好的法律保障。

天津体育学院的闫成栋副教授在《"北京－张家口"冬奥会背景下天津市地方体育产业立法的完善》发言中，首先分析了"北京－张家口"冬奥会对天津体育产业发展的虹吸效应，指出其也是天津发展体育产业的历史机遇。他认为，天津市体育地方产业立法的滞后性表现在地方法规和地方规章方面，并论述了完善天津市体育产业立法的上位法依据：立法法、行政许可法、行政处罚法、体育法等，而天津市地方体育产业的立法形式包括地方性法规和地方政府规章，具体到立法类型，他认为应当涉及体育赛事审批、赛事名称规范、高危体育项目。

天津体育学院的朱孝红副教授的发言主题是《北京冬奥会背景下优化京津冀体育产业协调发展的政策法规体系探究》。他首先分析了北京与张家口联合申办成功打造区域都市休闲体育圈和体育产业经济带的意义，同时介绍了京津冀三地着手优化三地体育产业协同发展的政策法规体系。他认为，促进和完善京津冀体育产业协同发展的相关政策法规体系的构建路径应当如下：首先，思考促进区域内体育产业发展的驱动力、培育方式、基础性条件以及基本保障的政策法规体系构建；其次，思考体育产业园区建设、资源与市场协调、产业结构布局、政府决策、制度保障以及提升产业竞争力等相关问题的政策法规制定；再次，思考区域内体育产业与其他产业融合发展，提升体育相关产品的有效供给能力，健全体育产业发展的体制与机制，加快体育产业人才培养的政策环境优化；最后，思考支持和引导非公有制经济主体参与体育服务业市场开发、体育设施建设和体育俱乐部发展，以及体育产业发展的资金、财政、信贷、土地等政策扶持等。

五、专题五："奥运合同与市场开发的法律问题"

主持人为清华大学的田思源教授。山东大学（威海）的姜世波教授就《奥运会主办城市合同的法律性质》发表了观点。他首先介绍了奥运主办城市合同性质的争议——是民事合同、行政合同还是特许协议？结论是该合同是建立在国际非政府组织与主权国家政府缔结的地位协定基础上的特殊民事合同。然后，他分析了主办城市合同中的几个争议问题，包括：主办城市当局放弃行政权力的合法性来源是什么？是否应有国家或地方权力机关的批准？如果政府当局单方终止合同，IOC 应如何应对主办政府当局的拒不执行 CAS 裁决的行为？IOC 有无必要将通过贿赂获得主办权纳入终止合同的理由范围？他还提出有必要制定一部综合性的奥林匹克活动法，理由包括：奥林匹克的商业权利需要长期保护；奥运专门立法需要一体解决 IOC 地位协议、行政权力放弃、放弃管辖豁免及准据法适用、IOC 商业权利保护、奥运参与者和利益相关方权益保护等诸多问题；奥运专门立法将有助于提升中国对奥林匹克运动的支持力度。

华城律师事务所的董双全律师以 2012 年伦敦奥运会和 2008 年北京奥运会为例，对重大体育赛事埋伏式营销的法律规制问题进行了分析。他以 1996 年亚特兰大奥运会耐克埋伏式营销的案例为切入点，介绍了埋伏式营销的历史发展，并从判例法中的"阿森纳诉里德"案——英国关于商标侵权的案例、2006 年《伦敦奥运会及残奥会法案》等对 2012 年伦敦奥运会对埋伏式营销的法律对策进行了分析。接下来，他介绍了 2008 年北京奥运会打击埋伏式营销的立法情况，认为该届奥运会在知识产权保护上取得了重大成就，但是开幕式中出现的李宁案例及阿迪达斯的尴尬问题也得以显现。

中央财经大学马法超副教授的发言主题为《全国单项体育协会、中国奥委会和北京冬奥会组委市场开发法律问题》。他首先从对全国单项体育协会、中国奥委会与北京冬奥组委之间的法律关系的理论探讨以及中国奥委会与国内单项体育协会之间的法律关系的实然状态两个方面，对全国单项体育协会、中国奥委会与北京冬奥组委之间的法律关系进行了分析，然后对全国单项体育协会、中国奥委会和北京冬奥组委市场开发的权益范围进行界定，包括界定依据（相关法律法规、国际惯例、组织章程）、中国奥委会与全国单项体育协会的市场权益划分（双方的市场开发权益范围、双方在综合性赛事中的权益让渡界限）、中国奥委会与北京冬奥组委的市场权益划分（双方的市场开发权益范围、双方在综合性赛事中的权益让渡界限）、北京冬奥组委与全国单项体育协会的市场权益划分（双方的市场开发权益范围、双方在综合性赛事中的权益让渡界限）。对于全国单项体育协会、中国奥委会和北京冬奥组委市场开发的法律保障机制，他认为应当从立法层面、执法层面和法律监督层面进行完善。

中国法学会体育法学研究会副会长于晓光教授在闭幕式上做了论坛总结：第一，主题突出，与会者紧紧围绕冬奥会之前的法律事务这一主题进行探讨；第二，讨论热烈，论坛气氛很热烈也很有深度，特别是刘司长对 2008 年奥运会的成功经验进行的系统总结，为冬奥会的法律保障展示了途径方向和应当思考的问题；第三，研讨过程提供了很多背景资料，成果颇丰。同时，于晓光教授也指出，在以后的研究中，法律界和体育学界两大阵营的结合还有可提高的空间。

环渤海体育法学论坛创办于2012年，每年举办一届，是环渤海地区五省市体育法学学术团体的联合学术年会，已经成为国内稳定的、有品牌影响力的体育法学学术交流平台，得到了中国法学会领导同志的充分肯定和表扬鼓励。本论坛的前四届会议依次在天津体育学院、山西运城学院、河北师范大学、山东大学（威海）举办。

中国法学会体育法学研究会理事会会议暨2015年学术年会综述

朱文英[*]

2015年12月4～5日,中国法学会体育法学研究会理事会会议暨2015年学术年会在清华大学举行。本次会议以"回顾体育法实施20年和展望全面推进依法治体"为主题,来自高等院校、科研机构、行政机关、律师事务所等部门和单位的190余位专家学者参加了会议。

一

2015年12月4日上午,首先举行研究会理事会会议。中国法学会研究部副主任李存捧出席会议,由副会长兼秘书长于善旭主持会议。会议的议题是根据中国法学会的要求和研究会的工作需要,对之前召开常务理事会通过的研究会领导机构组成人员调整方案进行表决。中国法学会研究部社团管理处副处长刘海燕宣读了中国法学会党组《关于中国法学会体育法学研究会届中调整会长、常务副会长、副会长的批复》,副会长于晓光宣读了调整方案。经会议表决通过,国家体育总局政策法规司司长刘岩当选研究会会长,天津体育学院教授于善旭当选常务副会长,国家体育总局政策法规司副司长陈岩当选副会长兼秘书长。此次届中调整,常务理事会组成人员缩

---

[*] 潍坊学院法学院教授,法学硕士,中国人民大学访问学者(受山东省教育厅资助)。

减为 25 人，未增选新的常务理事，于晓光、董小龙、王瑞贺、李援、张耀明、王小平、周爱光新任或继续担任副会长。

二

在副会长周爱光的主持下，紧接着进行了学术年会的开幕式。中国法学会党组成员、副会长、学术委员会主任张文显出席会议并讲话。在主席台就座的还有：研究会会长刘岩，清华大学党委副书记史宗恺，中国法学会研究部副主任李存捧，研究会常务副会长于善旭，副会长张耀明、王小平，清华大学法学院党委书记黎宏，清华大学体育部主任刘波。

史宗恺在致辞中对会议在清华举行表示欢迎，介绍了清华大学优良的体育传统和法学学科的发展，表达了对体育法学发展的美好祝愿。于善旭代表理事会做工作报告，从落实中国法学会各项部署、推动研究会建设和工作发展、开展研究活动和国内外交流等方面，汇报了一年来研究会的主要工作，对研究会成立十周年的发展成效进行了概要总结，分析了当前开展体育法学研究所面临的机遇和挑战，提出了下一步工作的思路和安排。张耀明宣读了 2015 年新加入研究会的个人和单位名单。刘岩在讲话中表示会长责任重大，指出在中国法学会的领导下和国家体育总局与社会各界的支持下以及广大会员的努力下，10 年来研究会的工作和体育法学研究取得了长足的发展。即将到来的"十三五"，是全面建成小康社会的决胜阶段和全面深化改革、全面推进依法治国的关键时期，研究会要牢固树立政治意识、大局意识、宗旨意识和责任意识，以发展为核心，坚持理论创新，开拓进取，扎实工作，为建设体育强国和全面依法治国，为实现"两个一百年"的奋斗目标，奉献更多力量。

张文显在讲话中充分肯定了体育法学研究会成立 10 年来的工作成绩，希望研究会在新任领导班子的带领下，改革创新，努力工作，推进体育法学研究取得更多、更好的成果。他特别强调，体育事业的改革发展离不开法治理念的支撑和法学研究的支持。体育与法律的结合，为法学研究、法治建设增添了生动的色彩。全面建成小康社会的题中之意，必然包含着建设法治国家，也包含着建设体育强国。他要求体育法学研究要理论联系实际，服务体育事业发展，把体育法治建设融入到社会主义法治国家建设和体育强国建设的整体中来谋划和推进。研究会要重视人才培养，打造布局均衡、结构合理的高层次复合型研究队伍，充分调动广大体育法学研究者、体育法律工作者的积极性，打造名副其实的从事体育法学研究的国家队。要促进学术交流，扩大国际交往，展示中国体育法学的成果和风采。研究会要加强自身建设，包括思想政治工作建设、学风作风建设、规章制度建设等，特别是在中国法学会党组的领导下加强党的建设。张文显指出，党的十八届五中全会提出了推进健康中国建设的目标和任务，体育法学研究会应当责无旁贷地积极投身于健康中国建设，深入推进体育法学研究，加强体育法学学科建设，服务体育法治事业，为推动体育强国建设和依法治国进程做出更多贡献。

三

开幕式后，进入特邀专题报告阶段，继续由副会长周爱光教授主持。

清华大学体育部主任刘波教授以《新形势下我国高校体育教育改革创新的理念与实践》为题进行了报告。首先，他从青少年生活方式的变化和网络及电子产品的影响、中小学体育教育的不足、体育尚未纳入到考评体系等问题出发，分析了高校体育所面临的困难；其后，他从丰富大学体育内涵、以丰富多彩的体育活动为载体（"锦上添花"）、通过课内外结合进行半强迫（"雪中送炭"）等方面，介绍了清华大学的体育改革与创新思路；接着，他列举了清华大学体育改革与创新的实践做法，包括：坚持把体育教学贯彻到本科教学的全过程（4+2+2模式），采取课内外综合加强长跑锻炼，坚持做好体质测试和在自主招生中增加体质测试环节，广泛开展学生课外竞赛活动，积极发挥体育代表队的引领和带头作用，在体育工作中与时俱进，积极创新校园马拉松活动等。同时，他用多种数据分析了体育教学改革与创新所取得的积极成果，展示了学生耐力显著提高、体能测试成绩大幅提升的客观实效。

第二位专题报告人为国家体育总局体育科学研究所鲍明晓研究员，报告的主题是《职业体育的发展逻辑》。他分析了"线上网居、线下乐活"的生活方式变化和当前经济条件下安全、健康、娱乐等方面的需求变化，介绍了全球体育产业快速成长的发展状况，认为中国体育产业具备快速发展的良好势头，职业体育尤为突出，指出中国职业体育发展最根本的问题是没找到职业体育发展的内在逻辑。他在分析国外业余体育（民间体制）、专业体育（行政机制）、职业体育（市场机制）三类体育形态及各自特征并进行比较的基础上，认为中国职业体育存在着分工程度没有细化、专业化程度不高、专业化水平不够等问题。他认为，职业体育在本质上应当专业化，提高职业体育的专业化水平和细化程度，应当借助于资本市场。而资本市场介入职业体育的前提在于球员和俱乐部可交易、可产生交易价值和联赛本身的稳定性三方面。最后，他就这三个问题分别提出了解决方案，包括：全面开放，深化改革，消除制约体育产业和职业体育发展的体制与机制障碍；政策扶持，金融创新，提高职业体育的盈利能力；以职业联赛为中心，建立可持续发展的内生机制。

四

当日下午的学术研讨是10位学者进行的大会报告交流，由副会长王小平教授主持。

天津体育学院于善旭教授在《〈中华人民共和国体育法〉的颁行成效与完善方策》的报告中，以《体育法》颁行20年后的当今眼光，分析了制定《体育法》在确定中国体育法治之路、为体育发展创制法律依据、推进依法治体顶层设计等方面的历史必然和重大意义；从确立和维护体育发展地位、巩固和推动体育改革、维护体育权利和体育普及、推动体育法治建设等方面，肯定了《体育法》的成效和作用;分析了《体育法》所存在的实施不佳和内容取向与立法技术缺陷等制约与问题;最后就理性把握完善《体育法》需选择的修法方策,提出了加大修法工作力度、为修法提供充分理由和依据、明确性质定位和指导原则、确定修法的幅度和模式、重构立法宗旨和价值取向、提升形式理性和技术质量等建议。

上海政法学院的姜熙老师在《依法治国背景下〈体育法〉修改若干问题的探讨》的报告中,分析了《体育法》修改的必要性以及工作进展,并认为在国家推动依法治国战略和体育事业新发展两个战略部署的合力下,中国体育法治将迎来一个重要的建设期,《体育法》修改成为中国体育法治建设中的一项重要任务和关键环节;论述了在依法治国背景下《体育法》修改必须把握国家法治建设的总体方向和符合国家对新时期体育事业发展战略部署的要求。就依法治国背景下《体育法》修改的重点内容,他提出的建议如下:增加对公民体育权利的规定、单设体育管理体制章节、增加体育产业章节、增加体育纠纷解决章节、完善学校体育章节的规定。

第三位报告人为山东大学(威海校区)的姜世波教授。他发言的主题为《〈中华人民共和国体育法〉的司法适用探究》。首先,他就实践中出现的涉及体育法的法律适用的特点进行了分析:适用《体育法》的案例较少,适用条款相对集中;法官体育法知识匮乏,不了解体育法的特殊性;某些案件体现了对体育改革的要求。其次,他分析了《体育法》适用不彰的原因:立法上,现行《体育法》的规定笼统、原则,不够具体;司法上,法官缺乏对体育法特殊性的理解。提出的建议包括:未来的《体育法》修改和完善应将体育主体的权利和义务作为立法重点;注重体育法的特殊性,加强与体育法特殊性相对应的法律体系建设;司法人员需要加强对体育法知识的学习,提高适用法律的能力;通过体育体制和机制改革解决某些难题;强化高等法学教育中的体育法教学和研究。

第四位报告人为苏州大学的赵毅博士。他发言的主题为《依法治体中的司法问题——基于我国法院裁判文书的考察》。通过对我国法院裁判文书进行系统考察,他认为,司法是依法治体的重要环节,我国法官一直广义理解并适用体育法。除了援引作为基本法的《体育法》外，法院还惯常引用《奥林匹克标志保护条例》、《全民健身条例》等体育行政法规规章、《奥林匹克宪章》、《中国足球协会章程》等境内外体育组织章程乃至体育技术规则作为体育纠纷案件的裁判依据。现实生活中客观存在的体育纠纷解决需求使得体育法的司法适用在逐年递增，而法官对体育法的深入理解、裁判文书对体育特殊性的考量、独立体育仲裁机构的设置和现行体育法立法缺失的补正都能成为完善依法治体中司法问题的有益路径。

第五位报告人为北京市朝阳区法院的李自柱法官，其发言主题是《体育赛事网络转播画面的知识产权保护》。他对体育赛事与体育赛事转播画面概念、产业现状与保护意义进行了分析，介绍了国际上对体育赛事转播的保护模式。对于我国的保护现状及困境，他从立法空白、司法审判执法不统一、学理争议三个方面进行了阐述。对于体育赛事画面保护问题，他从信号与图像（视听画面）、作品与制品、作品的类型、网络赛事转播权利的确定几方面进行了基本理论探讨。最后，他提出应当完善立法，规范体育赛事播放授权环节，加强网络行业的自律。

第六位报告人为中央财经大学的马法超副教授。他发言的主题是《再论〈奥林匹克条例〉的修改》。他从需不需要修改和修改的时间两方面讨论了《条例》被修改的可能性，认为由于北京冬奥会的成功申办，《条例》已经具备进行修改的条件，且必须在2017年7月31日之前进行修改。他同时还指出了《条例》需要修改的内容，包括奥林匹克标志的权利主体需要更换、需要重点保护的奥林匹克标志也需要调整、有关责任条款需要细化和调整、备案条款必须删除。对《条例》进行修改的方式，主要集中在整体修改还是部分修改、全部条文重排还是固化序号删加两个方面进行讨论，通过论证，他认为，修改的方式应该是部分修改和固化序号删加方式的修改。

第七位报告人为上海市邦信阳中建中汇律师事务所吴炜律师，其报告的主题为《关于体育争议解决程序中适用临时措施的实务探讨——以刘健案为例》。首先，他认为，"临时措施"在CAS的仲裁程序和国际单项联合会的内部争议解决程序中被广泛采纳，而在国内则鲜被适用。其次，就具体案例而言，他认为，为刘健办理"临时注册和亚冠注册"，不会影响本案的仲裁结果及其执行，不会影响该足球俱乐部的利益，但可能会给刘健和其新加盟的俱乐部造成不可弥补之损失；类似的案例在 FIFA 和 CAS 的争议解决和仲裁实践中几乎毫无例外地采用临时措施，将球员临时注册于新俱乐部并临时允许其跟随新球队训练和比赛。最后，他对适用临时措施的国际案例进行了介绍并提出，在争议解决程序中，引进国际规则、适用"临时措施"保护球员及俱乐部的合法权益，不受司法程序影响是势在必行的。

第八位报告人为上海政法学院的谭小勇教授。他发言的题目是《依法治体语境下的体育行业自治路径研究》。他以国际足联的腐败案件为切入点，从国际、国内视角对体育行业自治的发展情势进行了阐述，认为从国际情势看，行业自治已成为体育治理的常态，我国已经确立了行业自治的体育治理思路。围绕公民社会、共同体理论、合法性等理论，他对体育行业自治存在和发展的合理性与合法性进行了论证，在对体育行业自治主体及自治权进行分析后，明确提出我国体育行业自治必须依法自治。最后，他从转变政府体育职能以拓展体育社团发展空间、规范体育行业自治组织制度、我国体育仲裁制度建设三步走、建立运动员工会及司法干预机制等几个方面，对体育行业的自治路径进行了建构。

第九位报告人韦志明副教授的发言主题为《论中国足协行业规范的法源地位》。他从司法的立场和立法的立场两个方面分析了法律渊源之争，对各种学说及其优缺点进行了剖析。就行业自治规范的法源证成，他从行业自治规范具有法源效力的事实论证、行业自治规范法源地位的法理论证和行业自治规范法源地位的比较法论证三个方面论述了行业自治规范具有法源地位。最后，就中国足协行业规范的法源效力，通过详细论证，他得出结论：在中国语境下，行业自治规范应归于非正式法源类别，由此也决定了其在法律渊源体系中的辅助性功用和次层级地位。

第十位报告人是苏州大学的熊瑛子博士，其报告主题是《瑞士联邦最高法院审查 CAS 裁决的数据分析》。她介绍了瑞士联邦最高法院撤销仲裁裁决的五项理由,用数据剖析了 CAS 裁决撤销之诉的数量、获得支持的撤销案件的比例、基于不同理由撤销裁决的比例等,得出如下结论:当事人针对 CAS 体育仲裁上诉的案件数量急剧增加;瑞士联邦最高法院在判断 CAS 裁决的合理性时,需考虑体育的特殊属性;瑞士联邦最高法院在审查仲裁裁决的撤销之诉时,大多依据程序性理由;CAS 裁决质量相对稳定,被法院撤销的案件比例较低。

五

转日的学术研讨分别在两个分会场进行。第一分会场由中国政法大学王玉梅教授和南京师范大学汤卫东教授主持并点评,有 9 位学者进行了报告。

上海政法学院向会英副教授在《体育自治与国家法治的互动——兼评 Pechstein 案和 FIFA 受贿丑闻对体育自治的影响》的报告中,探讨了体育自治与国家法治的关系,阐述了两者的对立与冲突,探讨了两者之间的协调与融合:国家法治为体育自治提供了依据和保障、国家司法对体育自治的支持、体育自治与国家法治的协作。就 Pechstein 案和 FIFA 受贿丑闻对体育自治的影响,她认为,国家法治对体育自治的干预将进一步推动体育治理的民主化发展,可能直接导致体育协会在起草和运用规则和章程时正确地规范自己和尊重法律。

第二位报告人天津体育学院的闫成栋老师的主题是《职业体育俱乐部服务社区的法律义务——山西中宇篮球俱乐部转让纠纷引发的思考》。他介绍了山西中宇篮球俱乐部转让纠纷的事件经过及各方观点,论述了职业体育俱乐部承担服务社区义务的正当性,认为纠纷事件中篮球协会和地方体育局的干预方式不具有合法性。在介绍了俱乐部应该如何服务社区的日本经验和美国探索后,他提出如下建议:依法规范职业体育俱乐部设立行为,在俱乐部准入条件中增加服务社区的相关内容,通过地方立法授予社区对俱乐部特定资产的控制权。

第三位报告人为湖南工业大学的罗小霜博士,她的主题是《国际足联纪律处罚上诉纠纷仲裁案例述评》。她对 CAS 上诉机制进行了概括,并介绍了国际足联对苏亚雷斯实施的纪律处罚上诉纠纷仲裁案,认为 CAS 在实践中完善了纪律处罚案件中上诉人主体范围的确定规则,维护了当事人上诉的平等权;通过纠正体育组织内部裁决的法律适用错误,促进体育组织规则的完善;国际体育仲裁院在作出裁决时充分尊重体育组织的自治权,但仍需继续发挥其监督、制约职能并提出建议以完善体育组织的规章,促进仲裁裁决的客观、公正。

第四位报告人天津财经大学的李先燕博士在其《我国城市居民配套体育设施的法律保障研究——以天津市为例》报告中,从国内外关于居民配套体育设施的相关法律规定入手,分析了天津市居民配置体育设施法规规定与国家《城市社区体育设施建设用地指标》(以下简称《指标》)的区别,探讨了天津市城市居民配套体育设施法律实施现状和存在的问题:上位法与下位法冲突,体育配套设施没有达到标准、挪用或缩小建设等。之后她对后奥运天津居民配套体育设施的法律保障提出了建议:通过立法程序确保《指标》得到有效执行;明确各方主体的法律责任;通过法律程序确保体育行政部门进入住宅区的规划、建设以及验收交付的整个流程。

第五位报告人河南财经政法大学的王小红教授的发言主题是《从公益社会指导员特征所引发的思考》。她通过分析《社会体育指导员管理办法》第 2 条对公益社会体育指导员的定义,得出公益社会体育指导员的三个特征:是志愿者;向公众提供的是全民健身志愿服务;应当获得技术等级称号。她提出社会体育指导员的制度建设应当与国家和地方志愿服务方面的立法相协调,并与有偿健身产业协调发展,对社会体育指导员称号的使用范围应当予以规范,其技术等级标准制度不属于职业资格制度,不影响其他职业资格的取得。

第六位报告人是湖南科技学院的丁红娜副教授,她报告的主题是《青少年运动员受教育权及公益诉讼保护研究》。她提出对于运动员保障之根本是教育问题,介绍了青少年运动员受教育权的含义和主要内容,分析了青少年运动员受教育权被侵犯的现状。在阐明公益诉讼主要有两大显著特点的基础上,介绍了我国首次将公益诉讼制度纳入《民事诉讼法》后全国出现的公益诉讼成功案例。最后提出,在维护青少年运动员的受教育权时,我们可以尝试适用公益诉讼,并提出能够代表青少年群体的公益诉讼主体。

第七位报告人是华东政法大学的胡汨副教授,她发言的主题为《健身培训市场中法律问题研究》。她介绍了健身培训市场目前出现的主要问题,包括健身培训机构资质混杂、健身培训师资聘用混乱、培训机构收费标准缺失、虚假广告屡见不鲜等,分析了出现上述问题的原因:政府机构"多头管理"、主管部门监管缺位、职业资格证书制度不健全、健身行业中消费者法律意识不够。最后,她提出了健全健身培训市场的法律规范、明确行政部门的监管职责、维护健身市场中经营者和消费者的权益等几点建议。

第八位报告人太原理工大学张振龙博士的主题是《论体育公益组织财产的性质及其基本制度》。他分析了建立独立的社会公益财产制度的必要性,从二元财产分类的最高渊源、我国刑法对二元分类模式的贯彻、《公益事业捐赠法》的有限突破、《物权法》的新进展等方面,对我国二元财产制度的架构与演进进行了论述,并对国外相关财产制度进行了评析。在对公益财产与公共财产、公益财产与慈善财产这两对概念进行辨析后,提出了社会公益财产的内涵。最后,从社会公益财产的物权制度、取得制度、使用制度、监督制度几个方面,探讨了社会公益财产制度的内容。

本组最后一位报告人是北京体育大学的兰薇老师,其发言的主题是《权利法哲学视野中的体育腐败及其治理》。她界定了"体育腐败"的概念,分析了体育腐败的两种情形:利用体育职权为自己或他人谋取不正当利益、虽未获取不正当利益但滥用或怠于行使体育职权致使他人利益或公共利益受损,认为体育腐败源于在权利与权力之较量中体育权利的抑制以及体育权力的嚣长。因此,体育腐败治理应张扬体育权利、制约体育权力,而制度和道德是实现权利张扬和权力制约的最有效措施。

第二分会场由中国政法大学马宏俊教授和华中师范大学陈元欣教授主持并点评，有 8 位学者进行了报告。

首都体育学院韩勇副教授在《我国体育法课程开设情况研究》的报告中，通过对我国开设体育法课程的高校进行调研和访谈，对体育法课程的开设学校、培养目标、课程名称与开设对象、选用教材、课程内容、教学方法与手段、任课教师进行了系统分析，指出体育法课程在我国体育学院和法学院都未能普遍开设是由于缺乏需求造成的。最后，她提出，应立足于培养目标的不同，改变现有教材"重理论轻实践"的现状，为法学院和体育学院、本科生和研究生分别开发不同的教材和内容体系。

第二位报告人浙江财经大学的唐勇博士的发言题目是《体育义务的研究现状与法律构造》。他对体育义务的研究现状进行了大致梳理，分析了个人、国家和国际三个层面的体育义务：个人所承担的体育义务包括争取体育权利、不妨碍他人行使体育权利、促进体育权利实现的义务；国家层面的体育义务依托于立法、行政和司法环节来实现；在国际层面，国际机构和主权国家成为保障和实现体育权利的义务主体。他还从体育义务的履行方式、边界范围以及体育义务与体育责任的衔接方面对体育义务的研究进行了展望。

第三位报告人为中国政法大学的李宝庆教授，其发言主题是《试论〈体育法〉第 33 条及相关法律的修改》。他以《体育法》第 33 条为基础，探讨了《体育法》、《仲裁法》和《立法法》之间的关系，认为三法的立法要旨是统一的，可以协调和兼容。就体育仲裁的性质，他认为，体育仲裁是兼具民间性与行政性的综合性的特殊仲裁。最后，他提出了修改建议：《体育仲裁条例》的立法形式是我国建立体育仲裁法律制度的应然选择，有必要对《体育法》第 33 条和其他相关法律进行修订，以满足体育仲裁法律制度的建设需要。

第四位报告人武汉大学的宋雅馨博士的发言主题为《论"一事不再罚原则"在兴奋剂处罚中的完善——以国际体育仲裁院案例为视角》。她结合兴奋剂处罚本身具有的特征，从国际体育仲裁院的相关案例入手，分析了兴奋剂处罚适用"一事不再罚原则"的现有障碍，就完善该原则的适用，提出了如下具体建议：明确其为基本法律原则；制定"一事"与"再罚"的判断标准；完善从国际到国内层面的兴奋剂处罚机制建设，从根本上减少甚至消除侵犯运动员合法权益的再罚现象。

第五位报告人为湘潭大学的宋彬龄老师，她的发言主题是《我国兴奋剂调查机制研究》。她介绍了我国兴奋剂调查开展的现状，认为目前存在反兴奋剂机构与其他调查机构的合作配合不够、兴奋剂源头控制不力、调查后的处罚威慑力不够、调查缺乏国际合作等问题，而产生原因包括：反兴奋剂机构与其他调查机构合作存在法律和现实的阻碍、药品监督管理体制不健全、法律没有规定专门的兴奋剂犯罪、缺乏统一的国际反兴奋剂立法。最后，她提出了完善反兴奋剂机构本身的内部调查方式、加大兴奋剂的刑事打击力度、规范信息分享机制、建立反兴奋剂机构人员咨询顾问制度的建议。

第六位报告人首都体育学院的颜天民教授的发言主题是《法治体育：体育治理的理念变革与进路探索》。他分析了体育改革进程中存在体制改革推进缓慢、机制运行问题较多、法制建设成效不大的问题；解析了体育改革进程中产生上述问题的原因：缺少从根本上"破"与"立"的理念、勇气、动力和方法，行政控制的运行一体化限制了社会组织的生存和行动空间，未从法治角度建构和确立现代化的治理体系；最后，他提出，体育治理的理念变革在于法治体育，并论证了法治体育的定义、治理内容和进路探索。

第七位报告人为河南大学的闫建华老师，他发言的主题是《城市社区体育治理中的软、硬法之治》。他指出，法治是城市社区体育治理的必然选择和理由。就软法之治与城市社区体育治理的契合问题，他从软法的兴起、城市社区体育治理与软硬法之治两个方面进行了论述，提出软法是公共体育治理的必然选择，软法和硬法之间有着天然的联系并互相补充，共同作用于社区体育的法治化建设，社区体育治理应朝着"软硬兼施"的混合法治治理模式发展。

第八位报告人中国石油大学（华东）的董金鑫博士的发言主题是《瑞士法在国际体育仲裁中的作用研究》。他从《体育仲裁法典》、国际体育组织章程、瑞士实体强制规范的适用三方面分析了瑞士法在国际体育仲裁程序中的作用，认为瑞士法对 CAS 程序的进行、实体法的确立以及裁决作出的司法审查都发挥了极为重要的作用。至于对中国的启示，他认为，中方应该熟悉瑞士程序法以及实体法的相关规定，通过寻找体育自治和国家管制之间的平衡点，适当考虑我国法在体育仲裁机制建立过程中所发挥的作用。

每个分会场报告各分为两个单元进行。在每个单元的报告后，主持人均进行了精彩的点评，与会学者与报告作者进行了热烈的交流与互动。

六

会议最后进行了简短的闭幕式，由常务副会长于善旭主持。于晓光副会长做会议总结，概括了此次年会研讨的新进展和主要特点，并指出了需要改进和加强的有关问题。刘岩会长在讲话中对体育法学研究的进一步发展提出了希望和期待，并对清华大学给予的会议支持与帮助表示感谢。

会议在大家的热烈掌声中圆满结束。与会者普遍感到，此次会议作为我国体育法学学术界的又一次盛会，围绕《体育法》和体育法治的理论与实践，通过广泛而热烈地阐发和交流，进行了学术观点的凝练和碰撞，进一步开阔了大家的学术视野，成为我国体育法学研究持续发展的又一个"加油站"。

《体育法前沿》(第 2 卷)
征 稿 函

《体育法前沿》是清华大学法学院体育法研究中心主办的法学集刊,由清华大学法学院体育法研究中心编辑,中国政法大学出版社出版。

本刊宗旨:把握当代学术热点,反映最新学术成果,活跃学术思维,推动学术创新。

本刊内容:以国内外体育法学理论研究和实务研究为核心,同时关注体育与政治、体育与经济、体育与社会、体育与文化、体育与教育等相关问题。本刊设有主题笔谈、专题论文、案例评析、读书和评论、译文与资料等栏目。

本刊诚邀法学名家、法律学人与法律实务工作者惠赐大作。我们尤其欢迎关注国内外学界及实务界当下热点问题、彰显法律人社会责任感的长篇文章。

《体育法前沿》(第 2 卷)拟围绕体育与健康中国、体育改革、体育产业、体育知识产权、兴奋剂、冬奥会等体育法律问题征集稿件。征稿截止日期:2017 年 6 月 30 日。

投稿邮箱:tsiyuan@mail.tsinghua.edu.cn

《体育法前沿》编辑部

声　明　　1. 版权所有，侵权必究。

　　　　　2. 如有缺页、倒装问题，由出版社负责退换。

图书在版编目（CIP）数据

体育法前沿. 第1卷/田思源主编. ——北京：中国政法大学出版社，2016.10
ISBN 978-7-5620-7044-3

Ⅰ.①体… Ⅱ.①田… Ⅲ.①体育法－研究－中国　Ⅳ.①D922.164

中国版本图书馆CIP数据核字(2016)第242974号

出 版 者	中国政法大学出版社
地　　址	北京市海淀区西土城路25号
邮寄地址	北京 100088 信箱 8034 分箱　邮编 100088
网　　址	http://www.cuplpress.com（网络实名：中国政法大学出版社）
电　　话	010-58908289（编辑部）　58908334（邮购部）
承　　印	固安华明印业有限公司
开　　本	650mm×960mm　1/16
印　　张	18.5
字　　数	235 千字
版　　次	2016 年 11 月第 1 版
印　　次	2016 年 11 月第 1 次印刷
定　　价	46.00 元